# AUVERGNE-RHÔNE-ALPES EN TRAIN

# SOMMAIRE

SNCF
La Région
Auvergne-Rhône-Alpes

# 10 BONNES RAISONS DE VOYAGER EN TRAIN

**C'est dans l'air du temps mais c'est aussi un moyen de découvrir un territoire et d'en profiter pleinement. Oubliez vos préjugés et venez goûter le plaisir de voyager en train. Vos vacances commencent à l'embarquement !**

## Je minimise mon empreinte carbone

Saviez-vous que transporter des voyageurs en train génère 8 à 20 fois moins de $CO_2$ que rouler en voiture ? Se déplacer sans détruire la planète est devenu une priorité !

## Je gagne du temps et je me détends

Fini les bouchons, les recherches de places de parking, les erreurs de GPS. En train, je connais mon trajet et je voyage sereinement.

Haut : simonbradfield/Getty Images Plus - Bas : Geraldine Revillard/Getty Images Plus

## Je profite des paysages et je découvre le territoire

S’asseoir, découvrir de nouveaux espaces et profiter de la vue, c’est le plaisir de se laisser porter et de rêver.

## Je prends le temps

de lire, de papoter, de jouer, d’écouter de la musique, ou tout simplement de ne rien faire.

## Je voyage jusqu’au cœur des villes

Pas besoin de prendre une navette pour rejoindre mon lieu d’escapade, le train arrive au centre-ville. Prêt à visiter !

Haut : Laszlo Dora/Getty Images Plus - Milieu : AscentXmedia/Getty Images Plus - Bas : S. Grandadam/age fotostock

## Je peux voyager pour mes activités

Sportif, randonneur, je peux voyager avec mon équipement. Si je suis cycliste, j'anticipe et je pense à réserver un emplacement pour mon vélo à la belle saison.

## Je pars quand je veux

Partir sur un coup de tête ? Avec le train, c'est facile. Je peux vivre au gré de mes envies.

## Je fais des rencontres

Le train, c'est l'occasion d'échanger sur les bons plans du territoire avec les autres voyageurs et, qui sait, trouver des compagnons de voyage !

Haut : andresr/Getty Images Plus - Milieu : Monia33/Getty Images Plus - Bas : neirfy/Getty Images Plus

**Je voyage en famille, en groupe ou solo**

Idéal pour les plus jeunes, le train transforme les voyages en aventure !

**Je profite de l'espace à bord**

Je peux grignoter, jouer à plusieurs, m'occuper des enfants en toute tranquillité mais aussi me dégourdir les jambes ! Presque comme à la maison !

Haut : alexei_tm/Getty Images Plus - Bas : Di_Studio/Getty Images Plus

# AVANT-PROPOS

*Lapeyrere Sébastien - Région Occitanie*

En Auvergne-Rhône-Alpes, nous sommes les héritiers d'un legs naturel et culturel d'exception. Cet héritage est un formidable atout pour l'attractivité touristique de notre région. Depuis 2016, nous portons la conviction que nous devons encourager le merveilleux travail déjà effectué pour soutenir cette filière. À travers différents plans d'investissements, nous avons tout mis en œuvre pour que notre territoire devienne la première destination européenne du tourisme durable et que les générations futures découvrent ainsi toute la diversité de nos paysages. Notre région est déjà pionnière concernant le tourisme de pleine nature, le tourisme itinérant, le thermalisme ou la gastronomie. Cette excellence est permise grâce à un savoir-faire unique que nous soutenons, faisant d'Auvergne-Rhône-Alpes la destination idéale pour découvrir les cultures locales.

Nous nous sommes aussi engagés à assurer l'accessibilité de nos territoires à ceux qui souhaitent les visiter, des grandes métropoles jusqu'aux petits villages. Auvergne-Rhône-Alpes dispose du premier réseau régional de transport ferroviaire du quotidien (hors Île-de-France), offrant un mode décarboné et attractif pour découvrir notre région. C'est tout le sens de notre action en faveur des lignes ferroviaires. Grâce à nos investissements massifs, les passagers de nos trains et de nos cars régionaux, peuvent désormais sillonner la région, de nos Alpes qui abritent le premier domaine skiable du monde, jusqu'aux chemins de Saint-Jacques au Puy-en-Velay en passant par la vallée du Rhône avec ses domaines et ses villages.

Les mobilités ferroviaires sont essentielles pour le rayonnement de notre territoire et la décarbonation de nos modes de transport. L'attractivité des tarifs permet aux visiteurs ainsi qu'à nos habitants, notamment les plus jeunes, d'avoir accès à un service public de qualité quel que soit le niveau de revenu. C'est cette vision de l'écologie positive que nous portons : encourager plutôt qu'interdire et rajouter de la contrainte. C'est en accompagnant les Auvergnats et les Rhônalpins dans cette transition des modes de mobilité du quotidien que nos investissements seront bénéfiques sur le long terme et qu'ils encourageront les touristes à découvrir la richesse du patrimoine culturel, historique et naturel de notre région.

**Fabrice PANNEKOUCKE**
**Président de la Région Auvergne-Rhône-Alpes**

La Région
Auvergne-Rhône-Alpes

# LA RÉGION VOUS TRANSPORTE

SUISSE
ITALIE
vers Châlons-sur-Saône Dijon Paris
vers Dijon
vers Lons-le-Saunier
vers Lausanne
Lac Léman
Mâcon
Bourg-en-Bresse
Oyonnax
Haut Jura
Genève
Thonon-les-Bains
vers Montreux Lausanne
vers Sion
Léman Express
Mont Blanc Express
Cluses
Chamonix-Mont-Blanc
Le Mont Blanc
St Gervais le Fayet
La Voie Bleue
Ambérieu-en-Bugey
Annecy
La Belle Via
Lyon
ViaRhôna
Aix-les-Bains
Massif des Bauges
Albertville
Bourg-Saint-Maurice
Vienne
Chambéry
Moûtiers
La Vanoise
Voiron
Chartreuse
Saint-Jean-de-Maurienne
Modane
ViaRhôna
Grenoble
vers Turin
La Belle Via
Les Ecrins
Vercors
Valence
Die
vers Gap
Montélimar
vers Sisteron
Baronnies Provençales
vers Orange Avignon Marseille
Trains TER
Véloroutes voies vertes
Vallée de la Gastronomie - France®
Parcs Naturels Régionaux
Parcs Nationaux

rmycoln/Getty Images Plus

# LE RÉSEAU TER EN PRATIQUE

**La Région vous transporte, ce sont plus de 270 lignes de cars (express et interurbains) et 44 lignes de trains TER pour vous déplacer sur l'ensemble du territoire d'Auvergne-Rhône-Alpes. Ce sont également des services de Transport à la demande (TAD) dans certaines zones du territoire.**

## PRÉPARER SON VOYAGE

Pour avoir les informations complètes sur la totalité des lignes TER Auvergne-Rhône-Alpes ainsi que la gamme tarifaire comprenant les abonnements, cartes de réductions, billets à l'unité ou tarifs promotionnels, rendez-vous sur **www.ter.sncf.com/auvergne-rhone-alpes**.

Vous pouvez compléter votre trajet en train grâce aux cars Région et cars Région express. Plus d'informations sur **www.laregionvoustransporte.fr**

Pour calculer rapidement et facilement votre itinéraire, rendez-vous sur l'application **Oùra** combinant cars, TER et 55 réseaux urbains. Vous pouvez également contacter la centrale d'appel **Allô la Région vous transporte** au 04 8000 7000.

## LES OFFRES TARIFAIRES

Gratuit pour les enfants de moins de 4 ans hors tarif Illico et pour ceux de moins de 12 ans en tarif Illico.
Découvrez également la gamme tarifaire **ILLICO**, des offres à prix réduits pour les voyageurs réguliers ou occasionnels avec par exemple le billet ILLICO Promo vous offrant 40% sur le tarif normal TER les samedis et jours de vacances.

## ACCESSIBILITÉ

Pour vous accompagner dans vos déplacements, vous trouverez de nombreux services d'assistance :

- **Assistance en gare** pour les personnes en situation de handicap (PSH) et personnes à mobilité réduite (PMR) via la plateforme Assist'en gare. Plus d'informations sur **www.garesetconnexions.sncf** ou par téléphone au **3212** (tous les jours de 8h à 20h).
- **Une plateforme de traduction** pour les personnes sourdes et malentendantes.
- Le billet TER gratuit pour l'accompagnant d'une personne en situation de handicap.
- **Un carnet de voyage** mis en place par la Région pour le handicap cognitif et visuel.
- **Une ligne d'urgence** accessibilité gratuite et disponible 24h/24 au **09 72 72 00 65**.

# VOYAGER AVEC SON VÉLO OU SON ANIMAL

Voyager avec un chien.
enigma_images/Getty Images Plus

## TRANSPORTER SON VÉLO

Si vous avez un vélo pliant, il vous accompagne en mode bagage.

Vous pouvez voyager en train TER avec votre vélo classique suspendu ou placé dans la zone dédiée, dans la limite des places disponibles (jusqu'à 6 vélos par rame, variable en fonction des trains).

Dans les TER, il n'est généralement pas nécessaire de réserver une place pour votre vélo, sauf à la belle saison où cela est fortement recommandé.

Pour monter dans le train avec votre vélo, repérez le pictogramme vélo indiqué sur la porte extérieure de la ou des voitures équipées d'un système d'accroche-vélos. Prévoyez une marge, arrivez environ 10mn avant le départ pour avoir le temps de charger votre vélo. En cas de forte affluence, l'accès des vélos peut être limité par les contrôleurs.

Des consignes à vélos sécurisées, collectives ou individuelles, sont à votre disposition en gare sur abonnement courte ou longue durée.

## VOYAGER AVEC SON ANIMAL

À bord de TER Auvergne-Rhône-Alpes, les animaux sont tolérés s'ils n'incommodent pas les autres voyageurs. Pour voyager avec votre animal, vous devez être muni d'un billet pour celui-ci au prix forfaitaire de 5 euros pour les animaux de petits gabarits ou pour les chiens muselés tenus en laisse.

SUR LES TRACES D'UNE
NOUVELLE AVENTURE
RENAÎTRE ICI.
to principale : © B.Becker, Vignette haut : ©B.Becker, Vignette bas : ©T.Prudhomme
www.laregionduvelo.fr
Auvergne
Rhône-Alpes
Tourisme

Chambéry.
B. Becker/Auvergne-Rhône-Alpes Tourisme

# City breaks

Gare de Lyon Perrache.
Viennaslide/Alamy/hemis.fr

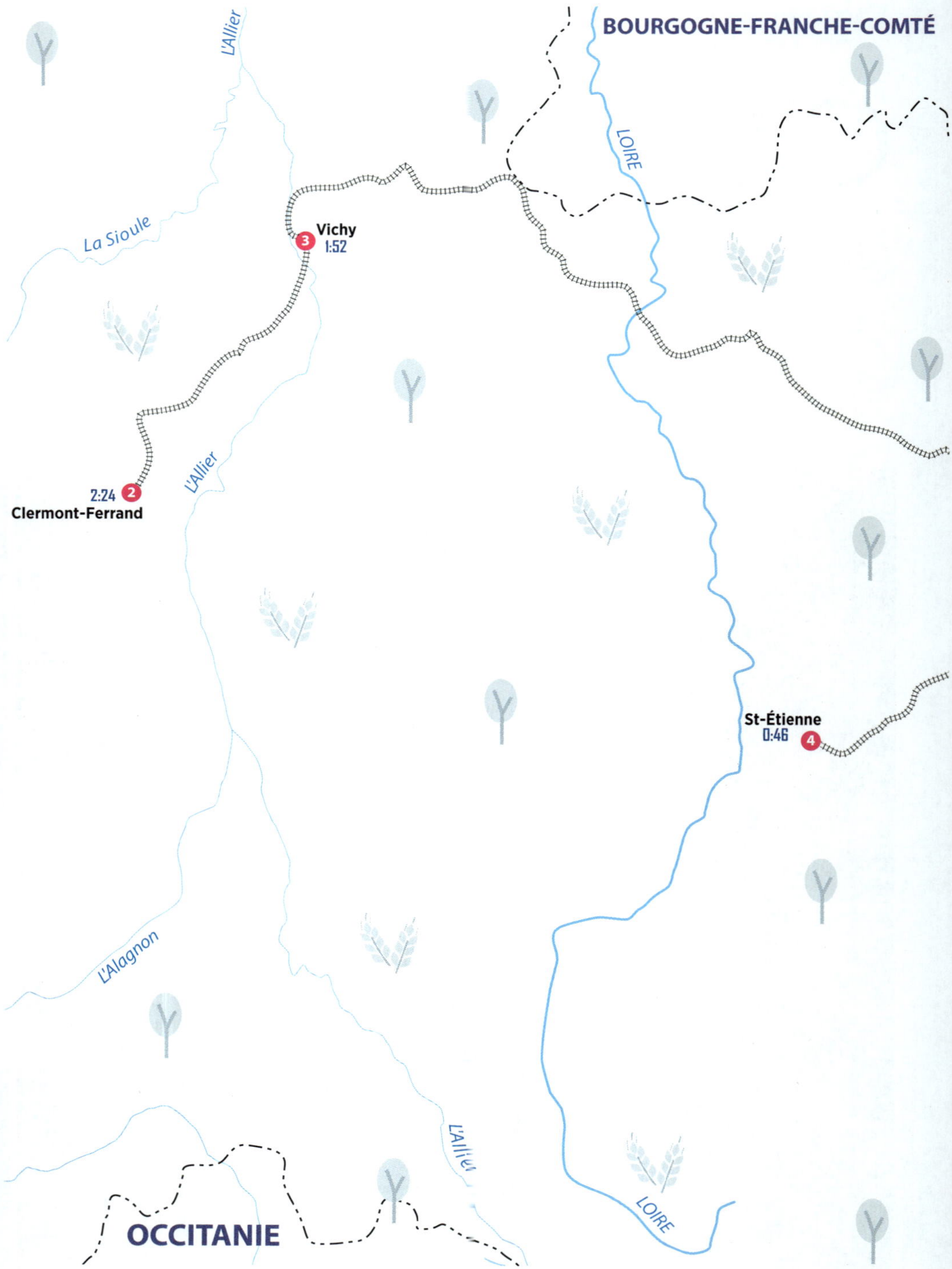
BOURGOGNE-FRANCHE-COMTÉ
L'Allier
LOIRE
La Sioule
Vichy
3
1:52
L'Allier
2:24
2
Clermont-Ferrand
St-Étienne
0:46
4
L'Alagnon
OCCITANIE
LOIRE

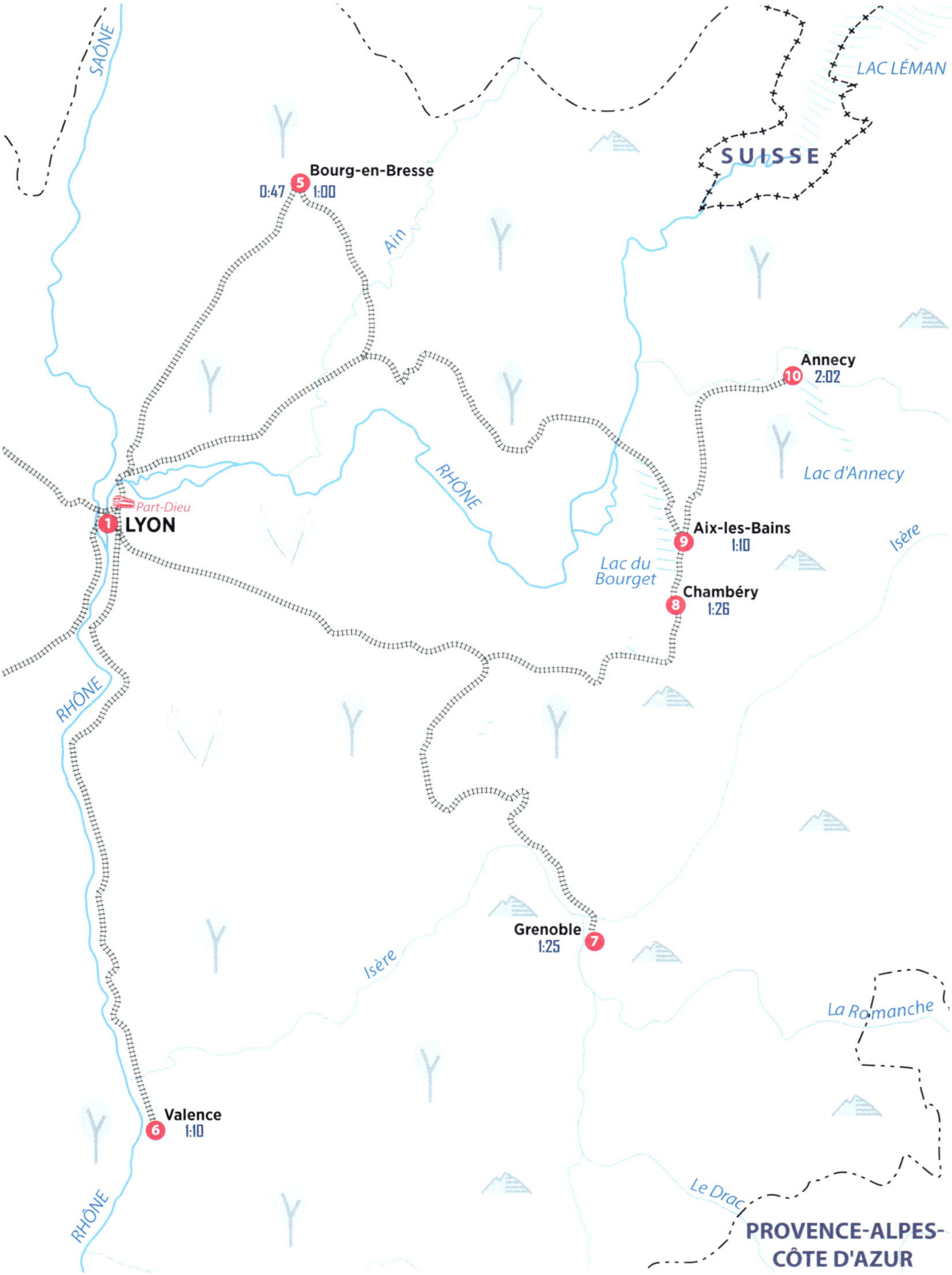
SAÔNE
LAC LÉMAN
SUISSE
Bourg-en-Bresse
5
0:47
1:00
Ain
Annecy
10
2:02
Lac d'Annecy
RHÔNE
Part-Dieu
1
LYON
Aix-les-Bains
9
1:10
Isère
Lac du
Bourget
Chambéry
8
1:26
RHÔNE
Grenoble
7
1:25
Isère
La Romanche
Valence
6
1:10
Le Drac
RHÔNE
PROVENCE-ALPES-
CÔTE D'AZUR

# CITY BREAKS

**Le week-end se profile, vous avez besoin de prendre le large ? Pas de temps à perdre ! Choisissez votre destination dans les 10 villes que nous avons sélectionnées. Vous pourrez y passer deux à trois jours, selon votre temps et votre envie.**

## 1 LYON

**➔Vous pourrez rejoindre Lyon-Part-Dieu en TGV direct entre autres au départ de Paris-Gare-de-Lyon, Montpellier, Marseille, Dijon, Lille et Strasbourg ou en Intercités depuis Nantes. 1h40 à 2h depuis Paris-Gare-de-Lyon en TGV INOUI et OUIGO - 1 à 2 trains/h - 2 liaisons en TER par jour (5h), dont 1 train de nuit, permettent d'embarquer son vélo. Les trois gares de Lyon desservies sont Lyon-Perrache, Lyon-Part-Dieu et Jean-Macé.**

**Louer un vélo. Des vélos classiques et vélos à assistance électrique (VAE) aux gares de Lyon-Part-Dieu et Lyon-Perrache en location libre-service. Un loueur est situé à 9mn à pied de la gare Jean-Macé. Stations Vélo'v - velov.grandlyon.com - fonctionnement par abonnement - formule 1 trajet (1,80 € donnant droit à 30mn puis 0,05 €/mn la 2e 1/2h, puis 0,15 €/mn la suivante) ou 1 jour (4 €) pour des trajets multiples.**
**Lyon Vélo Location - 3 r. des Trois-Pierres - 04 26 85 36 19 - www.lyonvelolocation.fr - VTT 35 € la 1/2 j., VAE 45 €.**

**La ville qui donne faim.** Deux collines au confluent du Rhône et de la Saône : c'est sur ce site naturel idéal que fut bâtie la capitale des Gaules, Lugdunum, devenue Lyon, aujourd'hui troisième ville de France. Mais entre ses vestiges gallo-romains, ses demeures Renaissance, ses grands ensembles classiques et l'ancien habitat des canuts, les ouvriers de la soie, la métropole ne se contente pas d'accumuler ses richesses historiques et artistiques. Elle exprime aussi sa modernité avec le nouveau quartier de la Confluence, notamment. Et enfin et surtout, Lyon, c'est une gastronomie que l'on savoure sans fin : la meilleure du monde selon ses habitants, comme en témoignent ses célèbres bouchons et ses halles Paul Bocuse *(voir aussi page 88)*.

*Office de tourisme - Lyon Tourisme et Congrès - Pl. Bellecour - www.visiterlyon.com.*

**Arpenter les ruelles à l'italienne du vieux Lyon.** Sillonné de ruelles, tout d'ocre et de rose, le Vieux Lyon marie avec grâce et élégance le Moyen Âge à la Renaissance autour de sa cathédrale. Attiré là par une tourelle, ici par une galerie ouverte, ici encore par une façade à blasons ou un escalier à vis, vous vous perdrez avec délice dans ce petit labyrinthe au gré des cours et des traboules. C'était autrefois le cœur de la cité, où se regroupaient toutes les corporations, notamment les ouvriers de la soie – on comptait 18 000 métiers à tisser à la fin du règne de François Ier. Idéalement, promenez-vous à St-Jean tôt le matin, visitez la primatiale St-Jean et arpentez le quartier avant la foule, l'ouverture des magasins et des établissements touristiques. Si vous pensez continuer la balade à pied vers Fourvière par les escaliers, munissez-vous de chaussures confortables (et de courage, ça grimpe dur !).

**Remonter le temps à Fourvière.** Monter vers Fourvière, en funiculaire ou à pied, c'est se frotter aux pierres de Lugdunum, capitale des Trois Gaules, et à celles de la basilique qui fut érigée au même endroit des siècles plus tard. C'est s'immerger aux sources de la chrétienté et de ses premiers martyrs pour jouir de la quiétude régnant sur la « colline qui prie » avec ses jardins clos et ses couvents médiévaux. C'est aussi découvrir St-Just (prononcez « St-Ju »), petit quartier à l'atmosphère villageoise, hors des sentiers battus. L'idéal est aussi d'entreprendre cette balade le matin. En effet, en montant aux heures fraîches, vous éviterez les assauts du soleil au sommet.

**La Presqu'île entre Rhône et Saône.** Embrassée par la Saône et le Rhône, la Presqu'île est le cœur palpitant de Lyon. On s'y rend le samedi pour

Lyon et la cathédrale St-Jean le long de la de Saône.
Gregory_DUBUS/Getty Images Plus

Restaurant à Lyon.
redtea/Getty Images Plus

flâner dans les magasins, on y sort le soir dans les bouchons et au théâtre, on s'y retrouve les jours de grand rassemblement... Ici, le patrimoine des grands musées historiques contraste avec une audace architecturale résolument contemporaine, celle du quartier en mutation de la Confluence, vitrine de la ville du 21e s. Les quartiers de la Presqu'île sont les plus riches en musées : impossible d'en faire le tour en une journée. Ceux des Beaux-Arts, des Confluences, de l'Imprimerie et de la Communication graphique sont de grande qualité. Prévoyez quelques heures pour vous balader de place en place, en faisant du lèche-vitrine, de la gare de Perrache au bas des pentes de la Croix-Rousse. Terminez la journée côté Confluence, aux docks du quai Rambaud.

**Au « chœur » de l'histoire.** Commencée au 12e s., la cathédrale ou « primatiale » (siège du primat) St-Jean est un édifice gothique, élevé à partir d'une abside romane. Le chœur constitue avec l'abside la partie la plus ancienne de l'église : la construction du soubassement date du 12e s. La décoration de l'abside est un exemple typique de l'art roman dans la vallée du Rhône. La primatiale a abrité de nombreuses solennités. En 1245 et 1274 s'y tiennent les deux conciles de Lyon, le premier du temps de Saint Louis, le second proclamant le dogme du purgatoire et tentant une réconciliation avec l'Église grecque. Au siècle suivant, elle est le théâtre de la consécration du pape d'Avignon Jean XXII. En 1600, Henri IV y épouse en secondes noces Marie de Médicis. Et plus près de nous, en 1943, s'y déroulent les festivités du 6e Grand Pardon (célébré le 2e dimanche après la Pentecôte) qui a lieu environ une fois par siècle, lorsque la Fête-Dieu tombe le 24 juin, jour de la St-Jean-Baptiste, patron de l'église.

*Primatiale St-Jean - 6 av. Adolphe-Max -*
*Ⓜ D Vieux-Lyon - primatiale.fr.*

**Toujours plus haut.** La présence d'un sanctuaire dédié à la Vierge Marie sur la colline de Fourvière remonte au 12e s. Le site devient un lieu de pèlerinage annuel le 8 septembre 1643, suite au vœu des échevins de remercier la Vierge si elle éloignait la peste. L'actuelle basilique est élevée sur les plans de l'architecte Pierre Bossan, après la guerre de 1870, à la suite d'un vœu de Mgr de Genouilhac : l'archevêque de Lyon s'était engagé à construire une église si l'ennemi n'approchait pas de la ville. Elle est consacrée en 1896. Sa silhouette massive dominant la colline et ses quatre tours d'angle évasées à leur sommet (qui atteignent 48 m de hauteur) ont valu à la basilique d'être taxée par les Lyonnais d'éléphant renversé – dont elle est tout de même devenue l'édifice emblématique ! Organisées aux beaux jours, les visites insolites guidées de Notre-Dame-de-Fourvière permettent de découvrir les lieux cachés de l'édifice, et offrent la plus belle vue sur la ville de Lyon.

*Basilique Notre-Dame-de-Fourvière - 8 pl. de Fourvière (à partir de la station Ⓜ D Vieux-Lyon, avec un ticket de métro standard, prendre le funiculaire en direction de Fourvière) - ✆ 04 78 25 13 01 - www.fourviere.org - fermé dim. matin (réservé aux offices) - Visites insolites : reservation.fourviere.org/visite-insolite.html (14 €).*

**Dans l'antique Lugdunum.** Réunis sous une même entité, le musée et les théâtres romains invitent à un voyage dans le passé le plus lointain de la ville. La visite de son musée, tout d'abord, vaut le détour tant pour son architecture de béton, conçue par l'architecte Bernard Zehrfuss en 1975, que pour ses abondantes collections essentiellement gallo-romaines, trouvées en grande partie à Lyon et dans la région. Son grand théâtre est le plus ancien de France. Le chantier de fouilles ouvert en 1933 a permis de mettre au jour, à Fourvière, des édifices publics antiques, qui sont présentés dans un parc. L'ensemble monumental dégagé dans la rue de l'Antiquaille comprend un théâtre construit sous Auguste au 1er s. av. J.-C. et agrandi à plusieurs reprises depuis, ainsi qu'un odéon. Ils accueillent le festival d'été très couru des Nuits de Fourvière.

*Musée - 17 r. Cléberg - ✆ 04 72 38 49 30 - lugdunum.grandlyon.com - 11h-18h, w.-end 10h-18h - fermé lun. - 4 €.*

*Théâtres romains - 6 r. de l'Antiquaille - ✆ 04 72 38 49 30 - lugdunum.grandlyon.com - ♿ - mai-sept. : 7h-21h ; reste de l'année : 7h-19h - gratuit.*

**Du grand art.** Le musée de Lyon figure parmi les plus beaux musées des Beaux-Arts de France. L'édifice, construit aux 17e et 18e s., était l'une des plus anciennes abbayes bénédictines de Lyon. De la place des Terreaux, on pénètre dans ce palais par un cloître aménagé au 19e s. en jardin et qui abrite aujourd'hui des statues de Bourdelle, Duret et Rodin. À l'intérieur du musée, l'exposition permanente est organisée en cinq départements : peintures, sculptures, antiquités, objets d'art et médailles. Ses collections offrent un panorama exceptionnel de l'art mondial à travers 5 000 ans d'art et d'histoire. Avec des chefs-d'œuvre de David, Géricault, Véronèse, Rubens, Rembrandt, Poussin, Renoir, Monet, Gauguin, Chagall, Matisse ou Picasso. Entre autres...

## GRANDIOSE MINI WORLD

**Inauguré en 2016, Mini World Lyon est le plus grand parc de miniatures animées en France. Il propose une immersion dans 5 univers thématiques féeriques. En tout, 70 000 mini-personnages déploient une scénographie spectaculaire présentant souvent une touche humoristique ! En ville, vous trouverez des gratte-ciel imposants, des rues bondées de voitures et de piétons et même des chantiers en activité. À la campagne, les visiteurs peuvent se promener à travers des paysages ruraux pittoresques avec des fermes et des champs cultivés. Les détails vont jusqu'aux tracteurs dans les champs et les animaux dans les pâturages. Les montagnes miniatures sont traversées de chemins de fer, de tunnels et de ponts suspendus offrant une perspective vertigineuse et spectaculaire. Dans un autre genre, la section des mondes imaginaires transporte les visiteurs dans des univers fantastiques : des châteaux de contes de fées, des forêts enchantées et des villes futuristes ont été recréés pour émerveiller et déployer toute leur imagination. Autre bel effet : toutes les 20mn, le parc passe de la lumière du jour à la nuit, offrant une perspective totalement différente sur les mondes miniatures.**

**Mention spéciale à l'évocation minutieuse de Lyon : on y redécouvre le parc de la Tête d'Or ou encore la colline de Fourvière. Même la fête des Lumières est évoquée. Miniature et grandiose. Mini World est un Site Touristique Emblématique valorisé par la Région Auvergne-Rhône-Alpes.**

3 av. de Bohlen, Vaulx-en-Velin - Accès : Ⓜ A, tram T3, Rhônexpress, station La Soie puis 5mn à pied - bus C et 52, station Carré-de-Soie - miniworldlyon.com - merc.- vend. 11h-18h, w.-end 10-19h - 17,50 €

## LA FÊTE DES LUMIÈRES

**Incontournable, elle attire chaque année environ deux millions de visiteurs. Tous les ans, le week-end autour du 8 décembre, la fête de l'Immaculée Conception est célébrée à Lyon avec un éclat particulier. À la nuit tombée, des milliers de lampions multicolores sont allumés aux rebords des fenêtres. Les monuments offrent leurs murs aux créations son & lumière réalisées par des artistes du monde entier. Un événement culturel considérable, dont la popularité ne faiblit pas ! Cette fête religieuse remonte à l'inauguration de la Vierge dorée de Fourvière en 1852. Des inondations retardèrent le travail du sculpteur Fabisch qui ne put livrer la statue le 8 septembre, jour de la fête du « vœu des échevins ». La cérémonie fut reportée au 8 décembre, fête de l'Immaculée Conception. Ce jour-là, de très fortes pluies menacèrent d'annuler la fête. Cependant, contre toute attente, elles cessèrent « miraculeusement » à l'heure prévue. Les riverains illuminèrent alors spontanément leurs balcons avec des lumignons. Et la tradition s'est perpétuée...**

Fête des Lumières - www.fetedeslumieres.lyon.fr - chaque année autour du 8 déc.

*Musée des Beaux-Arts - 20 pl. des Terreaux - Ⓜ A et C Hôtel-de-Ville - ✆ 04 72 10 17 40 - www.mba-lyon.fr - 10h-18h, vend. 10h30-18h - fermé mar. - 8 €.*

**À table !** Au Vivarais, sur la Presqu'île, dans ce restaurant fondé en 1917, Williams Jacquier et sa fille concoctent une savoureuse cuisine traditionnelle. Au menu : pâté en croûte maison, quenelles de brochet et ravioles de grenouilles. On se laisse tenter par l'appétissant chariot de pâtisseries et on vous conseille le gâteau de riz aux oranges confites, spécialité de la maison !

*Le Vivarais - 1 pl. Gailleton - Ⓜ A Ampère-Victor-Hugo - ✆ 04 78 37 85 15 - www.restaurant-levivarais.fr - fermé dim.-lun. - formules déj. 18/23 € - menus 31/41 €.*

**Pour le pique-nique.** Non loin de la gare de la Part-Dieu, faites un tour au grand marché couvert de Lyon. Il se tenait originellement aux Cordeliers, mais a été démoli et réinstallé dans le nouveau quartier de la Part-Dieu en 1971. Les halles demeurent un repère de la gastronomie lyonnaise où les meilleurs artisans de bouche tiennent boutique. On peut aussi y manger, plusieurs d'entre eux ayant un comptoir ou quelques tables.

*Halles de Lyon-Paul Bocuse - 102 cours Lafayette - Trolleybus C3 - ✆ 04 78 62 39 33 - www.halles-de-lyon-paulbocuse.com - 7h-19h, dim. 7h-13h.*

**Pause sucrée.** Cette entreprise ardéchoise transforme les fruits et produits de la région en sorbets et glaces bio : verveine du Velay, marrons glacés d'Ardèche, mûres et myrtilles sauvages, pêches de la Drôme, etc. Un délice, équitable en prime : l'approvisionnement en miel, crème de marrons et farines pour les pâtes à crêpes ou à gaufres est exclusivement local, issu de petites structures à taille humaine.

*Terre Adélice - Pl. de la Baleine - Ⓜ D Vieux-Lyon - ✆ 04 78 03 51 84 - www.terre-adelice.eu - 10h30-minuit (jusqu'à 18h30 en hiver).*

**L'heure de l'apéro.** C'est sans doute le bar à cocktails le plus chic de la ville ! Sous le splendide dôme ouvragé de 32 m imaginé par l'architecte Soufflot et dans un élégant décor contemporain, la carte rend hommage aux produits régionaux de façon originale, comme la praline rose dans le cocktail signature Le Dôme (vodka, sirop de praline rose, champagne rosé et citron jaune).

*Le Dôme - 20 quai Jules-Courmont - Ⓜ A et D Bellecour - ✆ 04 26 99 23 20 - lyon.intercontinental.com - 15h-0h, lun.-mar. 18h-0h.*

**Pour la nuit.** À 18mn à pied de la gare de la Part-Dieu, l'Edmond. Un hôtel joliment décoré dans l'esprit Art déco, avec papier peint fleuri et touches de velours vert. Intérieur cosy et agréable terrasse en été. Une belle adresse.
Ouvert en 1906 à la sortie de la gare Perrache pour accueillir les voyageurs fortunés, l'ancien hôtel Terminus a été décoré par quelques-uns des meilleurs artistes de l'époque Art nouveau,

Les berges du Rhône avec vue sur l'Hôtel Dieu.
P. Jacques/hemis.fr

dont le peintre Henri Martin. C'est aujourd'hui un quatre-étoiles tout confort, avec des chambres spacieuses parfaitement insonorisées.

*Hôtel Edmond W - 17 r. Professeur-Weill - Ⓜ A Masséna et B Brotteaux - ✆ 04 78 65 02 12 - hotel-edmondw.fr - 32 ch. 89/130 € - ☕ 16,50 €.*

*Mercure Lyon Centre Château Perrache - 12 cours de Verdun-Rambaud, esplanade de la Gare - Ⓜ A Perrache - ✆ 04 72 77 15 00 - all.accor.com - 120 ch. 120/160 € - ☕ 18,90 €.*

**Le plein de festivités !** Lyon et sa région jouent un rôle de premier plan dans la diffusion des arts vivants, et ce depuis longtemps, comme en témoignent le succès du théâtre de Guignol ou les spectacles de cinéma des frères Lumière. Aujourd'hui, les grandes scènes comme l'Opéra et l'Auditorium de Lyon assurent une programmation de qualité toute l'année, complétée par tout un réseau de cafés-théâtres et d'équipements culturels soutenant la création amateur et émergente. Les manifestations et festivals ne sont pas en reste et ont aussi acquis une grande notoriété. La fête des Lumières à Lyon *(voir encadré page 24)* attire près de deux millions de personnes chaque année. Sans oublier le festival des Quais du polar consacré à la littérature policière, les Nuits sonores à la musique électronique, les Nuits de Fourvière avec des spectacles dans les théâtres antiques, les Biennales d'art contemporain et de la danse de Lyon ou le Lyon Street Food Festival centré sur la gastronomie locale et internationale, avec concerts et ateliers.

Proche de Lyon, à Brignais, facilement accessible en train ou en tram, le festival Quais du départ ravira tous les passionnés de voyages et de cultures du monde. Enfin, dans la ville natale du cinéma, le festival Lumière honore l'histoire du 7ème art et promeut le patrimoine cinématographique.

Il est aussi possible de se joindre à la ferveur locale en assistant à un match de football du mythique Olympique lyonnais. Depuis 2016, abandonnant le stade historique de Gerland, l'OL joue au nouveau Stade des Lumières, un stade nouvelle génération à énergie positive dessiné par Populous, architecte des stades olympiques de Sotchi et de Wembley.

*Quais du polar - Avr. - www.quaisdupolar.com.*

*Les Nuits sonores - Mai - www.nuits-sonores.com.*

*Nuits de Fourvière - Juin-août - www.nuitsdefourviere.com.*

*Biennale d'art contemporain - Sept.-janv. - www.labiennaledelyon.com ; Biennale de la danse - Sept.*

*Lyon Street Food Festival - Juin - lyonstreetfoodfestival.com.*

*Quais du départ – Avr. - www.quaisdudepart.fr/fr*

*Festival Lumière, également nommé Grand Lyon Film Festival – oct. - www.festival-lumiere.org.*

*Autres infos : Pour les sorties, spectacles et expositions, consultez Le Petit Bulletin (www.petit-bulletin.fr/lyon), Le Petit Paumé (www.petitpaume.com) et À la lyonnaise (www.alalyonnaise.fr).*

*Pour assister à un match de l'OL, rendez-vous sur le site Internet du club : www.ol.fr.*

**S'échapper vers l'île Barbe.** Elle se situe sur la Saône, dans le 9e arrondissement de Lyon, au niveau de Caluire-et-Cuire. L'île Barbe est une oasis de verdure posée sur la Saône, un petit coin de Lyon méconnu et « sauvage », comme l'indique son nom d'*insula barbara*. Pour la rejoindre, les plus sportifs marcheront, à condition d'avoir un peu de temps, les 6 km séparant l'île du quartier St-Paul. Autre option : enfourcher un vélo et filer sur la voie cyclable qui borde la Saône. Sinueuse, bucolique, la rivière invite à la poésie. En chemin, il fait bon admirer les vues variées sur la cité lyonnaise et les œuvres d'art installées en plein air le long des quais, comme le Belvédère habillé de perles par Jean-Michel Othoniel. Au terme de ce court périple, empruntez l'un des plus vieux ponts lyonnais – qui devrait être remplacé dans quelques années – et vous voilà sur la bucolique île Barbe, où vous attendent terrains de pétanque, carré de pelouse et jeux pour les plus jeunes. *Voir aussi page 160 l'itinéraire à vélo « La Voie Bleue : de la Saône au Rhône ».*

*Infos pratiques - En transports, prendre le bus 31 ou 43 depuis Vaise, ou le 40 depuis Bellecour - Île accessible à vélo ou location dans la station Vélo'v située juste à côté du pont de l'Île Barbe.*

Place de la Victoire.
P. Jacques/hemis.fr

## 2 CLERMONT-FERRAND

➔2h35 depuis depuis Lyon-Part-Dieu en TER direct ou 2h24 en Intercités - 8 TER directs/j. 3h55 au départ de Paris - 10 trains/J.

➔De la gare, comptez 10-15mn à pied pour rejoindre le centre historique, ou en bus, ligne B. Vous pourrez prendre le tramway entre la place de Jaude et Montferrand.

Louer un vélo. La ville dispose d'une flotte de 680 vélos en libre-service disponibles dans 57 stations avec des formules de pass de 7 jours ou juste à la journée.
C.Vélo - 04 73 92 65 08 - www.c-velo.fr - VTC et VTT 2 €/h après les 1res 30mn gratuites - avec caution (pénalité de non-retour du vélo : 200 €) - inscription en ligne.

**Capitale de l'Auvergne... et du pneumatique !**
Clermont-Ferrand conjugue les attraits d'une ville de caractère à ceux d'un splendide environnement naturel. Le centre historique est bâti sur une légère butte, vestige de l'un des trois cônes volcaniques qui s'étendaient jadis jusqu'à l'entrée de Chamalières. Richesse du patrimoine et rayonnement culturel, dynamisme industriel et universitaire comptent parmi ses atouts. Le noyau historique de la cité regorge de trésors : hôtels particuliers, pittoresques courettes intérieures, fontaines baroques, façades ouvragées, tourelles d'escalier... La place de Jaude, traversée par une ligne d'eau de 26 fontaines résurgentes, constitue le cœur de la métropole clermontoise avec ses terrasses de cafés et ses deux centres commerciaux. Alentour, ne manquez pas de visiter la basilique romane N.-D.-du-Port (12e s.) et son étonnante cathédrale gothique construite en « pierre noire » de Volvic. Au nord-est du vieux Clermont, à partir du quartier des Carmes, se développe un secteur en mutation. À côté des installations industrielles Michelin – indissociables de l'histoire de la ville – se trouvent d'autres lieux emblématiques et incontournables de la vie clermontoise comme la Coopérative de Mai, consacrée aux musiques actuelles, et le stade Marcel-Michelin qui accueille les matchs de rugby de la fameuse équipe ASM.

*Office de tourisme - Pl. de la Victoire - 04 73 98 65 00 - www.clermontauvergnevolcans.com.*

## Elle s'appelait Micheline

La première Micheline.
Michelin

**Stéphane Nicolas, responsable du patrimoine historique chez Michelin**

« Pour comprendre l'arrivée de la « Micheline «, il faut remonter aux années 1920, il y a un siècle. L'automobile individuelle est alors très peu répandue et on utilise encore beaucoup de chemins de fer pour les déplacements de proximité. Pour cela, il existe des trains mais aussi des autorails. Ce sont des véhicules de plus petite capacité, de la taille d'un autobus, mais qui circulent sur les rails. À l'époque, Michelin se demande s'il ne pourrait pas rendre ces véhicules plus silencieux et plus confortables, comme il l'a fait avec des bus, en les équipant... de pneus. C'est un défi technologique majeur et beaucoup n'y croient pas. En effet, il s'agit de faire supporter aux pneus tout le poids du véhicule et des passagers sur un très faible chemin de roulement, plus étroit que sur une route. Michelin trouvera une solution qui suppose l'utilisation d'autorails plus légers que ceux qui circulent à l'époque : en 1929 Michelin dépose donc un brevet à la fois pour un pneu adapté au chemin de fer mais aussi pour les véhicules qui vont avec. La production commence peu après et la première « Micheline « s'élance ainsi en 1931. L'exploitation commerciale s'est poursuivie jusque dans les années 1950 en France. L'usine Michelin a été bombardée pendant la Seconde Guerre mondiale. La fabrication a cessé mais le nom, « Micheline «, est resté dans le langage courant pour désigner n'importe quel autorail, même s'il n'était pas sur pneus Michelin. Son nom renvoie à un service de proximité. On prenait la Micheline de Clermont-Ferrand à Aurillac, par exemple, pour rendre visite à la famille ou faire des achats. La Micheline, c'est un peu l'ancêtre de nos TER ! »

**Ne vous faites pas prier !** Clermont-Ferrand peut être fière de son patrimoine religieux. La visite peut commencer par la basilique Notre-Dame-du-Port. Fondée au 6ᵉ s., brûlée par les Normands, elle fut rebâtie avec une exceptionnelle unité de style au 12ᵉ s. Les clochers sont des ajouts du 19ᵉ s. Basilique depuis 1881, Notre-Dame-du-Port est inscrite au Patrimoine mondial de l'Unesco au titre des chemins de St-Jacques-de-Compostelle. Son chœur, surélevé, compte parmi les plus caractéristiques de l'art roman auvergnat. C'est la plus belle partie de l'édifice, entourée d'un déambulatoire sur lequel s'ouvrent quatre chapelles rayonnantes. Les vitraux, réalisés par l'atelier de Thévenot, maître verrier clermontois du 19ᵉ s., illustre des épisodes de la vie du Christ. La cathédrale Notre-Dame-de-l'Assomption, quant à elle, a été construite entre 1248 et 1884 dans le style rayonnant d'Île-de-France. Elle doit sa couleur noire à l'andésite, la pierre volcanique de Volvic. Depuis la tour de la Bayette, vous bénéficiez d'un beau panorama sur Clermont et ses alentours. Admirez les superbes vitraux et le très riche ensemble de fresques. Si l'accès est possible, visitez la crypte qui renferme notamment un très beau sarcophage du 4ᵉ s. et le trésor présentant des collections allant du 12ᵉ au 19ᵉ s.

*Cathédrale Notre-Dame-de-l'Assomption - Pl. de la Victoire - ✆ 04 73 98 65 00 - 7h30-12h, 14h-18h, dim. 9h-12h, 15h-19h (en dehors des offices) - entrée libre.*

*Basilique Notre-Dame-du-Port - R. du Port - ✆ 04 73 29 29 70 - basiliquenotredameduport.fr - juil.-août : 8h-19h ; reste de l'année : 9h-18h ; visites guidées gratuites sur réserv., rens. au ✆ 04 79 11 59 78.*

**La fabuleuse histoire de Michelin.** Par quel caprice du destin, Clermont, située au cœur de l'Auvergne, loin des ports qui reçoivent le caoutchouc et le coton, et à l'écart des grandes tréfileries, est-elle devenue la capitale du pneu en France et l'un des plus grands centres mondiaux de cette industrie ? Pour le savoir, découvrez la passionnante aventure industrielle des frères Michelin dans une mise en scène originale et interactive. L'ensemble de 2 000 m² présente plus de 125 ans d'histoire, avec des documents et près de 1000 objets de collection. Pour illustrer la mobilité

## LE PUY DE DÔME EN TRAIN

**Quelque 80 volcans - inscrits au patrimoine mondial de l'Unesco - s'alignent entre les gorges de la Sioule et la grande Limagne. Avec ses 1 465 m d'altitude, le Puy de Dôme est le plus haut et l'un des plus majestueux *(voir page 178)*.**

**En saison, vous pouvez le rejoindre par une navette au départ de la gare de Clermont-Ferrand. Ensuite, embarquement immédiat dans un charmant train à crémaillère qui n'est pas sans rappeler le chemin de fer à vapeur qui fonctionna au début du 20ᵉ s., avant d'être remplacé par la route en 1927. Le Panoramique des Dômes épouse en grande partie le tracé de l'ancienne route et permet d'accéder en 15mn au sommet, après 5,6 km d'ascension. Depuis 2021, en immersion à bord du train, vous revivez l'histoire du Puy de Dôme.**

**Une autre virée s'ouvre à vous à Vulcania, à 1 000 m d'altitude, et au volcan de Lemptégy, également accessibles par une navette *(voir pages 178-180)*.**

**En hiver, c'est aussi une expérience sensorielle : pendant la saison froide, on observe assez souvent une inversion des températures : tandis qu'il gèle à pierre fendre à Clermont, il fait presque doux sur le Dôme. Ce phénomène, qui ne s'observe que par temps calme, est dû au glissement des couches d'air froid, plus lourdes, des hauteurs vers les dépressions. Le Panoramique des Dômes est un Site Touristique Emblématique valorisé par la Région Auvergne-Rhône-Alpes.**

Navette de Clermont-Ferrand au Panoramique des Dômes : de déb. avr. à déb. nov. - 2 € (www.panoramiquedesdomes.fr/comment-venir).

Panoramique des Dômes - www.panoramiquedesdomes.fr - horaires, voir page 63 - 18,60 € AR.

Navette de Clermont-Ferrand à Vulcania : 1,60 € - www.vulcania.com/navettes-clermont-ferrand-vulcania

Vulcania - www.vulcania.com - horaires et tarifs sur le site.

à la fin du 19e s., hommage est rendu à la Micheline *(voir page 28)*, dont un spectaculaire exemplaire est présenté dans le hall. Michelin fut aussi un pionnier de l'aviation, constructeur des avions Breguet durant la Première Guerre mondiale. L'Aventure Michelin est un Site Touristique Emblématique valorisé par la Région Auvergne-Rhône-Alpes. Juste en face, le stade Marcel-Michelin, incontournable dans la vie clermontoise, puise ses origines dans un terrain de sport construit en 1911 par Michelin. Il était déjà destiné à accueillir les matchs du club de rugby à XV de l'Association sportive Michelin, devenue ASM Clermont Auvergne.

*L'Aventure Michelin - 32 r. du Clos-Four (à 2 arrêts de tram de la gare avec la ligne B, descendre à Stade-Marcel-Michelin) - ☎ 04 73 98 60 60 - laventure.michelin.com - juil.-août : 10h-19h ; reste de l'année : tlj sf lun. 10h-18h (tlj pendant les vac. scol.) - fermé en janv. - 12 €.*

*ASM Experience - Stade Marcel-Michelin - ☎ 04 73 14 60 23 - www.asm-rugby.com/asm-experience - juil.-août : 14h-18h ; vac. scol. zone A 14h-18h ; reste de l'année : tlj sf lun. 10h-18h - 10 €, 18 € (billet combiné avec la visite guidée du stade).*

**À table !** Vers la place de Jaude, le Bistrot d'à Côté propose une cuisine actuelle et savoureuse, faite de bons produits et aux présentations soignées. Carte plus ambitieuse au dîner. Service convivial et belle carte de cocktails et d'alcools.

Au Comptoir des Saveurs, on peut jouer à la dînette en picorant parmi les propositions du chef – plats servis en miniportions – qui changent chaque jour. Un concept sympa dans un cadre contemporain.

*Le Bistrot d'à Côté - 16 r. des Minimes - ☎ 04 73 29 16 16 - www.restaurant-bistrotdacote.fr - fermé w.-end le midi - formules midi (en sem.) 21,50/37 €, menus du soir et w.-end 33/41 €.*

*Le Comptoir des Saveurs - 5 r. Ste-Claire - ☎ 04 73 37 10 31 - www.le-comptoir-des-saveurs.fr - fermé 3 sem. en août - formules déj. 25/48 € - menus du soir 35/48 €.*

**Pour le pique-nique.** Le marché St-Pierre abrite des stands de produits régionaux (fromages,

## THERMALISME DEPUIS CLERMONT-FERRAND

**Voisine de Clermont-Ferrand, Royat est une ville d'eau, reposante et élégante. Connues des Arvernes, dont la capitale, Gergovie, était toute proche, ses eaux furent ensuite exploitées par les Romains qui y construisirent des thermes magnifiques. L'impératrice Eugénie, venue à Royat en 1862, lança vraiment la station thermale. Elle a d'ailleurs donné son nom à la source Eugénie, la plus abondante de la station : celle-ci, qui était déjà captée par les Romains, débite quelque 1 000 litres à la minute (à une température de 31,5 °C) et dégage en même temps une grande quantité de gaz thermaux radioactifs.**

**Autre ville thermale, La Bourboule doit son nom à Borvo, dieu celte des Sources bouillonnantes. Le premier établissement de bains date de 1821. Les baignoires sont alors en pierre, on ne change pas l'eau entre chaque malade et les douches fonctionnent à l'aide d'une pompe qu'actionne un paysan. En 1854, le chimiste Thénard découvre de l'arsenic dans les eaux de la ville, lançant la mode de la petite station. Aujourd'hui, les sources sont gérées par la Société thermale de La Bourboule et la Compagnie des eaux minérales. Ces thermes viennent de faire l'objet d'une splendide rénovation.**

**Le Mont-Dore, enfin, est une station thermale qui ravira les amoureux de plein air et de nature préservée. Ses eaux, les plus siliceuses de France, chargées de gaz et d'acide carboniques, émergent de filons de lave, à l'intérieur de son établissement thermal avec des températures oscillant entre 38 et 44 °C.**

Infos pratiques : toute proche, Royat est accessible en train de Clermont-Ferrand (7mn) mais aussi en bus (ligne B). Les villes de La Bourboule et du Mont-Dore sont desservies par des bus SNCF de Clermont-Ferrand (1h30/1h40 avec corresp. en gare de Laqueuille).

charcuteries, fruits et légumes) aiinsi qu'une brasserie et un restaurant gastronomique. Pour un pique-nique, chez les producteurs du marché, faites un plein de cinq fromages d'appellation d'origine contrôlée : le cantal, la fourme d'Ambert, le saint-nectaire, le salers et le bleu d'Auvergne.

*Marché St-Pierre - Pl. du Marché-St-Pierre - ✆ 04 73 31 27 88 - www.marche-saint-pierre.com - 7h-19h - fermé dim.*

**Pause sucrée.** Cet établissement de tradition a été fondé en 1926. Martial Ray, pâtissier-chocolatier, y élabore des délices comme les andésites (noisettes torréfiées enrobées de chocolat noir), des pâtes de fruits d'Auvergne selon les saisons ou une guimauve maison délicieusement régressive. Côté pâtisserie, les incontournables côtoient les créations, à déguster sans compter au salon de thé.

*La Chaumière - 4 r. St-Dominique - ✆ 04 73 37 55 90 - www.martial-ray.com - 8h-19h - fermé dim.-lun.*

**L'heure de l'apéro.** Bars, brasseries et pubs tiennent une large place dans le centre-ville et se concentrent principalement place de Jaude, dans le quartier de la cathédrale, place Sugny, rue Fontgiève et place Gaillard. Parmi eux, Un Singe en Hiver est un bar à vin est reconnu pour la qualité de ses crus, les saveurs de ses planches de produits régionaux et la chaleur de son accueil. Plus de cinquante références de vin à la carte. Une tartine, des charcuteries ou des fromages régionaux peuvent avantageusement accompagner votre verre.

*Un Singe en Hiver - 13 pl. du Mar.-Fayolle - ✆ 04 73 36 94 36 - merc.-sam. 19h-0h.*

**Pour la nuit.** L'Ibis Styles Clermont-Ferrand Gare, voisin de la gare, possède un hall contemporain et des chambres aux tons vifs dotées de meubles modernes en bois clair. Bonne insonorisation.
Si vous préférez des chambres d'hôtes, dirigez-vous vers ces 5 Chambres en Ville dans le vieux Clermont, à 15mn à pied de la gare. Logées dans un immeuble de 3 étages, entièrement refait, les chambres sont modernes et décorées avec goût. Un petit espace salon, où vous prendrez votre petit-déjeuner, invite à la détente au rez-de-chaussée. Les propriétaires logent à proximité.

*Ibis Styles Clermont-Ferrand Gare - 53 av. de l'Union-Soviétique - ✆ 04 73 91 82 27 - all.accor.com - 48 ch. 135/160 € ☕.*

*5 Chambres en Ville - 8 r. Neyron - ✆ 07 81 16 60 95 - www.5-chambresenville.com - 5 ch. 89/115 € ☕.*

**Clermont festive.** Parmi les nombreuses manifestations et les festivals qui animent Clermont-Ferrand toute l'année, citons l'Europavox, qui met en scène la diversité musicale européenne durant 4 jours fin juin-début juillet. Le Festival international du court-métrage, fin janvier, est aussi une référence en matière de cinéma : cinq ou six films de 5 à 59mn sont diffusés plusieurs fois au cours de la semaine, dans plusieurs sites de la ville.

*Infos : www.europavoxfestivals.com ; www.clermont-filmfest.com.*

**Escapade à Montluçon.** Facilement accessible de Clermont, en 1h45 de TER, cette ville vaut le détour. Aux confins de la Marche, de la Combraille et du Bourbonnais, cette cité historique s'organisait essentiellement jadis autour du château des ducs de Bourbon. Aujourd'hui, son patrimoine culturel et industriel, très bien mis en valeur, est agréablement rythmé par de nombreux parcs et jardins qui offrent des moments de détente et de calme. Ne manquez pas la vue sur Montluçon et les contreforts du Massif central, depuis l'esplanade du château des ducs de Bourbon (à 15mn à pied de la gare). Juste à côté, l'étonnant MuPop, le musée des Musiques populaires, mérite une visite : ce musée présente une belle collection d'instruments traditionnels (3 500 au total), emblématiques de la culture populaire (vielles à roues du 17e au 19e s., cornemuses, accordéons, mais aussi guitares, percussions...), et propose surtout un parcours musical passionnant.

*Château des ducs de Bourbon - R. du Château - ✆ 04 70 05 11 44 - tlj sf lun. 10h-12h, 14h-18h - entrée libre.*

*MuPop - 3 r. Notre-Dame - ✆ 04 70 02 19 60 - www.mupop.fr - mai-août : tlj sf lun. 10h-18h ; reste de l'année : mar.-sam. 10h-17h - fermé janv. - 7,50 €.*

Détail de l'église Saint-Blaise, de style Art Déco.
Leks052/Getty Images Plus

## 3 VICHY

➔1h52 depuis Lyon-Part-Dieu en train TER et Intercités - 10 trains/j.

Louer un vélo. On trouve des vélos en descendant du train.
Vivélo libre-service Mobivie - Kiosque gare SNCF - 1 pl. de la Gare - 04 70 97 81 29 - www.mobivie.fr/se-deplacer/vivelo - location de vélos classiques et électriques proposée par Vichy communauté (4 €/h sans abonnement). 6 bornes en ville via application smartphone.

**Vichy chic et healthy.** Les bords de l'Allier, avec leurs grands parcs qui dispensent paix et fraîcheur, font l'originalité première de cette ville thermale. Vous y admirerez les hôtels, chalets, villas et autres bâtiments caractéristiques de l'architecture thermale de la seconde moitié du 19e s. et du début du 20e s. Aménagé sur décret de Napoléon Ier, le parc des Sources permit de relier plusieurs d'entre elles et fut à l'origine du quartier thermal. Vous pourrez remplir votre gourde de Célestins dans le hall des Sources, belle construction de verre et de métal qui regroupe les eaux des six sources thermales. De part et d'autre de l'Allier, vous apprécierez l'aménagement des berges sur deux niveaux (piétons et cyclistes), très agréable lieu pour le sport ou la flânerie (belvédères, pontons, bars, restaurants). Un bac gratuit, *La Mouette II*, permet de traverser l'Allier entre Vichy et Bellerive-sur-Allier. L'illustre station thermale, qui se tourne aujourd'hui vers la forme et le bien-être, séduit aussi par la qualité de ses commerces et par le très large éventail des distractions culturelles et sportives qu'elle propose : opéra, festivals, concerts, expositions, courses hippiques.

*Office de tourisme - 19 r. du Parc - 04 70 98 71 94 - www.vichydestinations.fr.*

**Palais des Congrès-opéra : un joyau de style Art nouveau.** L'ancien casino, voulu par Napoléon III et dû à l'architecte Badger, ouvrit ses portes en 1865. De 1900 à 1903, il fut réaménagé et agrandi sous la direction de l'architecte Charles Le Cœur, avec l'adjonction de déambulatoires, de salons, d'un grand hall et d'une salle de théâtre devenue opéra. L'édifice est remarquable par la qualité de son décor Art nouveau qui doit beaucoup au peintre Léon Rudnicki, au ferronnier Émile Robert et au maître verrier Francis Chigot.

*Palais des Congrès - opera-vichy.com/visites-opera - visite de l'édifice 5 €.*

**À table !** L'authentique cadre 1920 de cette brasserie est agrémenté de photos d'acteurs et d'artistes lyriques ayant fait les beaux soirs de l'opéra voisin. Cuisine traditionnelle et produits de qualité. Tous les desserts sont faits maison. Terrasse-trottoir.

### EXCURSION AU PARC LE PAL

**Créé en 1973, ce parc d'attractions et animalier est le premier site touristique d'Auvergne avec plus de 600 000 visiteurs par an ! Aménagé sur 50 ha, dans un cadre forestier, Le PAL se divise en deux parties : les attractions et les animaux. Le parc compte 31 attractions : montagnes russes, installations aquatiques ou autres manèges pour enfants (tasses magiques, balades dans les airs, etc.). L'espace animalier accueille 1 000 animaux des cinq continents (éléphants, girafes, fauves, singes, cervidés, oiseaux aquatiques, perroquets, etc.), vivant en semi-liberté dans leur milieu naturel recréé. Des spectacles y sont organisés tout au long de la journée et certains rendez-vous, comme le goûter des animaux, plaisent toujours aux enfants. Le parc propose enfin un hébergement en pleine nature, dans des lodges africains, en bois et en toile, sur pilotis, ainsi qu'un hôtel, Le PAL Savana Réserve, face à une savane africaine reconstituée. Le PAL est un Site Touristique Emblématique valorisé par la Région Auvergne-Rhône-Alpes.**

Le PAL - Navette entre la gare SNCF de Moulins et le parc d'attractions . Une navette Vichy-Le PAL est en cours d'expérimentation (se rens.) - 04 70 42 68 10 - www.lepal.com - ♿ - avr.-sept. : 10h-18h ou 19h selon calendrier d'ouv. (se rens.) - 32 € (-10 ans 28 €, gratuit enf. de moins de 1 m). Forte affluence les w.-ends et l'été.

## Un patrimoine thermal

Restaurées et protégées depuis des années, les réalisations les plus remarquables forment un patrimoine insolite et d'une densité exceptionnelle. On citera ainsi le Centre thermal des Dômes, de style néomauresque, avec son dôme central et ses dômes d'angle habillés de carreaux émaillés or, conçu comme le Grand Casino par Charles Le Cœur. Il fut inauguré en 1903. L'atmosphère mondaine de la station, son combat quotidien contre l'ennui et sa propension aux extravagances dorées prédisposèrent les architectes du Vichy thermal à cette recherche du jamais vu, de l'inattendu. Cette recherche les exposa aux influences divergentes de Byzance, de l'art roman auvergnat, du Quattrocento florentin, sans oublier les cottages anglais et les chalets alpestres, et assura le triomphe d'un « éclectisme baroquisant » faisant coexister dans une charmante anarchie tous les styles et toutes les époques. Ce qui justifie la participation de Vichy à la candidature des Great Spas of Europe (avec dix autres villes d'eaux européennes) et à l'inscription au patrimoine mondial de l'Unesco.

### LES SOURCES

Les vertus curatives des eaux de Vichy étaient déjà reconnues des Romains, qui fondèrent ici une petite cité thermale, Vicus Calidus. Après une longue éclipse, le thermalisme revint à la mode au 17e s. Au 18e s., deux filles de Louis XV, Adélaïde et Victoire, laissèrent leur nom à une source : la source Mesdames.

En 1799, Vichy accueillit Letizia Bonaparte, mère de Napoléon, qui créa le parc des Sources en 1812. En 1821, la duchesse d'Angoulême posa la première pierre de l'établissement thermal.

La station atteignit son apogée dans les années 1930. Les sources minérales et thermales de Vichy sont particulièrement chargées de bicarbonate de soude et d'acide carbonique. Les principales, citées ci-après, appartenaient à l'État et étaient exploitées par une Compagnie fermière fondée en 1853. Les eaux des Célestins sont expédiées en bouteilles dans le monde entier. On soigne à Vichy les affections du foie, de la vésicule et de l'estomac, le diabète, les migraines, les troubles de la nutrition et de la digestion, mais aussi les affections relevant de la rhumatologie.

#### Sources chaudes

Elles sont à la base du traitement (cures de boisson, douches, bains et confection de boue).

Grande Grille – Température : 40 °C. Une grille la protégeait jadis des bêtes assoiffées, d'où son nom. D'une profondeur d'environ 1 200 m, elle sort à gros bouillons.

Chomel – Température : 41 °C. Elle porte le nom du médecin intendant des Eaux qui la fit aménager en 1750.

Hôpital – Température : 33 °C. Elle sourd dans un pavillon en forme de rotonde, situé derrière le casino.

#### Sources froides

Leurs eaux sont, elles aussi, utilisées en cures de boisson. La source du Parc, qui jaillit dans le parc des Sources, est à 24 °C ; celle de Lucas (du nom du médecin inspecteur qui, au début du 19e s., acheta la source pour le compte de l'État) est à la même température ; et celle des Célestins est à 21,5 °C.

### ÉTABLISSEMENTS THERMAUX

Le Centre thermal des Dômes peut assurer 2 500 opérations thermales et parathermales par matinée. Les Thermes Callou, qui viennent d'être rénovés, sont dotés, comme le Vichy Célestins Thermal Spa, des innovations techniques les plus récentes.

*Brasserie du Casino et des artistes - 4 r. du Casino - ✆ 04 70 98 23 06 - brasseriedesartistesvichy.fr - fermé mar.-merc. - plats 22/32 €.*

**Pour le pique-nique.** La vaste halle moderne et lumineuse du Grand marché couvert accueille les producteurs des environs. Vous trouverez de quoi remplir votre sac à dos de délicieux produits frais pour le pique-nique.

*Grand marché couvert - Pl. P.-V.-Léger - ✆ 04 70 30 55 75 - page Facebook - mar.-dim. 7h-13h, marché paysan le sam. sur la mezzanine.*

**Pause sucrée.** Arrêt obligatoire chez Vichy Prunelle, la confiserie à l'ancienne, qui propose les fameuses pastilles et sucres d'orge de Vichy.

*Vichy Prunelle - 34-38 r. Montaret - ✆ 04 70 98 20 02 - www.vichy-prunelle.com - 9h30 (10h lun.)-12h, 14h-19h, dim. et j. fériés 10h-12h, 15h-19h.*

**Pour la nuit.** Un hôtel dans le centre, à 17mn à pied de la gare vers les berges de l'Allier. Chambres modernes et confortables dans un bel immeuble 1900. Agréable terrasse au premier étage pour prendre un verre en journée au lounge bar. Solide petit-déjeuner avec charcuteries locales et œufs bios.

*Hôtel Les Nations - 13 bd de Russie - ✆ 04 70 98 21 63 - www.lesnations.com - 69 ch. 68/80 € - ☕ 14 €.*

**Escapade à Moulins.** C'est sur les bords de l'Allier, à seulement 30mn en train, que s'épanouit la capitale du Bourbonnais. On prendra plaisir à marcher le long des rives dans le quartier des anciens mariniers, et dans la cité ancienne, riche d'un remarquable patrimoine. À 15mn à pied de la gare, vous voilà sur l'emplacement de l'ancien château des ducs de Bourbon, qui occupait jadis toute l'esplanade. Du palais ducal subsistent aujourd'hui le donjon et le pavillon Renaissance. Entre les deux, la maison Mantin, villa de style éclectique, construite en 1896 par Louis Mantin, sur l'ancien corps de logis du 15e s., dévoile ses collections, mais aussi le Centre national du costume de scène et de la scénographie, dans le quartier Villars, à découvrir absolument *(voir aussi page 156)*.

*Maison Mantin - Pl. du Col.-Laussedat - ✆ 04 70 20 48 47 (entrée par le musée Anne-de-Beaujeu avec billet couplé) - lun.-sam. 9h45-12h30, 14h-18h30, dim. 14h-18h30 - 8 €.*

*Centre national du costume de scène - Quartier Villars, rte de Montilly - ✆ 04 70 20 76 20 - cncs.fr - tlj 10h-18h - 9 €.*

**Emprunter la Via Allier à vélo.** Entre Nevers et Langogne, cet itinéraire s'étend sur 455 km le long de la rivière Allier, en passant par Vichy et Moulins. *Voir l'itinéraire page 155.*

*Infos : www.via-allier.com.*

Le Centre des Congrès.
Eric Bascol/Getty Images Plus

## Site Le Corbusier

Unité d'habitation de Firminy - Le Corbusier.
D. Caviglia/hemis.fr/© F.L.C./ADAGP, Paris 2025

➔On peut visiter le site Le Corbusier au départ de St-Étienne. Sur présentation du billet de train, vous bénéficiez d'une entrée à tarif réduit : le bon plan !

### FIRMAMENT MODERNE À FIRMINY-VERT.

L'apparition en pleine campagne du quartier élaboré par l'architecte Le Corbusier (entre 1955-1967) a de quoi surprendre. Extension de la ville minière alors en plein essor, ce quartier tout entier raconte les rêves et le revers des Trente Glorieuses... et l'utopie d'une ville nouvelle, vertueuse et heureuse. Juchée sur les hauteurs de Firminy *(voir page 38)*, entourée de verdure, l'unité d'habitation est un immense paquebot qui comprend 414 logements, dont un appartement-témoin, s'organisant autour de rues intérieures. Autre bâtiment, la Maison de la culture évoque un Parthénon moderne avec ses bandes de couleurs. Dans l'église St-Pierre (achevée en 2006), cône tronqué culminant à 34 m, c'est la constellation d'Orion qui danse en un jeu de lumière unique dans la nef d'une impressionnante sobriété. La partie basse de l'église accueille un centre d'interprétation qui illustre la richesse de l'œuvre de Le Corbusier. Cet ensemble inscrit au Patrimoine Mondial de l'UNESCO est un Site Touristique Emblématique valorisé par la Région Auvergne-Rhône-Alpes.

*Firminy-Vert/Site Le Corbusier - ✆ 04 77 61 08 72 - www.sitelecorbusier.com - 10h-12h30, 13h30-18h - fermé mar. (sf juil.-août) et lun.-merc. de mi-nov. à fév. - 8 € - visites guidées uniquement pour l'unité d'habitation sur réserv. : sam. 14h et 15h30 - 12 €.*

*L'itinéraire en train « St-Étienne - Le Puy-en-Velay » fait un arrêt à Firminy, voir page 69.*

# 4 SAINT-ÉTIENNE



**➔46mn depuis Lyon-Part-Dieu en train TER - 1 train/30mn. St-Étienne est desservie par la gare de St-Étienne-Châteaucreux, à 15mn à pied du centre-ville. La ville compte trois autres gares : Bellevue, St-Étienne-Carnot et La Terrasse.**

**Louer un vélo. Les vélos en libre-service Vélivert sont présents partout dans la ville. Il faut se créer un compte sur l'appli (gratuite). Infos : www.velivert.fr - 30 premières minutes gratuites, puis 1 €/30mn.**

**Ville du design.** Sans renier son passé, St-Étienne offre un bel exemple de reconversion réussie : les façades ont été reblanchies, des jardins et des places accueillantes ont été aménagés, les sites industriels ont fait place à des musées d'envergure nationale (musée d'Art moderne et contemporain, musée d'Art et d'Industrie). La cité a remporté son pari de devenir la ville du design, perpétuant ainsi une longue tradition d'innovation et de création. Ce design du quotidien appliqué à l'invention d'objets utiles et fonctionnels s'épanouit à travers la nouvelle St-Étienne Métropole et se rend visible tout spécialement les années impaires, lors des Biennales du design *(voir page 38)*.

*Office de tourisme - 16 av. de la Libération - ✆ 04 77 49 39 00 - www.saint-etienne-hors-cadre.fr.*

**Aller au charbon.** Le puits Couriot, annoncé par l'impressionnante tour de fer de 35 m de haut (1914), est devenu un passionnant musée consacré à l'aventure minière de la région. Au temps de sa pleine activité, le puits, d'une profondeur de 730 m, produisait 3 000 t de charbon par jour et employait 1 500 mineurs. L'exposition permanente s'attache à la figure du mineur, héros des temps industriels, à l'histoire minière de la région et à l'évolution du puits Couriot depuis le 19e s. Ne manquez pas la descente dans les galeries de la mine reconstituées (visite guidée).

*Puits Couriot, parc-musée de la Mine - 3 bd du Mar.-Franchet-d'Esperey - ✆ 04 77 43 83 26 - www.musee-mine.saint-etienne.fr - tlj sf lun. 10h-18h - visite guidée sur demande (1h15/1h30 - 7,50/8,50 €), visite libre 6,50 €.*

**Du grand art.** Rouvert au public en novembre 2024 après 18 mois de travaux, ce vaste musée d'Art moderne et contemporain (MAMC) contient l'une des plus belles collections publiques françaises : près de 20 000 œuvres, essentiellement du 20e s, mais également une collection d'art ancien, de design et de photographie, ainsi qu'une œuvre longtemps cachée au public du plasticien Jean-Pierre Raynaud. Signé par l'architecte Didier Guichard, ce bâtiment sobre et fonctionnel proche du quartier de La Terrasse apparaît de l'extérieur comme une structure de type industriel dont les murs couverts de panneaux en céramique noire rappellent la vocation charbonnière (révolue) de la région. Vivant foyer de rencontres, le musée propose des expositions d'artistes contemporains, talents reconnus ou créateurs émergents, des spectacles, des cycles de conférences, des ateliers de pratique artistique pour tout public, une bibliothèque spécialisée, une boutique et un restaurant.

*Musée d'Art moderne et contemporain (MAMC) - À 4,5 km du centre-ville, à St-Priest-en-Jarez. De l'hôtel de ville, prendre le tram (15mn) dir. Hôpital-Nord, arrêt Musée-d'Art-Moderne - ✆ 04 77 79 52 52 - mamc.saint-etienne.fr - horaires et tarifs : se rens.*

**Allez les Verts !** St-Étienne, c'est aussi l'histoire d'une légende et de la passion d'une ville pour son équipe de football qui porte le célèbre maillot vert. Au sein du stade, le musée des Verts retrace de manière très vivante la naissance, les exploits et les revers de l'Association sportive de St-Étienne, dite ASSE. De nombreux documents (audio, vidéo, photos, objets) composent une mise en scène dynamique, qui alterne le récit des principales séquences, des zooms sur les joueurs les plus exceptionnels et l'analyse des matchs capitaux, sans oublier de nombreuses anecdotes. Les passionnés apprécieront de tester leurs connaissances grâce à des quiz interactifs.

*Stade Geoffroy-Guichard et musée des Verts - 14 r. Paul-et-Pierre-Guichard, à 20mn du centre-ville (prendre le tram 3 dir. Terrasse, arrêt G.-Guichard) - ✆ 04 77 92 31 80 - www.museedesverts.fr - mar.-sam. 14h-18h ; vac. scol : sam. 14h-18h - 8 € ; 13 € billet combiné avec la visite guidée du stade.*

**À table !** Bistrot à la devanture en bois, Corne d'Aurochs offre un intérieur original avec sa collection de fouets à pâtisserie et ses vieilles affiches publicitaires. Les plats servis (pied de cochon grillé, ris de veau, etc.) s'inspirent du style bouchon et de la cuisine traditionnelle.
Décor plus épuré chez Insens, dont le nom évoque à la fois les cinq sens et le goût de l'insensé. Au menu : consommé de bœuf et ravioles façon soupe à l'oignon, tarte fine d'escargots persillés... Le chef signe une cuisine gourmande. Sans doute le meilleur rapport plaisir-prix de St-Étienne.

*Corne d'Aurochs - 18 r. M.-Servet - ☏ 04 77 32 27 27 - cornedaurochs.eatbu.com - fermé lun.-merc. soir et le w.-end - formules midi 18/25 €, menus soir 22/32 €.*

*Insens - 10 r. de Lodi - ☏ 04 77 32 34 34 - www.insens-restaurant.fr - fermé dim.-lun. - 22/58 €.*

**Pour le pique-nique.** St-Étienne compte de nombreux marchés où trouver de bons produits frais et locaux. Parmi les spécialités locales, goûtez à la fourme de Montbrison, un fromage à pâte persillée.

*Marché - Pl. Albert Thomas - 6h-13h les mar., jeu. et sam. ; marché bio vend. 7h-12h.*

**Pause sucrée.** Depuis 1882, Weiss est le temple du chocolat stéphanois. Son savoir-faire artisanal est au service du cacao grand cru. Napolitains, nougamandines et nougastelles ont fait sa renommée.

*Chocolat Weiss - 8 r. du Gén.-Foy - ☏ 04 77 21 61 09 - www.weiss.fr - 9h (10h le lun.)-19h - fermé dim.*

**L'heure de l'apéro.** La place Jean-Jaurès, face à l'église St-Charles, est un lieu de rendez-vous habituel à St-Étienne. En partie ombragée (ce qui la rend d'autant plus prisée l'été), la place est bordée de nombreux cafés qui possèdent de larges terrasses. Le café du cinéma Méliès est particulièrement agréable et propose d'intéressants cocktails. Vous pouvez poursuivre la soirée au Fil, une salle de concerts et une bonne scène pour écouter des musiques actuelles. Sa façade design rend hommage à l'histoire industrielle de la ville. Avant ou après le spectacle, profitez de son bar. Snack et belle sélection de bières issues de brasseries artisanales dont La Brasserie Stéphanoise.

*Le Méliès Café - 10 pl. Jean Jaurès - ☏ 04 77 32 40 92 - www.lemelies.com - fermé dim. et lun. midi.*

*Le Fil - 20 bd Thiers - ☏ 04 77 34 46 40 - www.le-fil.com - ouv. les jours de concert.*

**Pour la nuit.** À la sortie de la gare de Châteaucreux, le récent Novotel Centre Gare dispose de chambres tout confort et d'un restaurant-bar avec grande terrasse. Copieux petit-déjeuner buffet. Un jeudi par mois est organisé, dans l'espace bar, un *afterwork* avec concert donné par les musiciens de l'Opéra de St-Étienne (se rens.).
Situé à 8mn à pied de la gare de Bellevue et à 10mn du centre (tram 3), l'hôtel du Midi, ancien hôtel particulier des années 1930, a du chien ! Dans les chambres, le papier peint donne du peps à la décoration et le confort est irréprochable. Petit-déjeuner buffet et accueil charmant.

*Novotel Centre Gare - 5 cours Antoine-Guichard - ☏ 04 28 04 10 90 - all.accor.com - 77 ch. 96/118 € - ☕ 19,50 €.*

*Hôtel du Midi - 19 bd Pasteur - ☏ 04 77 57 32 55 - www.hotelmidi.fr - 33 ch. 80/100 € - ☕ 12,30 €.*

**Biennale internationale du design.** Tous les deux ans, la Cité du design et de nombreux lieux dans l'agglomération de St-Étienne accueillent expositions, conférences et rencontres.

*Biennale internationale du design - Années impaires, 22 mai-6 juil. - biennale-design.com.*

**Escapade à Firminy.** À 20mn de St-Étienne, Firminy *(voir pages 36 et 69)* abrite un joyau d'architecture contemporaine. Fondée sur l'exploitation houillère depuis le 13e s., la ville s'est construite autour des mines et des usines, sans qu'on ne se préoccupe jamais d'urbanisme. Au milieu du 20e s., les logements ouvriers sont insuffisants, les équipements collectifs presque inexistants. Élu maire en 1953, Eugène Claudius-Petit fait appel à l'architecte Le Corbusier pour construire une cité nouvelle, avec l'ambition d'en faire la meilleure de son temps. L'occasion pour l'architecte de mettre en application ses théories en faveur de la ville moderne.

*À 20mn en train de la gare de St-Étienne-Châteaucreux (compter 15mn de marche de la gare de Firminy).*

Monastère royal de Brou.
Catherine Leblanc/Getty Images Plus



## 5 BOURG-EN-BRESSE

**→47mn ou 1h depuis Lyon-Part-Dieu - 1 train/h (ttes les 30mn aux heures de pointe) en TER.**

**Louer un vélo. Des vélos classiques et électriques sont disponibles à l'agence Grand Bourg Mobilités, à 20mn de la gare. La commune propose aussi une flotte de VAE en libre-service disponibles dans 41 bornes.**
**La Station - 2 r. du 19-Mars-1962 - 04 74 45 05 30 - www.ain-tourisme.com - VTC/VTT 3/10 €/j. avec caution.**
**Rubis'Vélo - Borne à la gare - 04 74 45 05 06 - rubis.ecovelo.mobi (ou télécharger l'application Rubis'Vélo) - forfait journalier 1,50 €, 30 premières minutes gratuites puis 0,05 €/mn au-delà.**

**Entre Lyon et Genève**. Bourg-en-Bresse est la capitale historique de la plantureuse région d'élevage de la Bresse. La production de volaille blanche assure son renom et, depuis le Moyen Âge, la ville est le grand centre de fabrication des meubles de style « rustique bressan » en bois fruitier et frêne, ainsi que des émaux. Les maisons anciennes de la ville ont aussi beaucoup de charme à l'image de l'élégant hôtel de la famille Marron de Meillonnas, édifié en 1774, rue Teynière, pour le fondateur de la manufacture des célèbres faïenceries de Meillonnas. Récemment restauré, le « H2M » abrite désormais un pôle culturel, tourné notamment vers l'art contemporain et les arts visuels. On visitera aussi l'apothicairerie de son hôtel-Dieu. Mais c'est surtout son monastère royal qui fait l'essentiel de sa renommée : une œuvre flamboyante où se grave une triste et belle histoire.

*Office de tourisme - 6 av. Alsace- Lorraine - 04 74 22 49 40 - www.bourgenbressedestinations.fr.*

**Une femme exceptionnelle.** Tandis que, dans la vallée de la Loire, les rois de France faisaient construire les chefs-d'œuvre que l'on sait, en pleine Bresse, une princesse éplorée faisait élever, en mémoire de son amour défunt et à la gloire de la dynastie qu'elle représentait seule désormais, un monastère de toute beauté. Marguerite d'Autriche, petite-fille de Charles le Téméraire et tante du futur Charles Quint, perdit son bien-aimé Philibert le Beau en 1504, après seulement trois ans de mariage. Elle décida d'ériger en son honneur un superbe mausolée dans le futur monastère. Pour cela, elle sut mobiliser les plus beaux feux de l'art gothique aussi bien que les inventions venues de l'Italie renaissante, toute proche. Ce monument, où le gothique flamboyant est pénétré par l'art de la Renaissance, est contemporain du château de Chenonceau. Les grandioses verrières ont été exécutées par des artistes lyonnais de 1525 à 1531. Elles illustrent surtout le thème de la résurrection. Celles de l'abside représentent, au centre, l'apparition du Christ ressuscité à Madeleine et la visite du Christ à Marie. À gauche et à droite, Philibert et Marguerite sont agenouillés près de leurs saints patrons.

*Monastère royal de Brou - 63 bd de Brou - ✆ 04 74 22 83 83 - www.monastere-de-brou.fr - avr.-sept : 9h-18h ; reste de l'année : 9h-17h - 11 €.*

**De beaux remèdes.** Transformé en maison de retraite, l'hôtel-Dieu fut bâti entre 1782 et 1790. Destiné aux religieux, il s'organise autour d'un vaste cloître et comprend une chapelle coiffée d'un dôme. Il cache dans ses murs une magnifique apothicairerie intacte qui fut en activité jusque dans la seconde moitié du 20e s. Elle se compose de trois pièces en enfilade. La première est le laboratoire dans lequel se préparaient les remèdes : au centre trône un fourneau pourvu d'alambics et de bouilloires en cuivre. Tout autour, disposés sur les étagères, demeurent la vaisselle en étain, les mortiers, les flacons, les boîtes pour les ingrédients, le pressoir à vis. Les deux salles suivantes ont gardé leurs superbes meubles en bois à étagères et tiroirs, faits sur mesure. De grandes tables permettaient de trier les matières premières qui étaient ensuite stockées dans des flacons en verre, des pots en faïence et des boîtes en carton remarquablement conservés. La sélection et le stockage des denrées se faisaient dans la deuxième pièce, la remise des médecines aux soigneurs dans la troisième. Des ouvrages des 17e-20e s. sont soigneusement rangés dans une armoire, en particulier l'*Histoire naturelle* de Buffon.

*Apothicairerie de l'hôtel-Dieu - 47 bd de Brou - ✆ 04 74 22 49 40 (office de tourisme) - www.bourgenbressedestinations.fr - visite guidée (1h15 - RV devant l'hôtel-Dieu) de mi-avr. à sept. : sam. 14h30 ; reste de l'année : se rens. - 6 €.*

**À table !** Le Français, authentique brasserie 1900 en plein centre-ville, est très sympathique avec ses hauts plafonds moulés et ses grands miroirs.

## LE PARC DES OISEAUX

**On connaît la région pour ses étangs et ses poissons, mais un peu moins pour son exceptionnelle diversité ornithologique due à sa situation sur l'un des principaux axes migratoires d'Europe. On y recense environ 150 espèces d'oiseaux migrateurs et sédentaires, dont certaines rares et vulnérables. Le parc des Oiseaux a été créé autour d'un étang pour protéger et faciliter la découverte de la faune aviaire. Étendu sur 35 ha, le site héberge 2 500 oiseaux, répartis en 250 espèces issues des cinq continents. La passerelle de la volière du Pantanal permet de surprendre les ibis rouges, flamants roses et spatules d'Amérique du Sud. On rejoint ensuite la pampa des nandous, grands oiseaux coureurs dans le bush australien. Côté européen, les grues couronnées de l'île aux échassiers sont une splendeur. Le site abrite aussi des espèces africaines, et en particulier l'un des plus grands rassemblements de calaos. Dernière escale en Asie : installés sur leur petite île au milieu d'un étang, les pélicans frisés vivent et élèvent leurs oisillons en communauté.**

**Autre temps fort : le spectacle, éblouissant, de 70 oiseaux en vol (rapaces, aras, ibis, pélicans, grues, oies bernaches, etc.), accompagné de la lecture d'un texte de sensibilisation à la protection des espèces.**

**Au fond du parc, 2 km de sentiers parcourent la réserve naturelle de la Dombes (en visite guidée) où est présentée la richesse de l'écosystème des milieux aquatiques de la région. Le Parc des oiseaux est un Site Touristique Emblématique valorisé par la Région Auvergne-Rhône-Alpes.**

Infos : à 30mn en train depuis la gare de Bourg-en-Bresse, puis 20mn à pied depuis la gare de Villars-les-Dombes. Ou en car par la ligne A 01 - ✆ 04 74 98 05 54 - www.parcdesoiseaux.com - 9h-17h30 - fermé de mi-nov. à mi-janv. - 25 €.

La carte reflète le lieu et son banc d'écailler régale les amateurs de fruits de mer. Mais on y sert aussi des viandes, des abats et bien sûr un savoureux poulet de Bresse.

Lauréat du trophée « Saveurs de l'Ain » en 2023, le Bouchon de la Cave est apprécié pour son ambiance de bistrot et sa cuisine lyonnaise et régionale roborative : entrées du terroir, andouillette, quenelle et bien sûr le poulet local !

*Le Français - 7 av. Alsace-Lorraine - 04 74 22 55 14 - www.brasserielefrancais.com - fermé dim.-lun. - menus 33,90/71,90 € - plats 17/37 €.*

*Le Bouchon de la Cave - 11 allée de Challes - 04 27 53 18 56 - page Facebook - fermé le soir sam.-merc. et dim. - plats 14/20 €.*

**Pour le pique-nique.** Les étals des marchés ont déménagé sur le Champ de Foire, à proximité du marché couvert. Tous les commerçants sont désormais réunis au même endroit. Vous y trouverez des terrines et de la charcuterie pour le pique-nique. Parmi les fromages d'appellation d'origine protégée (AOP) de l'Ain, pensez aussi au comté, au bleu de Gex et au morbier. Sans oublier de savoureux sandwichs garnis de volailles de Bresse.

*Marchés - Merc. et sam. 8h-13h - www.bourgenbressedestinations.fr/se-regaler/marches-locaux.*

**Pause sucrée.** Ouvert en 2023, ce salon de thé chaleureux et coloré propose une carte courte, concoctée à partir de produits simples et bons, à emporter en balade ou à savourer sur la petite terrasse. Bubble tea, cafés et thés accompagnés de macarons, crêpes ou gaufres.

*Red Coffee - 16 r. Victor-Basch - 04 69 19 33 45 - 10h-19h, fermé w.-end.*

**L'heure de l'apéro.** Coffee-shop en journée, cette « cave à manger » est un repaire idéal en fin d'après-midi pour débuter sa soirée. Ce bar à vins affiche de belles références de vins naturels et bières artisanales. Assiettes bistronomiques à partager.

*La Buvette - 7 r. Guichenon - 04 74 22 34 32 - www.la-buvette.com - fermé dim.-lun.*

**Pour la nuit.** À 17mn à pied de la gare, le Logis de Brou, un hôtel des années 1970, se refait peu à peu une jeunesse. Chambres colorées avec balcon. Jardin fleuri et bon petit-déjeuner.

À 20mn à pied, l'Hôtel de France, au cœur de la ville, propose des chambres agréables au confort moderne. Le restaurant, pourvu d'une terrasse sous verrière, sert une cuisine régionale savoureuse.

*Le Logis de Brou - 132 bd de Brou - 04 74 22 11 55 - www.logisdebrou.com - 30 ch. 129/140 €*

*Hôtel de France - 19 pl. Bernard - 04 74 23 30 24 - www.bestwestern-hoteldefrance.com - 45 ch. 97/134 € - 16,50 €.*

**De beaux festivals.** C'est le rendez-vous gastronomique par excellence : chaque année, en décembre, les volailles de la Bresse sont présentées lors d'un concours. Côté culture, en mai, les arrières du monastère royal de Brou se transforment en chapiteau géant pour accueillir un festival de cirque.

*Les Glorieuses de Bresse - 3e sem. de déc. - www.glorieusesdebresse.com.*

*Festival Br'Ain de Cirque - 10 jours en mai - page Facebook.*

**En boucle !** Depuis 2016, le territoire de la Communauté d'agglomération dispose du label « Territoire Vélo ». Bourg-en-Bresse compte en effet de nombreux sentiers de randonnées accessibles à pied ou à vélo. Parmi les itinéraires proposés, un circuit « Vélo-promenade entre ville et nature » dessine une jolie boucle de 10 km (1h30 à 3h). Au départ de l'office de tourisme, cette balade permet de traverser le verdoyant parc des Baudières pour rejoindre le monastère royal de Brou. On roule ensuite le long de la Reyssouze en direction du parc de loisirs de Bouvent. La balade passe ensuite par le domaine de la Garde, la paisible forêt domaniale de Seillon et le parc des sports des Vennes. Sur la carte de l'office de tourisme, ce parcours dessine ce qui ressemble étrangement à... un poulet. Hasard ou nécessité ?

*Infos : www.bourgenbressedestinations.fr/a-vivre-ici/a-velo.*

## 6 VALENCE

**→35mn (TGV) ou 1h10 (TER) depuis Lyon-Part-Dieu - 2 à 3 trains/h. Valence dispose de deux gares : Valence-Ville, dans le centre, et Valence-TGV-Rhône-Alpes-Sud à 10 km (mais accessible en TER ou bus).**

**Louer un vélo. La ville propose un dispositif de 350 vélos (dont 115 VAE) en libre-service dans 53 vélostations.**
**Libélo - 04 75 60 06 26 - www.valenceromansmobilites.fr/velo - pass journée 2 €, 20mn gratuites puis 0,02 €/mn pour un vélo classique et 0,04 €/mn pour un VAE - souscription via l'application mobile PBSC.**

**Dans les ruelles de la vieille ville.** Valence doit son développement à sa situation sur le Rhône, au débouché des vallées affluentes du Doux, de l'Eyrieux, de l'Isère et de la Drôme, qui délimitent un vaste bassin intérieur où pointe déjà comme un air du Midi. Dominée par sa cathédrale, la cité est bâtie sur un ensemble de terrasses descendant vers le fleuve. Le vieux Valence, entouré de boulevards percés au 19e s. à l'emplacement des anciens remparts, conserve un lacis de ruelles commerçantes et de « côtes » pittoresques. La promenade démarre par le kiosque Peynet, bâti en 1880 au milieu du Champ de Mars. Puis, direction la cathédrale St-Apollinaire, vaste édifice roman en grande partie reconstruit au 17e s. Dans la Grande-Rue, la maison des Têtes (1532) doit son nom aux quatre énormes têtes en haut-relief qui symbolisent les vents. Au centre de la place St-Jean, animée le soir par les terrasses des restaurants, se dresse une halle métallique, construite à la fin du 19e s. par l'architecte Eugène Poitou. À ne pas manquer non plus : le coucher de soleil du belvédère du Champ de Mars. Face au Rhône, cette vaste esplanade domine le parc Jouvet avec une belle vue sur la montagne de Crussol.

*Office de tourisme - 11 bd Bancel - 04 75 44 90 40 - www.valence-romans-tourisme.com - 9h30-12h30, 13h30-18h - fermé dim.*

**Plein les yeux !** Le musée de Valence mérite à lui seul un séjour dans la ville. Créé en 1850, puis installé en 1911 dans le palais épiscopal, il a été complètement réaménagé par Jean-Paul Philippon (à qui l'on doit aussi la réhabilitation de la Piscine de Roubaix). Sur cinq niveaux, 400 000 ans d'histoire archéologique et six siècles d'histoire de l'art vous attendent dans un édifice admirablement mis en valeur et une muséographie moderne. Du Belvédère au 5e étage se déploie une vue à 360° du Vercors à l'Ardèche. Époustouflant !

*Musée de Valence - 4 pl. des Ormeaux - 04 75 79 20 80 - www.museedevalence.fr - 10h-12h, 14h-18h - fermé lun.-mar. - 6 €.*

Valence.
EQRoy/Shutterstock

**Parc Jouvet : parenthèse verte.** Cet espace vert, situé au cœur de la ville, doit son existence à la générosité d'un grand négociant en vins, Théodore Jouvet (1837-1905), dont vous verrez le buste en bronze lors de votre promenade. D'autres sculptures s'élèvent au détour des bosquets, tels l'ensemble *Amour et Servitude* par Marcel Jacques (1864-1952) ou encore le monument signé Injalbert qui rend hommage à Louis Gallet, librettiste et auteur dramatique natif de Valence. Plus de 700 arbres aux essences variées sont répertoriés ici, parmi lesquels magnolias, érables, hêtres pourpres, cyprès chauves... Moutons, agneaux, chèvres et volières enchantent les plus jeunes, tandis que sur le plan d'eau les canards se plaisent à saluer les visiteurs.

**À table !** Napoléon Bonaparte fit un passage dans ses murs, près de la maison des Têtes. Aujourd'hui, le Bistrot des Clercs est un établissement à la mode parisienne. Cuisine copieuse, cadre nostalgique et terrasse sur la place.

Dans la ville basse, pour une petite folie, la Cachette gagne à être découverte ! Le chef, d'origine japonaise, prépare une cuisine inventive, fine et délicate. Quand le terroir drômois rencontre l'Asie.

*Bistrot des Clercs - 48 Grande-Rue - ✆ 04 75 55 55 15 - www.chabran.com - plat du jour 13 €, menus 19/24 €.*

*La Cachette - 20 r. Notre-Dame-de-Soyons - ✆ 04 75 55 24 13 - www.lacachette-valence.fr - fermé dim.-lun. - menus 65 € (déj.), 80/130 € (soir).*

*Voir aussi « À table » à Valence page 92.*

**Pour le pique-nique.** Les matins de marché, surtout le samedi, les terrasses des cafés de la place des Clercs rentrent un peu dans leur coquille pour laisser la place aux producteurs de la région dans une ambiance sympathique : fleurs, fromages, fruits, légumes, etc.

*Marchés - Pl. des Clercs - www.valence.fr - jeu. et sam. 7h-13h.*

**Pause sucrée.** C'est le rendez-vous des gourmands de Valence et la boutique d'un des plus célèbres chocolatiers de la ville. Il compte aussi un salon de thé avec une belle terrasse pour déguster ses gâteaux, ses milk-shakes et ses glaces artisanales.

*Pierre Chauvet - 3 pl. des Clercs - ✆ 04 75 55 47 78 - www.pierrechauvet.com - 10h-19h, sam. 9h-19h - fermé dim.-lun.*

**L'heure de l'apéro.** Le café chic et littéraire de Valence. L'après-midi, cette brasserie se transforme en salon de thé. Les dames viennent deviser autour d'un chocolat chaud avant que les étudiants ne les remplacent en soirée...

*Café Victor Hugo - 30 av. Victor-Hugo - ✆ 04 75 40 18 11 - www.cafe-victor-hugo-valence.fr - 6h30-23h.*

**Pour la nuit.** À deux pas de la gare, l'hôtel Les Négociants comblera les adeptes de sobriété contemporaine. Chambres aux tons taupe et marron, climatisées. Copieux petit-déjeuner. Au restaurant, une cuisine familiale et simple dans un décor actuel.

Situé à proximité du centre (à 15mn à pied de la gare) et fraîchement remanié, l'Atrium est un excellent choix pour le confort et l'accueil qu'on y trouve : les chambres sont calmes, vastes et très confortables. Beau buffet du petit-déjeuner.

*Hôtel Les Négociants - 27 av. Pierre-Sémard - ✆ 04 75 44 01 86 - www.hotel-les-negociants.com - 37 ch. 55/71 € - ☕ 8,50 € - ✕ formules petit-déj. et repas du soir 22 €.*

*Atrium - 20 r. Jean-Louis-Barrault - ✆ 04 75 55 53 62 - www.atrium-hotel.fr - 56 ch. 95/145 € - ☕ 17 €.*

*Voir aussi « Pour la nuit » à Valence page 92.*

**Se promener le long des canaux.** La construction de Valence est étroitement liée aux sources abondantes qui étaient utilisées autant pour alimenter les moulins que pour irriguer les cultures maraîchères ou répondre aux besoins domestiques. Ce réseau de 16 km de canaux visibles, bordés de saules et de peupliers, offre une agréable promenade loin de l'agitation urbaine, à la découverte d'une faune et d'une flore spécifiques.

*Infos pratiques : à la gare, empruntez le passage souterrain pour rejoindre le parking Chamfort au bout duquel vous trouverez le canal des Moulins. Compter 2h de balade - plan à l'office de tourisme (voir page 42) - 3 parcours de 2,5 à 6 km.*

Grenoble.
gui00878/Getty Images Plus

## 7 GRENOBLE

**➔1h24 depuis Lyon-Part-Dieu (ttes les 30mn aux heures de pointe) - env. 1 train/h.**

**Louer un vélo. Grenoble Alpes Métropole a lancé le service Mvélo+ en 2004 qui compte aujourd'hui près de 9000 vélos à la location. Mvélo + - 1 pl. de la Gare - 09 73 88 99 10 - www.veloplus-m.fr - abonnements à partir de 5 €/j (VAE 10 €/j) avec caution - pré-réservation en ligne.**

**Ville olympique.** Dans son cadre grandiose de montagnes enneigées en hiver, aux versants débordant de végétation en été, Grenoble mérite une médaille à toutes les saisons! La ville de Stendhal participe aussi aux aventures de son temps. Pionnière, elle vécut le tout début de l'électricité et du ciment moderne. Centres de recherche dynamiques, riches musées, vestiges historiques et premier maire écologiste prouvent que la ville des JO de 1968 n'a rien perdu de son appétit pour le progrès ni de son charme.

*Office de tourisme - 14 r. de la République - 04 76 42 41 41 - www.grenoble-tourisme.com - 10h-13h, 14h-18h - fermé dim.*

**Prendre de la hauteur.** Direction le panorama du fort de la Bastille pour un aperçu exceptionnel de la région. En prenant le téléphérique et en sortant de la station supérieure, on découvre, depuis la terrasse des géologues, une vue imprenable sur la ville, le confluent de l'Isère et du Drac, la cluse de l'Isère encadrée par le Casque de Néron à droite, et les dernières crêtes du Vercors (Moucherotte) à gauche. Au niveau du belvédère, des tables d'orientation détaillent le panorama : Belledonne, Taillefer, Obiou, Vercors. Par la trouée du Grésivaudan apparaît le massif du Mont-Blanc. À vos pieds, les trois tours de l'Île Verte dominent l'agglomération de leurs 28 étages. Au premier plan, la vieille ville semble contenue dans le périmètre de l'enceinte romaine et contraste avec les grandes trouées ouvertes au sud et à l'ouest sous le Second Empire. Ce téléphérique est un Site Touristique Emblématique valorisé par la Région Auvergne-Rhône-Alpes.

*Panorama du fort de la Bastille - Téléphérique : quai Stéphane-Jay - 04 76 44 33 65 - bastille-grenoble.fr - juil.-août : 9h15-0h, lun. 11h-0h; juin et sept. : 9h15-0h (19h mar. et dim.), lun. 11h-19h; reste de l'année : se rens. - fermé janv. sf vac. scol. - AR 9,60 € - trajet 5 à 8mn.*

**Chefs-d'œuvre.** Le musée de Grenoble est un joyau. Les architectes grenoblois, Antoine et Olivier Félix-Faure, ont créé en 1994 un bâtiment lumineux ouvert sur la montagne environnante. Ce vaste écrin abrite des œuvres hors du commun. Le parcours chronologique comprend en premier lieu des œuvres italiennes du 13e au 18e s., dont certaines de Véronèse et du Pérugin. Mais l'histoire des collections est surtout marquée par le conservateur Andry-Farcy, qui dirigea le musée de 1919 à 1949. Ami d'artistes comme Picasso et Matisse,

### S'ÉCHAPPER AVEC LE PETIT TRAIN DE LA MURE

**À 40 km de Grenoble (mais accessible en bus à la journée), le petit train historique de La Mure offre une échappée spectaculaire. Il parcourt la première ligne ferroviaire électrique au monde (1879). L'itinéraire compte cinq tunnels et trois viaducs sur un peu plus de 15 km de voie ferrée. Le voyage, à bord de wagons réhabilités, dure 40mn et offre un panorama splendide sur le plateau matheysin, au cœur d'une nature préservée.**

**Le trajet s'arrête à la Mine Image, le site minier de La Motte-d'Aveillans. Selon la durée de votre escale, vous pouvez faire une halte au musée de Mine image, il plonge le visiteur dans l'univers de l'exploitation minière et le quotidien des « gueules noires ». On visite la salle des machines, la lampisterie, la salle des pendus, puis on s'enfonce dans les galeries d'où était extrait le charbon.**

**À Monteynard, la balade se poursuit à pied, le long de la promenade du Grand Balcon, pour rejoindre le belvédère qui offre un point de vue sur le barrage du lac de Monteynard-Avignonet et la vallée du Drac.**

Le petit train de La Mure - Gare de La Mure (à 1h15 de la gare routière de Grenoble avec les lignes T90 ou T92 du réseau cars Région, descendre à l'arrêt Cimon, à La Mure)- lepetittraindelamure.com- fermé lun. et déc.- mars - 2 à 4 AR/j. - 25/27 €.

il sut les convaincre de faire don au musée de certaines de leurs œuvres, allant à l'encontre des jugements de ses contemporains qui avaient surnommé sa galerie des Modernes le « rigolarium ». Il a su aussi retenir le legs exceptionnel d'Agutte-Sembat. Ainsi, le musée compte-t-il six Matisse dont l'*Intérieur aux aubergines*, six Picasso, deux sculptures de Zadkine... Au sous-sol via le hall d'entrée, la section d'égyptologie, d'une étonnante richesse, comprend des stèles royales, plusieurs cercueils anthropoïdes et des masques funéraires.

*Musée de Grenoble - 5 pl. Lavalette - ✆ 04 76 63 44 44 - www.museedegrenoble.fr - 10h-18h30 - fermé mar. - visite des collections permanentes gratuite - exposition temporaire 14 €.*

**À table !** À peine passé la porte de La Belle Idée, on sait que le moment va être délicieux : bonnes odeurs de cuisine dans l'air et clientèle d'habitués augurent du meilleur. Plats goûteux mettant en scène les produits locaux minutieusement choisis et souvent bios, service souriant et attentionné. Quelques tables en terrasse sur le cours.

Au Café de la Table Ronde, le reflet des habitués, accoudés autour du zinc animé et des photos dédicacées de Sarah Bernhardt, Raymond Devos et bien d'autres personnalités, s'interpelle dans les grands miroirs accrochés aux murs, au-dessus des banquettes de moleskine. Cuisine régionale de type brasserie.

*La Belle Idée - 7 cours Jean-Jaurès - ✆ 04 76 47 52 95 - labelleidee-grenoble.fr - fermé dim.-lun. - formules midi 15/25 €, menus 32/46 € - réserv. conseillée.*

*Café de la Table Ronde - 7 pl. St-André - ✆ 04 76 44 51 41 - www.restaurant-tableronde-grenoble.com - plats 15/34 € - menus 20/34 €.*

**Pour le pique-nique.** On peut compléter son panier dans la boutique de Bernard Mure Ravaud : chez ce meilleur ouvrier de France, quantité de fromages d'excellente qualité, affinés à cœur dans la cave située en sous-sol.

*Fromagerie Les Alpages - 4 r. de Strasbourg - ✆ 04 76 46 32 62 - www.les-alpages.fr - mar.-sam. 6h-19h30.*

**Pause sucrée.** Ce glacier ardéchois est reconnu parmi les plus grands et pour cause : 80 parfums bios pour succomber à la tentation de ces glaces où les fruits sont incorporés crus pour plus de saveurs. Ne passez pas à côté de celle à la châtaigne avec ses morceaux de marron confit, à la noix d'Isère ou à la mandarine de Corse.

*Terre Adélice - 3 r. d'Agier - ✆ 04 76 54 86 50 - www.terre-adelice.eu - 11h30-0h (19h le dim.) en saison - 1 boule 4,70 €, coupe 15 €.*

**L'heure de l'apéro.** Un bar à vins très agréable donnant sur les halles Ste-Claire. Tapas, fromages, charcuterie (foie gras, terrine de lapin, pâté en croûte, le tout fait maison) satisfont les petites faims. Une affaire de passionnés.

*Le Zinc - 5 r. Auguste-Gaché - ✆ 04 76 03 07 44 - www.lezincbar.com - lun.-sam. à partir de 18h.*

**Pour la nuit.** À 4mn à pied de la gare, la Maison Barbillon, rénovée en 2021, joue sur le mélange des styles : teintes actuelles, mobilier foncé à l'aspect rétro, papiers peints noir et blanc illustrés et couvre-lits à sobres carreaux. Large éventail de produits salés et sucrés au petit-déjeuner.

Au cœur du vieux Grenoble, l'Hôtel de l'Europe, à 15mn de la gare, propose des chambres refaites dans un style sobre et actuel. Salle des petits-déjeuners joliment tendance.

*Maison Barbillon - 10 r. Louis-Barbillon - ✆ 04 58 00 52 43 - maisonbarbillon.com - 48 ch. 85/100 € - ☕ 12 €.*

*Hôtel de l'Europe - 22 pl. Grenette - ✆ 04 76 46 16 94 - www.hoteleurope.fr - 39 ch. 80/120 € - ☕ 14,90 €.*

**Fêtes en tous genres.** Lors de la fête des Tuiles, en juin, les Grenoblois investissent leur ville lors d'une journée de fêtes et d'initiatives variées : spectacles, défilés, animations... Dans un autre registre, au printemps, le Street Art Fest, organisé par l'association Spacejunk Grenoble, est l'un des plus grands festivals de ***street art*** en Europe. Un mois complet de créations, expositions, visites, rencontres, ateliers, concerts...

*Street Art Fest - De fin mai à fin juin - www.streetartfest.org.*

## Escapade à Walibi

➔Depuis Grenoble, comptez environ 54mn pour faire Grenoble - La-Tour-du-Pin en TER jusqu'à la gare SNCF de La-Tour-du-Pin. De là, il vous restera 15 km à parcourir en taxi ou en navette pendant l'été.

➔Pensez à réserver votre navette (11 € AS), également disponible à partir de Lyon (18 € AS) sur le site du parc (www.walibi.fr/fr/preparer-ma-visite/comment-venir).

### UNE AVENTURE INOUBLIABLE POUR TOUTE LA FAMILLE !

Ouvert depuis 1979, ce parc d'attractions familial n'a cessé de se renouveler. Mahuka (« s'échapper » en hawaïen), la dernière attraction en date, a ouvert en juin 2024 pour marquer le 45e anniversaire du parc : dans un décor de temple abandonné sur une île du Pacifique, des trains aux allures de jeeps vous invitent à l'aventure.
Environné d'étangs, ce parc de 35 ha est devenu un pôle touristique majeur de la région. Walibi propose maintenant quelque 34 attractions et spectacles répartis sur trois univers thématiques : « Explorer adventure » à la conquête de l'Ouest, « Exotic Island » dans les îles du Pacifique et « Festival City » dans l'univers coloré de la Nouvelle-Orléans.
Les amateurs de sensations fortes seront comblés par certaines des montagnes russes les plus vertigineuses de France comme le « Timber », avec descentes abruptes et virages brusques, ou le « Generator » qui vous mettra littéralement la tête à l'envers. Autre attraction-phare : le « Mystic » et ses 30 m de chute libre, réservé aux plus téméraires !
Conçu pour les familles avec de jeunes enfants, le site comprend aussi des attractions plus tranquilles : vieux tacots, ranch à poneys, manèges, tour du parc en petit train, balade sur l'étang à bord d'un bateau à roue...
L' « Aire de jeux Explorer Adventure » est une zone spécialement conçue pour les plus petits, avec des manèges doux. Les enfants peuvent aussi monter à bord du « WAB Band Tour », un train qui leur fait découvrir le parc tout en s'amusant. L'animation des « P'tits Chaudrons » permet de tournoyer et virevolter en famille, dans des chaudrons géants.
Les attractions aquatiques, comme les balades à bord de grosses bouées de la « Gold River » ou le toboggan aquatique du « Surf Music », sont parfaites pour les journées chaudes. Les plus petits profitent aussi de leur rivière canadienne avec « Concert'O », un parcours sur l'eau adapté.
En plus des manèges, Walibi propose une variété de spectacles et d'animations. Les parades et animations de rue ajoutent une touche festive à la visite. Les mascottes du parc se promènent régulièrement dans les allées pour prendre des photos ou participer à des mini-spectacles interactifs.
Les visiteurs peuvent enfin se restaurer dans l'un des nombreux points de restauration du parc (du kiosque au restaurant classique, en passant par la restauration rapide et une sandwicherie).
Walibi est un Site Touristique Emblématique valorisé par la Région Auvergne-Rhône-Alpes.
*Walibi Rhône-Alpes - 1380 rte de la Corneille, Les Avenières Veyrins-Thuellin - ✆ 04 74 33 71 80 - www.walibi.fr - 10h-18h en été ; reste de l'année : certains w.-ends pdt les vac. scol. (se rens.) - entrée 40 € (enf. 100/129 cm 33 €) - possibilité de billets coupe-file en sus : le 4xPass (19 € pour 4 attractions), le Full Pass (54 € valable sur une sélection de 15 attractions) et un coupe-file spécial (7 €) pour la nouvelle attraction Mahuka.*

## 8 CHAMBÉRY

**➔1h26 depuis Lyon-Part-Dieu - env. 20 TER directs/j.**

**Louer un vélo. Une vélostation, installée place de la Gare, loue des vélos classiques et des VAE.**
**Vélostation - 04 79 96 34 13 - www.velostation-chambery.fr - avr.-oct. : 7h30-19h, w.-end 9h-19h ; reste de l'année : 7h30-12h, 14h-19h, sam. 10h-12h30, 13h30-17h - vélo 6 €/j., VAE 14 €/j.**

**Une ancienne capitale.** Le fier passé de la ville, longtemps capitale de la maison de Savoie et lieu de vénération du saint suaire, s'incarne dans la puissante silhouette du château. Alentour s'élèvent de nombreux édifices de toutes époques et d'un riche intérêt architectural. Ce patrimoine bien rénové se découvre au fil des ruelles et des passages, en partie piétonniers, de la vieille ville. La promenade révèle également plusieurs fresques en trompe-l'œil dues au « Groupe Miami », fondé au début des années 1980 par des artistes chambériens.

*Office de tourisme - 5 bis pl. du Palais-de-Justice - 04 79 33 42 47 - www.chambery-tourisme.com.*

**L'emblème du pouvoir.** La demeure des seigneurs de Chambéry, des comtes et ducs de Savoie puis des rois de Sardaigne fut bâtie aux 14e et 15e s. Outre une exposition sur le château et la ville, son intérêt réside dans la visite de la Sainte Chapelle qui possède de splendides vitraux du 16e s., des trompe-l'œil de style gothique troubadour et une tapisserie portant les blasons des villes de Savoie. Construit à partir de 1408 dans le style gothique flamboyant, ce sanctuaire abrita de 1502 à 1578 le saint suaire – aujourd'hui à Turin – dont une réplique est toujours visible. Un carillon de 70 cloches, réalisé par la fonderie Paccard de Sevrier (Haute-Savoie), a été installé dans la tour Yolande en 1993. Il est remarquable pour l'homogénéité de son timbre.

*Château des ducs de Savoie - Pl. du Château - 04 79 33 42 47 (office de tourisme) - www.chamberymontagnes.com - visite guidée sur réserv. ; exposition en accès libre - fermé lun. et janv. - 7 € - spectacles en saison (voir page ci-contre).*

**Belles toiles.** Cette ancienne halle aux grains, rehaussée au 19e s. pour abriter un musée-bibliothèque, abrite une intéressante collection de peintures italiennes, largement constituée par Hector Garriod, marchand d'art savoyard à Florence qui céda à la ville près de 250 toiles, notamment des peintres toscans et florentins du 17e s. Parmi les collections permanentes, présentées au 2e étage et sur la mezzanine, on remarque les primitifs siennois, des œuvres de la Renaissance et une importante série de peintures des 17e et 18e s.

*Musée des Beaux-Arts - Pl. du Palais-de-Justice - 04 79 33 75 03 - www.chambery.fr - tlj sf lun. 10h-18h - en période d'exposition temporaire : 5,50 €.*

**À table !** Laissez-vous tenter par une halte sympathique. L'été, les tables dressées du Café Chabert bordent la rue piétonne. On y sert une cuisine traditionnelle et familiale d'un bon rapport qualité-prix.

Dans un quartier animé au cœur de la ville, Le Savoyard séduit avec une salle soignée où déguster des spécialités savoyardes et des plats traditionnels bien tournés. Jolie terrasse fleurie.

*Café Chabert - 41 r. Basse-du-Château - 04 79 33 20 35 - fermé dim. et le soir du lun. au merc. - plats 12/25 €.*

*Le Savoyard - 35 pl. Monge - 04 79 33 36 55 - www.restaurant-le-savoyard.com - fermé dim. - formules midi (en sem.) 15/20 €, menus 29,40/34,90 €.*

**Pour le pique-nique.** Une belle sélection de produits régionaux, avec en vedette fromages et charcuterie, vous attend le matin au marché couvert, place de Genève, les mardi, vendredi et samedi.

**Pause sucrée.** Depuis 1832, les années glissent sur cette boutique sans effet apparent : luxueux décor, magnifique comptoir en bois, meubles anciens, boiseries... Dans l'intime salon de thé attenant, vous vous régalerez de belles pâtisseries au chocolat ou aux fruits frais.

*Au Fidèle Berger - 15 r. de Boigne - 04 79 70 22 62 - mar.-vend. 8h30-19h, sam. 8h-19h, dim. 9h-12h30.*

**L'heure de l'apéro.** Dès les beaux jours, les agréables terrasses d'O'Cardinal'S, un pub irlandais situé juste à côté de la cathédrale, et d'Hector, sur la place du Palais-de-Justice, s'animent.

*O'Cardinal'S - 5 pl. Métropole - ✆ 04 79 85 53 40 - ocardinalschambery.fr - tlj sf lun. 11h-1h.*

*Hector - Pl. du Palais-de-Justice - ✆ 04 79 65 37 00 - hectorchambery.fr - tlj sf lun. 10h-1h, dim. 22h.*

**Pour la nuit.** Pour passer une nuit au cœur de la ville, choisissez l'Hôtel des Princes. Proche de la fontaine des Éléphants et à 10mn de la gare, il abrite des chambres contemporaines décorées avec goût, certaines dans un esprit montagne. Un room service et une épicerie de qualité proposent un large éventail de plats et de gourmandises. Espace Spa et bien-être.

L'Hôtel Mercure, parfaitement situé près de la gare pour poser votre sac sans tarder, est une autre aubaine. Dans le bâtiment à l'architecture moderne, alternant verre et béton, vous profiterez d'un salon-bar contemporain et de l'une des chambres spacieuses et bien insonorisées.

*Hôtel des Princes - 4 r. de Boigne - ✆ 04 79 33 45 36 - www.hoteldesprinces.com - 45 ch. 86/120 € - 16,50 €.*

*Hôtel Mercure - 183 pl. de la Gare - ✆ 04 79 62 10 11 - mercure.accor.com - 81 ch. 88/120 € - 18,90 €.*

**Du grand spectacle.** Pendant deux semaines au mois de juillet, la cour d'honneur du château des ducs de Savoie offre son cadre majestueux aux spectacles de danse, aux concerts et aux pièces de théâtre des Estivales en Savoie.

*Infos : www.savoie.fr.*

**Rejoindre le lac du Bourget à vélo.** L'avenue Verte Nord, réservée aux cyclistes, permet de rejoindre en 50mn le lac du Bourget, plus grand lac naturel de France. Ses eaux reflètent les pentes arborées des massifs qui l'entourent. Ce cadre et le climat d'une grande douceur séduisirent en son temps Lamartine et, après lui, randonneurs, cyclistes et navigateurs. En effet, des croisières, au départ du Grand Port d'Aix-les-Bains, donnent un aperçu du caractère propre de chacune des rives : eaux claires et bleu d'azur, eaux profondes aux teintes verdoyantes… *Voir aussi pages 52 et 169.*

*Compagnie des bateaux d'Aix-les-Bains Riviera des Alpes - ✆ 04 79 63 45 00 - www.bateaux-aixlesbains.com - croisières à partir de 15 €.*

Chambéry.
milosk50/Shutterstock

Aix-les-Bains, le casino.
F. Guiziou/hemis.fr

## 9 AIX-LES-BAINS

**➔1h10 depuis Lyon-Part-Dieu en TER, ou 10mn depuis Chambéry - 1 train/h.**

**Louer un vélo. La ville propose une flotte de 300 VAE disponibles à la location, à la journée ou plus.**
**Vélodéa - 315 bd Wilson (en face de la gare SNCF) - ✆ 04 79 88 94 39 - www.velodea.fr - VTC 6 €/j et VAE 15 €/j. avec caution - pré-réservation en ligne.**

**Ô temps, suspends ton vol !** Le lieu de villégiature préféré d'Alphonse de Lamartine resplendit sous les ors des façades Belle Époque de son casino et des anciens palaces, qui ouvrent pour certains leurs portes aux visiteurs. L'occasion pour cette ville de révéler des pans de son remarquable patrimoine. À la fois pôle régional d'activités, station thermale et balnéaire, connue pour son port et ses plages au bord du lac du Bourget, Aix-les-Bains recueille de plus en plus de suffrages pour sa douceur de vivre.

*Office de tourisme - 8 r. Grand-Passage - ✆ 04 79 88 68 00 - www.aixlesbains-rivieradesalpes.com - 9h30-12h30, 14h-18h30.*

**Aix ville thermale.** La station thermale savoyarde prend son essor au début du 19e s. grâce aux femmes de la famille Bonaparte surnommées les « Napoléonides ». Il faut construire des établissements pour satisfaire les besoins de cette aristocratie. La plupart portent l'empreinte de l'architecte lyonnais Jules Pin aîné (1850-1934). Son œuvre maîtresse reste l'époustouflant château de la Roche-du-Roi. Après la Seconde Guerre mondiale, beaucoup d'établissements doivent fermer. Aujourd'hui, l'animation de la station se concentre autour des thermes du parc thermal et du casino Grand Cercle. Construits sur les hauteurs de la ville, les thermes Chevalley accueillent l'activité des anciens thermes depuis 2008. Situé dans le centre de la station, l'édifice Art déco des anciens thermes, classé monument historique et emblème de la ville d'Aix-les- Bains, fait l'objet d'un grand projet de rénovation. Le domaine de Marlioz est l'autre grand établissement thermal de la station, qui ouvre son parc à de nombreuses animations et activités *(se rens.)*.

**Impressionnant impressionnisme.** Le docteur Faure a légué à Aix en 1942 une rare collection de peintures et de sculptures où l'impressionnisme est particulièrement bien représenté. Aujourd'hui exposé dans une agréable villa-musée de style génois, cet ensemble regroupe des toiles de précurseurs connus ou moins connus, tels que Ziem, Monticelli, Corot, Jongkind et Boudin, et des tableaux de Degas. La collection de sculptures est riche en œuvres de Carpeaux et surtout de Rodin avec *L'Homme qui marche*, d'une grande puissance. Au dernier étage du musée, à côté de la collection Rodin, la deuxième plus importante de France, ont été réunis les meubles et les objets qui constituaient le décor familier de Lamartine lors de ses séjours à la pension Perrier, sur les rives du lac du Bourget.

*Musée Faure - 10 bd des Côtes - ✆ 04 79 61 06 57 - lavillacollectiondart.fr - merc.-dim. 10h- 12h30, 13h30-18h - 6 €.*

**À table !** L'Évasion vous emmène à la fois dans le Piémont voisin et en Espagne, avec un gaspacho, accompagné de burrata, gressin et jambon cru ou encore un pluma de porc ibérique à la myrtille.

Au 59, dans une ancienne épicerie, on travaille avec talent ! Dans ce restaurant gastronomique, l'une des meilleures tables de la ville, les produits, triés sur le volet, sont mis en valeur dans une cuisine du marché.

*L'Évasion - 12 r. des Bains - ✆ 04 79 61 38 16 - levasion-aix-les-bains.eatbu.com - fermé merc. jeu. soir et dim. - plats 17/29,50 €.*

*Le 59 - 59 r. du Casino - ✆ 06 78 01 45 47- www.restaurant-le59.fr - fermé lun.-merc. - formule midi 45 €, menus 69/98 €.*

**Pause sucrée.** Ce créateur savoyard de thés, d'infusions et de cafés bios a ouvert à proximité des halles un salon de thé où l'on peut aussi savourer des chocolats chauds élaborés par la maison lyonnaise Jeanne-Antoinette accompagnés, ou non, de gâteaux maison.

*Théothèque - 18 pl. Georges-Clemenceau - ✆06 62 92 63 75 - 9h-17h30 - www.theotheque-collection.com - fermé dim. à partir de 15h30 et lun.*

**L'heure de l'apéro.** Le casino Grand Cercle, joyau de l'architecture thermale du 19e s., a conservé ses

Cycliste à Aix-les-Bains.
SteveAllenPhoto/Getty Images Plus

somptueux décors d'époque et son théâtre à l'italienne. Il abrite aujourd'hui restaurant, bar à vins et discothèque.

*Casino Grand Cercle - 200 r. du Casino - ✆ 04 79 35 16 16 - www.casinograndcercle.com.*

**Pour la nuit.** L'Hôtel de la Couronne, à 8mn de la gare, est un petit hôtel familial aux nombreux atouts : une situation centrale dans le quartier piétonnier, des chambres rénovées, une salle de petit-déjeuner avec pierres et briques apparentes.

À 8mn aussi, l'ancien hôtel Agora s'est refait une beauté en 2020 en devenant l'Urban Hôtel. L'établissement dispose de grandes chambres à la décoration contemporaine mariant un mobilier en bois clair, design et très épuré, des murs façon béton brut et des tissus colorés faisant écho au carrelage des salles de bains. Espace bien-être, avec piscine.

*Hôtel de la Couronne - 7 r. Albert-1er - ✆ 04 79 88 85 43 - www.hotel-couronne.com - 16 ch. et 2 suites 80/150 € - ☕ 12 €.*

*Urban Hôtel - 1 av. de Marlioz - ✆ 04 79 34 20 20 - www.urban-hotel.fr - 60 ch. 106/199 € - ☕ 15 €.*

**Marcher le long du lac.** Lamartine l'a magnifié dans l'un de ses plus beaux poèmes, « Le Lac ». Ce vaste espace vert de 10 ha est aménagé pour les jeux d'enfants, les pique-niques. Une allée (1 km), bordée par quelques bars-restaurants et des platanes, longe le lac, invitant à la promenade en vue de l'abbaye de Hautecombe et des versants escarpés du mont du Chat. Elle se prolonge en une « promenade confort », à parcourir à pied ou à vélo, menant, vers le sud, à la base de loisirs des Mottets (6 km aller) et, vers le nord, à la pointe de l'Ardre. À moins d'entreprendre le tour complet, plus sportif *(voir encadré)*.

## LE TOUR DU BOURGET À VÉLO

**C'est une belle boucle de 52 km, bien qu'un peu difficile, que l'on peut entreprendre à partir de la plage du Rowing à Aix-les-Bains. Elle longe la plage du Lido, la base de loisirs des Mottets, le petit port du Bourget-du-Lac. C'est à partir du port du Bourdeau que le dénivelé devient un peu sportif, au passage par La Chapelle-du-Mont-du-Chat – une belle montée de 400 m en balcon du lac du Bourget – avant de redescendre par St-Pierre-de-Curtille. Cette boucle, pour cyclistes confirmés, se termine sur la plage de Mémard, devant l'office de tourisme.**

**En saison, il est possible et agréable de revenir vers Aix-les-Bains en embarquant sur un bateau-vélo au départ de Conjux (www.bateaux-aixlesbains.com).**

**Si vous souhaitez poursuivre avec le tour du lac d'Annecy, vous pourrez transporter votre vélo en TER entre les deux villes.**

# 10 ANNECY

**➔2h02 depuis Lyon-Part-Dieu en TER, ou 40mn depuis Aix-les-Bains. 19 trains/j. Gare à 5mn à pied du lac.**

**Louer un vélo. Service de vélos en libre-service dans 69 stations. Vélonecy – Pl. de la Gare - ☎ 04 50 51 38 90 - www.velonecy.com - fermé dim. Service de location de vélos de l'agglomération, dans la gare. À privilégier pour les déplacements de moins d'1h (vélos à 1,50 € la 1re heure, puis 35 € à partir de 61mn). Avec caution.**
**Cyclable – 8 pl. aux Bois - ☎ 04 50 51 51 50 - www.velo-annecy.fr - vélo adulte 24 €/j., VAE 52 €/j, vélos enfants, tandems - réserv. en ligne (sf entre nov. et déb. mars).**

**La Venise savoyarde.** Si le lac – splendide – joue les vedettes, la ville n'est pas en reste : chaque édifice du vieil Annecy raconte un moment d'histoire singulier, du palais de l'Île au château perché sur son rocher en passant par les arcades de la rue Ste-Claire. Le Thiou et le canal du Vassé, d'où s'échappent les eaux du lac, ont fait gagner à la vieille ville le joli surnom de « Venise des Alpes ». Avec le palais de l'Île pour tête de proue, ce quartier piétonnier est habillé de rose, de jaune et d'orange, rappelant sa longue appartenance au royaume de Piémont-Sardaigne. La ville n'en est pas moins pleinement ancrée dans le présent. Animée et vivante, elle invite à la détente. Balade à vélo le long des canaux, flânerie sur les terrasses ou dégustation d'une cuisine généreuse composent un menu toujours attrayant.

*Office de tourisme - 11 r. Jean-Jaurès - ☎ 04 50 45 00 33 - www.lac-annecy.com - lun.-sam. 9h-18h30, dim. 9h-12h30, 13h45-18h.*

**Vieil Annecy : pavés d'histoires.** Allez à la découverte du palais de l'Île, l'ancienne résidence du duc de Genève, joliment perché sur son île. Construit au 12e s. sur une île naturelle, lorsque la capitale de la Haute-Savoie n'était qu'une bourgade de pêcheurs, ce bâtiment servit de résidence au comte de Genève. Il abrita successivement l'atelier monétaire du Genevois, les prisons et le palais de justice. On visite actuellement les anciennes salles de justice, le logement des geôliers, les cellules des prisonniers (remarquez les portes massives) et l'ancienne chapelle. La cour, qui a gardé son pavage d'origine, était alors entourée par les boutiques des hommes de loi établis dans la partie sud de l'île.

*Palais de l'Île - 3 passage de l'Île - ☎ 04 56 49 40 37 - musees.annecy.fr - juin-sept. : 10h30-18h ; reste de l'année : 10h-12h, 14h-17h - 4 € (5 € en juil.-août).*

**Vue de château.** L'ancienne résidence des comtes de Genève et des ducs de Genevois-Nemours, branche cadette de la Maison de Savoie, se dresse à plus de 470 m d'altitude sur le dernier contrefort du Semnoz. Elle comprend des bâtiments construits entre le 12e s. et la fin du 16e s. Ravagés plusieurs fois par le feu, puis laissés à l'abandon au 17e s., ils servirent ensuite de caserne jusqu'en 1947. Le château fait aujourd'hui partie des musées d'Annecy. À droite de la porte s'élève la plus ancienne partie de l'édifice, la robuste « tour de la Reine » du 12e s. aux murs larges de plus de 4 m. En se plaçant au centre de la cour, on découvre, en face, le Vieux Logis (14e-15e s.), sévère demeure des comtes de Genève, marqué par sa tourelle d'escalier et son arcade chapeautant un puits profond de 40 m. À gauche, notez la simple mais élégante façade début Renaissance du Logis Nemours (16e s.), ornée de fenêtres à meneaux et d'une tourelle d'angle. À droite, le Logis Neuf (fin du 16e s.) accueillait la garnison du château. De la terrasse, on jouit d'une vue générale sur la masse des toits enchevêtrés du vieil Annecy aux quatre clochers (cathédrale, N.-D.-de-Liesse, St-Maurice, St-François). Plus loin, on aperçoit le lac et la ville nouvelle. Un musée consacré à l'art régional, labellisé Musée de France, est installé dans le Logis Nemours et le Vieux Logis.

*Musée-château d'Annecy - 1 pl. du Château - ☎ 04 50 33 87 30 - musees.annecy.fr - juin-sept. : 10h30-18h ; reste de l'année : tlj sf mar. 10h-12h, 14h-17h - 6,50 € (7 € en juil.-août).*

**Se faire un film.** Un musée consacré au film d'animation a pris place dans la chapelle du Conservatoire d'art et d'histoire de la Haute-Savoie, lui-même installé dans l'ancien Grand Séminaire, belle bâtisse du 17e s., agrandie au 19e s. Il s'intéresse à l'histoire, à l'art et aux techniques de l'image animée. Cet art est consacré à Annecy depuis 1960 à travers le prestigieux

Festival international du film d'animation qui se déroule début juin. La ville devient alors pendant une semaine la capitale mondiale de l'animation et il est possible d'assister aux projections des productions les plus intéressantes du secteur.

*Musée du Film d'animation - 18 av. de Trésum - ✆ 04 50 33 87 30 - musees.annecy.fr - juin-sept. : tlj sf mar. 10h30-18h ; reste de l'année : tlj sf mar. et dim. 10h-12h, 14h-17h - fermé janv. - gratuit.*

**À table !** Dans sa cuisine ouverte sur la salle, le jeune chef d'Arômatik, passé par de belles maisons, réalise des recettes avec les produits du marché. Assiettes soignées et goûteuses.
L'Heure Tourne revisite le fameux hamburger. Produits frais de qualité avec une petite touche régionale pour celui au reblochon ou au fromage raclette ! En salle ou en terrasse, décoration colorée et ambiance jeune.

*Arômatik - 5 r. du Collège- Chapuisien - ✆ 04 50 51 87 68 - www.restaurant-aromatik.com - fermé dim. (sf en juil-août)-lun. - formules midi 23/26 €, menus 50/150 € (pour 2).*

*L'Heure Tourne - 21 r. du Prés.-Favre - ✆ 04 50 45 23 63 - lheuretourne.com - fermé dim.-lun. et soir (sf vend.) – plats 10/25 €.*

**Pour le pique-nique.** Cette charmante boutique de produits régionaux propose miels, confitures, bonbons, vins, liqueur de génépi, crozets, charcuteries et fromages. Vous pourrez mordre à pleines dents dans un sandwich chaud garni, par exemple de reblochon ou de raclette.

*La Fermette - 8 r. du Pont-Morens - ✆ 04 50 45 01 62 - www.la-fermette-annecy.com - 10 juil.- 20 août : 8h-22h ; reste de l'année : 9h-19h.*

**Pause sucrée.** Champion du monde, meilleur ouvrier de France... le chef pâtissier-chocolatier Philippe Rigollot déploie toute sa créativité dans cette belle boutique, qui fait également salon de thé. Halte obligée pour les gourmands, notamment pour déguster sa désormais icônique tarte aux pommes Granny Smith (pâte sucrée, crème d'amande, marmelade de pomme, mousseux vanille...), sa spécialité !

*Pâtisserie Philippe Rigollot - 1 pl. Georges Volland - ✆ 04 50 45 31 35 - www.philipperigollot.com - 8h-19h, dim. 8h-13h - fermé merc.*

**L'heure de l'apéro.** Ce café aménagé dans la cour de l'ancienne prison compose une halte paisible au cœur de la vieille ville. Décor intérieur un brin

Annecy.
EoNaYa/Getty Images Plus

rétro et agréable terrasse d'été. Bandes dessinées et jeux de société à disposition, expositions de tableaux ou de photos tous les mois et concerts merc. en été.

*Café des Arts - 4 passage de l'Île - ✆ 04 50 51 56 40 - été : 10h-1h ; reste de l'année : 10h-0h (jeu.- sam. 1h).*

**Pour la nuit.** Dormir la tête au nord dans ce charmant petit deux-étoiles commodément posé à 150 m de la gare, pour ceux qui souhaitent arriver le soir et démarrer le matin suivant.
Idéalement situé entre le centre historique et le lac, à 10mn de la gare, le Splendid Hôtel, d'esprit Art déco à l'extérieur, se révèle très attachant. Les chambres aux couleurs chaudes sont spacieuses et parfaitement insonorisées. Une salle de fitness complète l'offre de ce bel établissement.

*Hôtel du Nord - 24 r. Sommeiller - ✆ 04 50 45 08 78 - www.annecy-hotel-du-nord.com - 30 ch. 95/120 € - ☕ 10 €.*
*Splendid Hôtel - 4 quai Eustache-Chappuis - ✆ 04 50 45 20 00 - www.hotel-annecy-lac.fr - 58 ch. 200/250 € - ☕ 22 €.*

**Des événements hauts en couleur.** Une fleur géante qui respire, des sculptures sur l'eau, des illuminations arty : l'été, « Annecy Paysages » (*www.annecy-paysages.com*) est un parcours artistique en plein air, parsemé d'une trentaine de créations géantes installées dans les lieux emblématiques de la cité. Impressionnant ! Au printemps – en février ou début mars – avec le carnaval vénitien, pendant deux jours, le vieil Annecy prend des allures de Venise : masques, costumes chatoyants, animations variées. La ville vibre aussi au rythme d'événements internationaux comme le Festival international du film d'animation (*www.annecyfestival.com*), chaque année en juin (*voir page 53*).
Enfin, la fête du Lac d'Annecy a lieu chaque année, le premier samedi du mois d'août. Inspirée de la grande fête « vénitienne » donnée en 1860 en l'honneur de la venue de Napoléon III, chaque édition promet le plus grand spectacle pyrotechnique d'Europe.

*Infos et calendrier : www.annecy.fr/activites/evenements.*

## UN LAC, DEUX ATMOSPHÈRES

**D'origine glaciaire, le lac d'Annecy mesure 15 km de long, 2 700 ha et 41 m de profondeur en moyenne. Il est alimenté par l'Eau Morte, l'Ire, la Bornette, le Laudon et, phénomène curieux, par une puissante source sous-lacustre, le Boubioz, qui jaillit à 82 m de profondeur, à l'extrémité nord du crêt du Maure. Le trop-plein se déverse dans le Thiou, qui traverse la vieille ville d'Annecy avant de se jeter dans le Fier. Le lac est constitué de deux cuvettes aux décors bien différents : entre la pointe de Duingt et le roc de Chère, le détroit de Duingt marque la frontière entre le Grand Lac au nord et le Petit Lac au sud, chacun dégageant une atmosphère propre. Les villages et hameaux du premier, noyés sous les arbres, sont d'humeur riante – quelques rares vignes rappellent leur ancienne vocation vinicole – tandis que les versants abrupts du second procurent une ambiance plus austère mais plus romantique.**

**Faire le tour du lac d'Annecy.** Une boucle, d'une longueur de 40 km (avec un dénivelé de 300 m), est aménagée pour les cyclistes en bordure du lac (*voir page 166, l'itinéraire à vélo « Belle Via »*). Les plus aguerris pourront aussi poursuivre avec un tour du lac du Bourget voisin (*voir encadré page 52 et l'itinéraire page 169*) au départ d'Aix-les-Bains, et facilement accessible en TER (*env. 40 mn*) au départ d'Annecy.

**Direction les pistes.** En hiver, les stations de La Clusaz et du Grand-Bornand, avec leur vaste domaine skiable, ne sont qu'à 1h en bus avec les lignes Y62 et Y63 Annecy/La Clusaz/Le Grand-Bornand. De belles balades sont aussi possibles en été.

*Rens. et horaires : www.altibus.com et www.laregionvoustransporte.fr.*

Chemin de fer dans le centre de la France.
aronaze/Getty Images Plus

# Voyages en train

Panoramique des Dômes.
J. Audigier

BOURGOGNE-
L'Allier
LOIRE
La Sioule
Roanne
1:10
Clermont-Ferrand
L'Allier
Saint-Étienne
L'Alagnon
Le Puy-en-Velay
1:20
2:22
Aurillac
L'Allier
LOIRE
OCCITANIE

FRANCHE-COMTÉ
SUISSE
ITALIE
PROVENCE-ALPES-CÔTE D'AZUR
LAC LÉMAN
Évian-les-Bains
0:38
Mâcon
0:47
Annemasse
0:57
2:27
Martigny
Chamonix-Mont-Blanc
0:42
Annecy
St-Gervais-les-Bains-Le-Fayet
1:13
Lac d'Annecy
Part-Dieu
LYON
Jean-Macé
Lac du Bourget
Bourg-St-Maurice
1:52
Chambéry
Modane
1:46
Grenoble
1:25
La Romanche
Valence
1:10
Die
2:15
Drôme
Le Drac
Montélimar
1:41
Lac de Serre-Ponçon
La Durance
Saône
Ain
Rhône
Isère

# CLERMONT-FERRAND - AURILLAC

**En route pour le territoire des volcans : de la capitale de l'Auvergne, à l'ombre du majestueux Puy de Dôme, à Aurillac, au cœur des monts du Cantal, cette ligne traverse des paysages grandioses, dont une partie du parc naturel régional des Volcans d'Auvergne. Entre nature sauvage et cités chargées d'histoire et de culture, chaque escale vous laissera un souvenir fort. Et en hiver, vous pourrez chausser les skis directement à la descente du train au Lioran, à près de 1200 m d'altitude !**

## DE CLERMONT-FERRAND À AURILLAC - 8 JOURS

- Pour rejoindre Clermont-Ferrand depuis Lyon-Part-Dieu : TER direct (2h30) ou Intercités (2h45)
- Trajet sans escale : 2h22
- Fréquence : 5 TER/j
- Horaires : www.sncf-connect.com/train/horaires/clermont-ferrand/aurillac
- Tarif sans escale : 33 €
- Services à bord : transport des vélos gratuit
- Pour le retour à Lyon, correspondance à Clermont-Ferrand

**Où se placer pour admirer le paysage ? Plutôt à gauche dans le sens de la marche.**

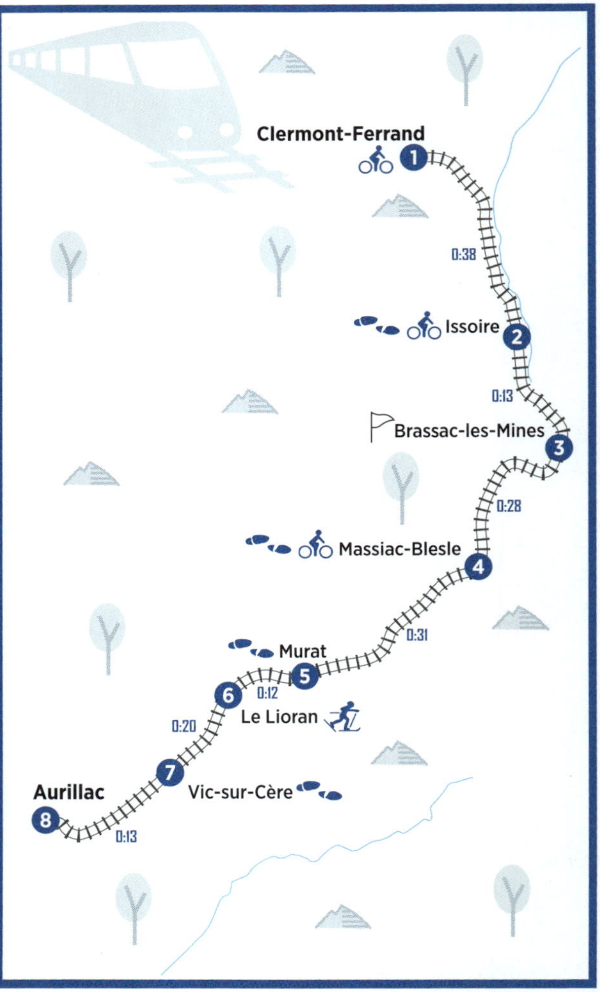

L'abbatiale St-Austremoine, le chœur et les chapiteaux historiés.
Wirestock/Getty Images Plus

## 1 CLERMONT-FERRAND

Pour **Clermont-Ferrand** *voir page 27.*

## 2 ISSOIRE

**Louer un vélo. Ici, tout se fait à pied. Toutefois, si vous voulez faire un tour du centre à vélo, 25 vélos Apilib sont en libre-service dans 5 stations. Apilib' - Station à 10mn à pied de la gare (pl. du Chancelier-Duprat) - www.capissoire.fr/vivre-et-habiter/mobilite/a-velo - 30 premières minutes gratuites.**

**Un beffroi et un trésor d'art roman.** Nichée entre les pentes du Livradois, des monts Dore et le Dauphiné d'Auvergne, Issoire conserve son lacis médiéval de ruelles étroites bordées de vieux logis, où l'on peut déambuler à sa guise. Le soir en saison, la vieille ville se pare de lumières mettant en valeur toute sa richesse architecturale. À découvrir : la tour de l'Horloge, ancien beffroi de la cité (15e s.), la place de la République, l'hôtel Bohier, les biefs ou canaux, etc. La ville possède surtout l'une des plus belles églises romanes de toute l'Auvergne, l'abbatiale St-Austremoine. Bâtie au 12e s., elle doit son nom au premier évêque en pays arverne, Austremoine, venu de Rome avec six compagnons pour évangéliser la Gaule. Le chevet est l'exemple accompli de l'art roman auvergnat par l'harmonie des proportions, la pureté des lignes et la richesse de la décoration. Amusez-vous à reconnaître les signes du zodiaque sculptés dans l'arkose blonde, une des pierres volcaniques locales.

*Office de tourisme - 9 pl. St-Paul - ✆ 04 73 89 15 90 - www.issoire-tourisme.com.*

**À table et au lit !** Cette bâtisse des années 1950, au calme à 10mn à pied de la gare, abrite des chambres rénovées au décor raffiné et coloré. On apprécie son lobby chaleureux avec billard, bibliothèque et jeux et sa terrasse avec sa piscine chauffée. Petite restauration possible (planches apéritives et petits plats chauds).

*Hôtel Le Pariou - 18 av. Kennedy - ✆ 04 73 55 90 37 - www.hotel-pariou.com - - 54 ch. 81/95 € - 5/11 € -.*

**Pour le pique-nique.** Tous les samedis, un important marché regroupe producteurs des environs et commerçants autour de la place de la République.

**Pause sucrée.** Dans cette boulangerie-pâtisserie artisanale près de la tour de l'Horloge, Christophe Gignac confectionne le Suprême d'Issoire, une fameuse spécialité locale. Il s'agit d'un biscuit à pâte croustillante, meringué-macaroné et fourré avec une crème pralinée légère. Un régal...

*La Couronne d'Arthur - 8 r. du Ponteil - ✆ 04 73 54 24 10 - 6h30-13h, 14h45-18h45, dim. 7h-12h30 - fermé lun.*

**Les Vendred'Issoire.** Les vendredis d'été, le centre-ville devient festif et convivial : terrasses de café, concerts, animations et commerces ouverts jusqu'à 21h.

**Coulée verte.** À côté de la gare s'étend le parc René-Cassin, pratique et agréable pour pique-niquer. De là, un chemin piétonnier longe la Couze Pavin vers l'est, qui vous mène en 30mn au plan d'eau du Mas (pêche, tables de pique-nique), agréable espace de verdure au bord de l'Allier.

## 3 BRASSAC-LES-MINES

**➔La gare est à 5mn à pied du centre-ville, et les deux musées à 3 km au nord-ouest (pas de bus, prévoyez des chaussures confortables). Attention, pas d'hébergement à Brassac-les-Mines en dehors d'un camping à 13mn de la gare (brassaclesmines.fr/tourisme). À prévoir sur une journée, au départ d'Issoire.**

### LE PUY DE DÔME EN TRAIN

**Le Puy de Dôme est le plus haut et l'un des plus majestueux sommets de la Chaîne des Puys *(voir encadré page 29)*. En saison, vous pouvez le rejoindre par la navette au départ de la gare de Clermont-Ferrand en empruntant son train à crémaillère.**

Navette de Clermont-Ferrand au Panoramique des Dômes : de déb. avr. à déb. nov. - 2 € (www.panoramiquedesdomes.fr/comment-venir).

Panoramique des Dômes - www.panoramiquedesdomes.fr - juil.-août : 9h-20h, ttes les 20mn ; fin mars-juin et sept.-nov. : 9h-19h ttes les 40mn ; reste de l'année : merc.-dim. (et lun. et mar. pendant les vac. scol.) 10h-17h, ttes les h - 18,60 € AR.

Voir aussi le parc naturel régional des Volcans d'Auvergne page 178.

**Au fil de la mine et de l'Allier.** Une voie romaine desservait cette petite cité agricole du val d'Allier. Lieu de passage et d'échanges, Brassac est aussi une étape sur le chemin de St-Jacques-de-Compostelle. Mais elle est surtout connue pour son industrie houillère, qui remonte au 15e s., à laquelle

Le Puy de Dôme, le train à crémaillère Panoramique des Dômes.
Aqua Image/hemis.fr

elle doit son nom actuel. Sa position sur l'Allier et, plus encore, l'ouverture du canal de Briare, en 1664, qui permit aux bateliers d'atteindre la Seine, favorisèrent son développement. Le musée de la Mine témoigne de cet important patrimoine. Il occupe l'ancienne machinerie de l'exploitation du puits Bayard. Une galerie, s'étendant sur 160 m, est aménagée à moins de 5 m sous terre. La ville abrite également un musée automobile *(rens. sur www.musee-automobile-de-brassac-les-mines.com)*.

*Vous pourrez aussi vous balader, dans une nature préservée, sur les sentiers du bassin minier qui longent l'Allier et l'Alagnon.*

*Musée de la Mine - Rte de la Combelle, lieu-dit Bayard - ✆ 04 73 54 35 82 - www.brassaclesmines.fr - juil.-août : mar.-dim. 14h-18h ; sept. : w.-end sur réserv. - 7 €.*

**Pour le pique-nique.** Marché de producteurs le dimanche matin place Raymond-Peynet. Épicerie, boulangeries, snacks et supermarché en ville.

## 4 MASSIAC - BLESLE

**➔La gare de Massiac-Blesle ne dessert en fait que Massiac. Elle est à 10mn à pied du centre du bourg d'où vous pouvez rejoindre les rives de l'Alagnon, à 100 m, en empruntant la passerelle au-dessus de la rivière (agréable sentier, aménagé sur une portion).**

**Porte d'entrée du Cantal.** Massiac se niche au fond d'une vallée verdoyante qui s'étire jusqu'aux monts du Cantal. Encadré par les promontoires rocheux de St-Victor et de Ste-Madeleine, ce vieux bourg garde l'entrée des gorges de l'Alagnon sur la Via Arverna. Il conserve aussi un beau patrimoine : outre l'ancien château (actuelle mairie), on peut voir une belle maison en bois du 17e s. et une grosse tour ronde en pierre, vestige des remparts. L'église St-André abrite quant à elle d'intéressantes statues en bois polychrome (15e-17e s.) et une toile de Guy François, *L'Adoration des bergers* (17e s.).

*Office de tourisme - Pl. de la Gare - ✆ 04 71 23 07 76 - www.hautesterrestourisme.fr.*

**Pour le pique-nique.** Le marché se tient le mardi matin place de la Gare. Par ailleurs, on trouve boulangerie, cafés, restaurants et autres commerces dans le centre.

**Pause sucrée.** Le macaron est une spécialité de Massiac. Dégustez ce merveilleux petit gâteau chez un grand maître de fabrication.

*Au Macaron de Massiac - 14 r. du Dr.-Mallet - ✆ 04 71 23 10 08 - 7h-19h (13h dim.) - fermé lun.*

**Pour la nuit.** Ce bâtiment moderne, à 15mn à pied au nord de la gare, propose des chambres bien équipées et meublées dans un esprit contemporain. Buffet du petit-déjeuner à base de produits régionaux et, s'il fait beau, vous prendrez celui-ci en terrasse face au parc en bordure de l'Alagnon. Établissement très bien tenu et accueil souriant. Panier-repas sur demande.

*Hôtel La Colombière - 4 rte de Clermont-Ferrand - ✆ 04 71 23 18 50 - www.hotel-lacolombiere.com - fermé fév. - 30 ch. 70/75 € - ☕ 9 €.*

**Chapelle du vertige.** À la pointe sud-est du plateau de Chalet, accrochée tel un rapace au bord du promontoire (708 m), la chapelle Ste-Madeleine du 11e s. vaut l'ascension pour la vue impressionnante qu'elle délivre sur Massiac et la vallée de l'Alagnon (45mn). Bâtie en basalte et tuf volcanique, elle est précédée d'un porche à auvent appelé « caqueteuse », doté d'un banc de chaque côté. À l'intérieur, la voûte abrite un Christ en majesté.

## 5 MURAT

**Sur la via Arverna.** Perchée à 980 m d'altitude, Murat la médiévale étage ses maisons grises aux toits de lauzes sur les flancs du neck volcanique de Bonnevie, qui présentent de curieuses colonnades naturelles de basalte, remarquables par leur régularité et la longueur de leurs prismes. De là-haut, vous apprécierez la vue sur les toits de Murat et les monts du Cantal. La ville, agréable et commerçante, conserve un joli patrimoine architectural. Des plaques sont apposées sur les principales curiosités. C'est aussi une base idéale pour de splendides excursions à pied dans les monts du Cantal et la vallée de l'Alagnon. En été, la découverte nocturne de Murat, à la lueur des flambeaux, révèle une tout autre dimension.

*Office de tourisme - Pl. de l'Hôtel-de-Ville - ✆ 04 71 20 09 47 - www.hautesterrestourisme.fr.*

**À table !** Ce restaurant traditionnel, qui a ses habitués, sert d'excellentes spécialités auvergnates : viande de salers, pounti, chou farci et truffade maison. En dessert, essayez le cornet de Murat, délicieux. Ambiance chaleureuse.

*Tendances et saveurs - 23 r. du Hector-Peschaud - ☎ 04 71 23 94 78 - fermé dim. soir et lun. - carte 11/25 €.*

**Pour le pique-nique.** Françoise est « guide de terroir ». Elle achète directement ses produits frais, confitures et autres spécialités chez les producteurs locaux. Sinon, vous pouvez aller faire vos achats au marché de Murat le vendredi matin, place du Balat et place de l'Hôtel-de-Ville.

*Fromagerie-épicerie Caldera - 3 r. Vigier - ☎ 04 71 20 21 84 - 9h-12h30, 14h45-18h45 - fermé dim. apr.-midi et lun. hors juil.-août.*

**Pause sucrée.** Dans la vitrine s'alignent de savoureuses spécialités comme les croquants d'Auvergne (sablés au beurre), la fouace sucrée, le puy mary (génoise chocolat, crème aux marrons, chantilly, copeaux de chocolat), aux côtés du renommé cornet de Murat.

*Aux Cornets de Murat - 2 av. des 12-et-24-Juin - ☎ 04 71 20 04 48 - 7h-13h30 et 15h-18h30 - fermé dim. après-midi et lun.*

**Pour la nuit.** Monique vous accueille dans une maison du 17e s. rénovée (à 9mn à pied de la gare), au cœur de la cité médiévale. Bien équipées, les chambres mêlent charme et authenticité. Un espace bien-être, avec spa et sauna, est installé dans le jardin japonais. Profitez du sauna la nuit : il offre une vue exceptionnelle sur les montagnes.

*L'Escale de Camille - 22 r. de Lavergne - ☎ 06 10 34 15 96 - www.lescaledecamille.fr - 4 ch. 105/125 €.*

**Festival des métiers d'art.** Une quarantaine d'artisans, souffleurs de verre, émailleurs, tailleurs de pierre, couteliers, etc. présentent leur travail durant 3 jours à la mi-août.

**Fête du Cornet.** Près de 15 000 personnes pour déguster cornets salés et sucrés le 3ème dimanche de septembre.

## 6 LE LIORAN

**→La station moderne du Lioran se répartit sur trois sites : Font d'Alagnon où se trouve la gare, Font de Cère et Prairie des Sagnes. C'est ce dernier quartier qui accueille les plus grosses infrastructures (hôtels, commerces, patinoire, téléphérique). On le rejoint en 30mn à pied depuis la gare. En hiver, le domaine**

Station du Lioran.
P. Soissons/Auvergne-Rhône-Alpes Tourisme

skiable est accessible dès le quai de la gare par un téléski (avec retour par une piste verte) et des navettes gratuites circulent.
Cantal Taxi - ✆ 04 71 20 10 02 - cantaltaxis.fr.

**Une station multi-activités.** À plus de 1250 m d'altitude, la station du Lioran est encerclée par les sapinières recouvrant les versants de la vallée de l'Alagnon. À la belle saison, les randonnées au sommet du puy Griou ou du Plomb du Cantal, au milieu des herbages, dépaysent, et on peut profiter de toutes sortes d'activités (parc aventure, patinoire, luge sur rail, balnéothérapie, VTT, tyrolienne géante). L'hiver, les pistes de ski, alpin et nordique, sont idéales pour des vacances en famille.

*Office de tourisme - Pl. du Téléphérique - Prairie des Sagnes - ✆ 04 71 49 50 08 - www.lelioran.com.*

**À table !** Restauration traditionnelle auvergnate dans un cadre chaleureux tout en bois. Cuisine maison et de saison, généreuse et à base de produits locaux, avec quelques spécialités dont la truffade ou la côte de veau aux morilles, sans oublier la tarte aux myrtilles.

*Le Bufadou - 12 rte du Rocher du Cerf - Prairie des Sagnes - ✆ 04 71 49 55 76 - www.lebufadou.fr - fermé 6 sem. en automne - 7 ch. 75/95 €- menus du jour 21/25 € - spécialités montagnardes 22/36 €.*

**Pour la nuit.** Situé au pied des pistes et des chemins de randonnée, cet établissement est l'endroit rêvé pour profiter à fond de la montagne. Vous vous régalerez de plats typiquement auvergnats à la Table de Félix, et vous pourrez vous délasser au spa après une journée sportive.

*Le Rocher du Cerf - 4 rte du Rocher-du-Cerf - Prairie des Sagnes - ✆ 04 71 49 50 14 - www.lerocherducerf.com - ouv. de mi-déc. à fin mars et juil.-août - 29 ch. 80/140 € - ☕ 10 €.*

**Plomb du Cantal.** À peine 15mn de téléphérique au départ de Font d'Alagnon, puis 20mn de marche (sentier balisé et escalier) et vous voilà au sommet du point culminant (alt. 1855 m) du massif du Cantal ! De là-haut, le panorama est grandiose (table d'orientation). Des sentiers tracés à partir du sommet permettent de gagner le puy Gros (vue sur la vallée de la Cère), le puy du Rocher (vue sur le cirque de Chamalière) ou, par le col de la Tombe-du-Père, le site de Prat-de-Bouc.

*Téléphérique - Prairie des Sagnes - ✆ 04 71 49 50 09 - www.lelioran.com/remontees-ete - de mi-juil. à fin août : 9h30-18h30 ; de mai à mi-juil. et de fin août à mi-sept. : 9h30-12h30, 13h30-17h30 - dép. en fonction de la météo - 9,20 €, 11,50 € AR.*

### ACCÈS AU PUY MARY ET À SALERS

**À partir du Lioran, il est possible, en saison, de rejoindre le puy Mary en empruntant les lignes du Volcan (9 lignes de navettes estivales). Il faudra pour cela prendre la ligne 5 depuis Le Lioran-Station ou Le Lioran-Gare et descendre au terminus du Col de Serre (45/50mn). Il faudra ensuite prendre une correspondance avec la ligne 3 vers le puy Mary (rotations continues de 9h à 13h et de 14h à 18h).**

**De là, on pourra se rendre à Salers en prenant la ligne 1 (direction Mandailles-St-Julien). Descendre à l'arrêt Le Falgoux (20mn) pour prendre la correspondance avec la ligne 2 entre Le Falgoux et Salers (25mn).**

Infos pratiques, lignes et horaires : www.puymary.fr/les-lignes-du-volcan.

## 7 VIC-SUR-CÈRE

**Cité d'eau et de lauzes.** Cette petite ville de la riante vallée de la Cère a conservé autour de son église de belles demeures de caractère. Vous aurez plaisir à découvrir ses pittoresques maisons aux toits de lauzes, entourées de jardins et de vergers. Les plus gracieuses, avec leurs tourelles d'angle, témoignent du passé opulent de cet ancien bailliage du Carladès. Ne manquez pas non plus d'explorer les vertigineuses gorges du Pas de Cère.

*Office de tourisme - Av. André-Mercier - ✆ 04 71 47 50 68 - www.carlades.fr.*

**À table et au lit !** Cette vénérable maison, largement modernisée, à 8mn à pied de la gare, propose de grandes chambres impeccables ouvertes sur la nature. Service attentionné et cuisine de très bonne tenue. Les clients fidèles sont au rendez-vous, et on les comprend.

*Hôtel Le Beauséjour - 4 av. André-Mercier - 04 70 47 50 27 - www.beausejour-vic.fr - fermé de mi-oct. à mi-mai - - 46 ch. 80/172 € - 13,50 € - menu 38,50 €.*

**Pour le pique-nique.** Marché de producteurs locaux et autres commerçants place du Carladez, mardi et vendredi matin.

**Mystère du Grand Hôtel.** Cette balade historique et ludique (1 km - facile), aménagée dans les gorges du Pas de Cère, permet de se plonger dans le passé Belle Époque de Vic-sur-Cère (photos, explications), lorsque la station thermale était surnommée « la Suisse auvergnate ».

*Pas de Cère - dép. du sentier hameau de Salvanhac, à 20mn à pied de l'office de tourisme de Vic-sur-Cère.*

**Cascade du Trou de la Conche et rocher de Maisonne.** En haut du raidillon, le chemin bifurque : le sentier de gauche mène à la cascade du Trou de la Conche, dans un joli site ; celui de droite conduit au sommet du rocher de Maisonne, couronné d'une croix et d'où l'on jouit d'une belle vue sur Vic et sa vallée.

*1h45 AR - dép. derrière l'église de Vic, prendre la rue conduisant à une passerelle sur l'Iraliot. Passé le torrent, chemin en forte montée.*

## 8 AURILLAC

**Capitale de la haute Auvergne.** Édifiée sur les bords de la Jordanne, sous le regard du puy Courny, Aurillac, réputée pour ses parapluies, est aussi connue pour son Festival international de théâtre de rue qui enflamme la cité au mois d'août. La ville, active en toute saison, invite le passant à déambuler à travers les ruelles tortueuses bordées de maisons à colombages du quartier médiéval. Ici, les nombreuses boutiques de produits de bouche côtoient des vitrines très design. Il faudra aussi guetter l'ouverture d'un ambitieux espace qui, d'ici 2028, va réunir les collections du musée d'Art et d'Archéologie et de l'ancien Muséum des volcans désormais fermé.

*Office de tourisme - 7 r. des Carmes - 04 71 48 46 58 - www.aurillac.com.*

### LA CAPITALE DU PARAPLUIE

**Du cuivre, que battaient les Aurillacois dès le Moyen Âge ; de la toile de coton, apportée par les marchands ambulants ; du bois de hêtre, dont les forêts alentour sont pleines : le parapluie est né. Le premier atelier est créé en 1857. En 1900, le Cantal présente ses parapluies à l'Exposition universelle de Paris. En 1928, 250 ouvriers et 500 ouvrières à domicile en fabriquent plus d'un million. Aujourd'hui, il reste deux entreprises qui réalisent 50 % de la production française, soit environ 500 000 parapluies par an.**

Parapluies Piganiol - 28 r. des Forgerons - 04 71 43 05 51 - www.piganiol.fr - 10h-12h (9h30-12h30 le sam.), 14h-19h - fermé dim.

*Musée d'Art et d'Archéologie - 37 r. des Carmes - 04 71 45 46 10 - musees.aurillac.fr - dim.-vend. 11h-18 - 5 €.*

**À table !** Dans une des trois jolies salles aux murs de pierres apparentes ou en terrasse aux beaux jours, vous dégusterez salades ou plats plus consistants qui font honneur au terroir. Sans parler des glaces artisanales, délicieuses !

*L'Arsène sur Cour - 18 r. Arsène- Vermenouze - 04 71 48 48 97 -www.aurillac-restaurant.com - fermé dim.-lun. - déj. en sem. 14/17 € - plats 17/23 € (soir).*

**Pour le pique-nique.** Une jolie boutique à l'ancienne où l'on fait le plein de bons fromages d'Auvergne, de salaisons du pays et aussi de conserves artisanales, biscuits et vins d'Auvergne.

*Place de l'Hôtel-de-Ville, le marché couvert regroupe producteurs et autres commerçants les mercredi et samedi matin.*

*Crèmerie Leroux - 15 r. Émile-Duclaux - 04 71 48 28 89 - 9h-12h30, 15h-19h - fermé dim.-lun.*

**Pour la nuit.** À 15mn de la gare, un bien bel établissement que ce Zadig ouvert en 2020, auquel les murs de brique et de pierre de montagne donnent un aspect très contemporain. Une impression qui se confirme dans les chambres à la personnalité affirmée, décorées de photos ou d'œuvres de *street art*. Aux beaux jours, on déguste le petit-déjeuner sur l'une des deux terrasses du jardin. Le lieu compte un bar, agréable pour prendre un verre avec une planche à l'heure de l'apéro.

*Hôtel Zadig Aurillac - 6 r. Beauclair - ✆ 04 15 32 03 09 - www.hotelzadig.com - 20 ch. 85/110 € - ☕ 14 € - bar jusqu'à 22h.*

**Festival international de théâtre de rue.** Près de 500 compagnies de théâtre animent les rues d'Aurillac la 3e semaine d'août.

*Infos : www.aurillac.net.*

## Le Gentiane Express

Le Gentiane Express.
Ch. Guy/hemis.fr

En route pour le *Gentiane Express* qui relie Riom-ès-Montagnes à Lugarde. Au signal sonore, le convoi s'ébranle pour entamer les 16 km de trajet.

Le train, remis en marche par des passionnés, passe sous le tunnel de l'Estampe et débouche sur le viaduc de Barajol, l'un des plus hauts de France (57 m au-dessus de la Petite Rhue) – une halte est prévue au retour. À la sortie de la gare de Condat-St-Amandin se dévoilent les plateaux du Cézallier, où s'épanouit la gentiane jaune d'où l'on tire une liqueur amère, excellente. Sur les estives, les vaches salers broutent paisiblement, et le panorama sur les massifs du Sancy et du Cantal est à couper le souffle. On atteint alors le col de Pierrefitte et ses 1 061 m, le point culminant du trajet. Le train redescend ensuite à son rythme vers Lugarde, où une pause détente dans un café d'antan est prévue.

*Pl. de la Gare - Riom-ès-Montagnes - ✆ 04 71 78 07 37 - www.gentianeexpress.com - de mi-juil. à fin août : 10h et 15h, w.-end 15h ; reste de l'année : dates et horaires sur le site - 17 € AR - durée 3h - réserv. recommandée - trains thématiques avec animations, se rens.*

*Il est aussi possible de rallier la gare de Riom à partir de Clermont-Ferrand avec le bus de la ligne C08 depuis les gares routière et SNCF, et depuis Murat avec la ligne C3..*

# ST-ÉTIENNE - LE PUY-EN-VELAY

**En voiture ! Cette ligne suit les méandres de la Loire et donne le sentiment d'avancer au fil de l'eau. Les paysages sauvages des gorges de la Loire commencent à la sortie du bassin industriel et minier de St-Étienne, découvrant falaises rocheuses, boucles sableuses, pentes boisées et, au creux, scintillant et indompté, le fleuve bleu-gris qui a sculpté les reliefs. Sur les hauteurs, tours, châteaux ou Vierges en majesté veillent sur les villages médiévaux en contrebas où se jettent lesruisseaux rejoignant la Loire.**

## DE ST-ÉTIENNE AU PUY-EN-VELAY - 8 JOURS

- Depuis Lyon, de nombreux TER (env. 1 train chaque 1/2h) desservent chaque jour St-Étienne-Châteaucreux (env. 50mn) ; pour rejoindre la gare de St-Étienne-Bellevue (voir ci-contre)
- Trajet sans escale : 1h20
- Horaires : www.sncf-connect.com/train/horaires/saint-etienne/le-puy-en-velay
- Fréquence : 9 TER/j
- Tarif sans escale : 17,90 €
- Services à bord : transport des vélos gratuit
- Pour le retour à Lyon, reprendre la ligne en sens inverse, puis correspondance à St-Étienne-Châteaucreux

Où se placer pour admirer le paysage ? Côté droit dans le sens de la marche.

La gare St-Étienne-Châteaucreux.
Ch. Goupi/age fotostock



## 1 SAINT-ÉTIENNE

**➔La gare de départ de la ligne TER pour les prochaines étapes est celle de Bellevue, située à 30mn à pied du centre-ville et accessible par le tram 3 (qui dessert aussi la gare de St-Étienne-Châteaucreux, à 15mn à pied du centre-ville).**
**Infos : www.reseau-stas.fr.**

Pour **St-Étienne** *voir page 37.*

## 2 FIRMINY

**➔Cette étape à la journée permet de visiter la cité de Le Corbusier au départ de St-Étienne. Sur présentation du billet de train, vous bénéficiez d'une entrée à tarif réduit ; le bon plan !**

Pour **Firminy** *voir pages 36 et 38.*

## 3 AUREC

**Au temps des chevaliers.** Blottie dans une boucle de la Loire, la bourgade a conservé un bel ensemble médiéval récemment restauré. À partir de l'église, construite sur des bases antérieures à l'an mille, on chemine dans le parc du château (tour Guillaume-de-la-Roue, 1466) et le long des remparts qui dominent le fleuve, avant de passer sous la porte David (à côté de la maison du Bailli). Le château-musée du Moine-Sacristain et sa tour des Bourguignons (16e s.) abritent un musée traditionnel bien fourni.

*Office de tourisme - 12 r. du Commerce - ✆ 04 77 35 42 65 - www.gorgesdelaloire.fr.*
*Château-musée du Moine-Sacristain - Pl. des Marronniers - ✆ 04 77 35 26 55 - de mi-juin à fin sept. : tlj sf lun. 14h-18h - gratuit.*

**À table et au lit !** S'ouvrant sur le superbe parc arboré, à 16mn à pied de la gare, les chambres sont réparties dans des pavillons modernes et confortables pour une halte ressourçante. Au restaurant, très lumineux sous la belle véranda, la cuisine de saison met en valeur les produits locaux avec élégance et raffinement.

*Les Cèdres Bleus - 23 r. la Rivière - ✆ 04 77 35 48 48 - www.lescedresbleus.com - 15 ch. 80/85 € - ✕ menus midi 19/26 €, menus soir 42/59 € - fermé lun., mar. midi, vend. soir et dim.*

**Pagayer dans les gorges de la Loire.** La base de loisirs propose 3 parcours de 7 à 24 km pour descendre la Loire en canoë et apprécier sa nature sauvage. Autre option : le bateau électrique sans permis. Dans le cadre de verdure de la base de loisirs, vous pourrez aussi profiter de baignade dans le plan d'eau (surveillée l'été) et d'activités nautiques tranquilles (paddle, pédalo).

*Base de loisirs des Gorges de la Loire - Rte de Nurols - 10mn à pied de la gare ou arrêt du petit train touristique (45mn) le w.-end - ✆ 04 77 75 00 75 - www.gorgesdelaloire-tourisme.fr - de déb. mai à mi-sept. - canoë 17/28 € - paddle 12/18 €, bateaux élec. 35 €/h.*

## 4 RETOURNAC

**➔L'arrêt à Retournac permet une étape à la journée depuis Aurec.**

**Avec l'envie d'y retourner.** Joliment situé, le bourg abrite une église, en partie romane. Elle aurait jouxté l'ancien château, aujourd'hui démoli, et fait partie des fortifications médiévales. L'édifice, construit en brèche volcanique rouge tirée des carrières voisines de Meycuret et d'une roche gréseuse ocre jaune, se signale aussi extérieurement par son clocher massif et sa couverture de lauzes. À l'intérieur, remarquez la coupole sur trompes, la sobre élégance du chœur, une Vierge à l'Enfant, œuvre italienne du 16e s., l'autel moderne de Philippe Kaeppelin et des vitraux d'Henri Guérin.

*Office de tourisme -Pl. Boncompain - ✆ 04 71 65 20 50 - www.sucsetloire-tourisme.fr.*

**Faire dans la dentelle.** Sur les lieux mêmes de l'ancienne manufacture Experton Frère et Sœur construite en 1913, ce musée restitue avec charme l'atmosphère d'un atelier et la mémoire des dentellières grâce à une exceptionnelle collection de milliers de pièces de dentelles, modèles, cartons, mobilier (dont des tables de dentellières) et archives. Une façon sensible et originale de pénétrer au cœur d'un artisanat d'art qui, aux 19e et 20e s., fit l'identité de la Haute-Loire en même temps que sa réputation internationale.

*Musée des Manufactures de dentelles - 14 av. de la Gare - ✆ 04 71 59 41 63 - www.musee-dentelles-retournac.fr - de mi-mars à mi-déc. : 14h-18h (19h juil.-août) - 5 €.*

**À table !** Cette brasserie chaleureuse, toute de bois et de pierres apparentes, ne manque pas d'élégance. À son image, la cuisine propose des plats traditionnels et conviviaux rehaussés d'une pointe de modernité et de beaucoup de générosité.

*Le Comptoir de nos Pères - 32 r. de l'Hôtel-de-Ville - ✆ 04 71 59 40 57 - fermé lun. - 15/30 €.*

## 5 CHAMALIÈRES-SUR-LOIRE

**➔Une étape à la journée depuis ou vers Vorey.**

**Un havre de paix.** Sur la rive droite de la Loire, le bourg s'allonge en terrasses au pied du mont Gerbizon (1064 m), face à la ligne des monts Miaune. Chamalières mérite un arrêt pour sa belle église romane (début du 12e s., restaurée au début du 20e s.), située dans un magnifique site au bord de la Loire. Dans le jardin médiéval attenant, face au fleuve, les plantes aromatiques et médicinales côtoient de grands panneaux explicatifs qui racontent l'histoire du prieuré et du village. On quitte à regret ce paradis de verdure et de paix en se promettant, la prochaine fois, de suivre sur plusieurs kilomètres le GR 3, récemment réaménagé, qui longe le fleuve.

**À table !** Un café-restaurant où déguster une cuisine simple et familiale, de la charcuterie de pays ainsi que des pâtisseries maison.

*Chez Simone - 13 pl. Noël-Jourda-de-Vaux - ✆ 04 71 03 42 07 - page Facebook - menus 13,50/36 €. - fermé dim. soir et lun.*

## 6 VOREY

**« Le Petit Nice » ligérien.** Carrefour important depuis l'Antiquité, la vivante cité de Vorey était connue pour ses foires au Moyen Âge. Outre les routes reliant les hommes et véhiculant des biens, ce sont aussi les voies d'eau qui convergent à Vorey, signifiant « eau courante ». Dans cette cuvette dominée par quelques monts boisés serpentent de nombreux ruisseaux tandis que la rivière Arzon se jette dans une boucle de la Loire. Des les hauteurs surplombant le village, les points de vue sont grandioses sur les gorges du fleuve. Ne manquez pas la jolie église St-Symphorien, restaurée au 19e s., qui possède encore un autel de style roman et des retables du 17e s.

Le château de Lavoûte-Polignac.
T. & B. Morandi/hemis.fr



*Office de tourisme - R. du Béal - ✆ 04 71 01 30 67 - www.lepuyenvelay-tourisme.fr.*

**Et on pagaie !** C'est l'occasion de respirer au grand air et de plonger en pleine nature ! Dans cette école de pagaie du Velay, vous pourrez aborder les eaux voreysiennes tranquillement en canoë-kayak ou en paddle sur le plan d'eau et sur de douces rivières ou bien descendre les gorges et leurs eaux vives en canoë ou en raft.

*Velay Eaux Vives - R. de la Loire - ✆ 06 79 37 69 90 - velay-eaux-vives.fr - canoë (balade sur le plan d'eau) 18/25 € - paddle 10 €/h - descente canoë ou rafting 30 €.*

**À table et au lit !** À deux pas de la gare, cette auberge des temps modernes possède une belle terrasse surplombant la rivière Arzon qui donne l'impression de manger les pieds dans l'eau. La cuisine familiale met en valeur les produits locaux et les recettes régionales. Chambres simples et propres.

*Auberge Les Rives de l'Arzon - Av. Pierre-Chabannes - ✆ 04 71 01 13 00 - www.hotel-rives-arzon.fr - 10 ch. 59/76 € - ☕ 11,50 € - ✕ formule midi 17 €, menu 24,50 €.*

## 7 LAVOÛTE-SUR-LOIRE

**Premier château de plaisance de la Loire.** Longeant les berges de la Loire, le village possède une petite église romane à nef unique, qui abrite, au-dessus du maître-autel, un remarquable Christ en bois sculpté du 13e s. Plus loin, le remarquable château de Lavoûte-Polignac respire toujours la douceur de vivre. Déjà possession des Polignac au 13e s., il était destiné à servir de manoir de plaisance. La famille Polignac délaisse alors la forteresse éponyme, située à 15 km. L'unique corps de bâtiment, restauré après la Révolution, vaut surtout pour son superbe site perché, à l'intérieur d'une « voulte » (boucle) de la Loire. Intéressants souvenirs de famille (mobilier, tableaux, tapisseries, correspondance), notamment, de Yolande de Polastron, duchesse de Polignac.

*Château de Lavoûte-Polignac - ✆ 04 71 08 50 02 - visite guidée (45mn) juin-sept. : 10h-12h, 14h-18h (17h avr.-mai et oct.) - 9 €.*

**Un p'tit goûter, à table et au lit !** Dans cet ancien moulin au creux d'un parc arboré en bord de Loire et à moins de 10mn à pied de la gare, tout respire la détente et le bien-être. L'ambiance cosy de l'établissement conjugue avec élégance l'ancien et le moderne dans les chambres d'hôtes, le restaurant et le salon de thé. Les recettes régionales et les bons produits locaux sont à l'honneur dans l'assiette. La propriétaire est pâtissière, voilà la clé du mystère !

*Les Délices de la Voûte - 6 r. de l'Église - ✆ 06 76 13 31 39 - www.lesdelicesdelavoute.com - 4 ch. 96/120 € : - ✕ mar. midi et merc.-sam. - formules midi 15,90/21,90 €, menus 34/38 €, brunch dim. 16 € - salon de thé et pâtisserie - fermé lun.-mar., et le soir, merc., jeu. et dim.*

## 8 LE PUY-EN-VELAY

**Site extraordinaire.** Vision étrange et splendide que cette ville enserrée entre ses buttes, avec le rocher St-Michel-d'Aiguilhe, surmonté d'une chapelle romane, le rocher Corneille, couronné par une Vierge monumentale, et la déroutante cathédrale Notre-Dame. Car ici prend naissance la fameuse via Podiensis, l'un des chemins les plus fréquentés de St-Jacques-de-Compostelle. Prenez le temps de déambuler dans les ruelles pavées de la vieille ville avec ses hautes maisons aux toits rouges, car un nombre incroyable de demeures anciennes, d'époques diverses, s'offrent au regard. Le Puy-en-Velay est aussi le royaume de la lentille, de la verveine et de la dentelle.

*Office de tourisme - 2 pl. du Clauzel - ✆ 04 71 09 38 41 - www.lepuyenvelay-tourisme.fr.*

**La cité épiscopale.** Avec ses nombreux bâtiments médiévaux, qui forment pratiquement un quartier, la cité épiscopale, inscrite au patrimoine mondial de l'Unesco depuis 1998, domine la ville et renferme une grande richesse historique. La cathédrale Notre-Dame présente un large escalier de 134 marches qui conduit à la spectaculaire façade occidentale de cet extraordinaire édifice de style roman, qui doit une partie de son originalité aux influences orientales de son architecture. Sa célèbre Vierge noire fait toujours l'objet d'une grande dévotion. Derrière le chevet, l'hôtel de la Manécanterie (14ᵉ s.-18ᵉ s.) possède de sublimes décors peints. Le cloître et ses arcades colorées, édifié au cours des 11ᵉ et 12ᵉ s., arbore une très grande diversité de décors sculptés de l'époque romane, dont un fabuleux bestiaire médiéval. Dans l'angle nord-ouest du cloître, près d'un chapiteau présentant de monstrueux félins de style oriental, un escalier conduit à l'incontournable Trésor d'art religieux, situé au 4ᵉ niveau du bâtiment

Le Puy-en-Velay, chapelle Saint-Michel d'Aiguilhe, et statue Notre-Dame-de-France.
J. Damase/Auvergne-Rhône-Alpes Tourisme

## Sur les chemins de St-Jacques-de-Compostelle

Sur les chemins de Compostelle, prieuré de Saint-Romain.
Max Coquard/Bestjobers

### À L'ORIGINE DE LA VIA PODIENSIS

En 951, l'évêque du Puy, Godescalc, devient l'un des premiers pèlerins français à partir pour St-Jacques- de-Compostelle. Il entraîne à sa suite une foule impressionnante. Il n'en faut pas plus pour rendre célèbre la via Podiensis, qui part du Puy-en-Velay. Celle-ci figure à présent comme le prolongement de l'Oberstrasse, « la route haute » qui relie l'Europe centrale au chemin de St-Jacques en Espagne.

### LE RENOUVEAU DU PÈLERINAGE

Durant des siècles, des millions de pèlerins se sont aventurés sur ces routes sacrées mais peu sûres, avec pour seul but la contemplation du tombeau présumé de l'apôtre. Puis la modernisation des transports a peu à peu fait sombrer dans l'oubli les chemins de pèlerinage. Contre toute attente, la fin du 20e s. a vu resurgir l'ancienne tradition et, sans toutefois atteindre les milliers de « jacquets » qui arrivaient autrefois tous les jours à Compostelle, les pèlerins sont aujourd'hui de plus en plus nombreux.

### LES CHEMINS DE ST-JACQUES EN AUVERGNE-RHÔNE-ALPES

Les chemins de St-Jacques-de-Compostelle sillonnent la région Auvergne-Rhône-Alpes. Pour tous ceux en quête spirituelle, curieux de patrimoine bâti, passionnés de randonnée ou amateurs de grands espaces, ces itinéraires millénaires offrent un terrain de jeu jalonné de paysages immuables, de rencontres et de monuments historiques, dont certains inscrits au patrimoine mondial de l'Unesco.
Lancez-vous, à votre rythme, dans cette aventure mythique sur les traces des pèlerins depuis Genève, Cluny, Lyon ou au départ du Puy-en-Velay, point de jonction, capitale des chemins de St-Jacques-de-Compostelle et étape majeure de ces itinéraires jacquaires.
*Préparez vos étapes et trouvez vos hébergements sur www.chemindesaintjacques.com*

## HÔTEL-DIEU – IMMERSIONS LUMIÈRES

**L'ancien Hôtel-Dieu accueille depuis 2020 un centre d'art numérique qui dévoile trois scénographies immersives (régulièrement renouvelées) grâce aux toutes dernières technologies en 3D et aux sons design : le spectateur assiste à des projections sur le sol et les murs, ainsi que sur les voûtes d'ogive de l'ancienne salle des malades transformée en chapelle. Les lignes architecturales ainsi redessinées et *vidéomappées* sont bien mises en valeur, produisant un effet spectaculaire. Ce centre est un Site Touristique Emblématique valorisé par la Région Auvergne-Rhône-Alpes.**

Hôtel-Dieu –Immersions Lumières - 4e étage de l'Hôtel-Dieu - www.hoteldeslumieres.com - 22mn la séance - ouv. tlj en juil.-août ; reste de l'année : se rens. - 9,50 € - sur réserv.

des Mâchicoulis. Cette construction massive des 12e et 13e s., surplombant l'hôtel-Dieu de ses cinq niveaux, était l'élément central des fortifications de la cathédrale et de la cité des chanoines au Moyen Âge. La rue du Cloître mène au rocher Corneille ou mont d'Anis, vestige sans doute du volcan dont le rocher St-Michel était la cheminée. De la plate-forme, vue panoramique sur la ville et le bassin du Puy. Le rocher est surmonté d'une colossale statue de Notre-Dame de France.

*Ensemble cathédrale - 3 r. du Cloître - ✆ 04 71 05 45 52 - www.cathedrale-puy-en-velay.fr - mi-mai à mi-sept. : 9h30-18h30 ; reste de l'année : 9h30-12h15, 14h-17h - fermé lun. - 7 €.*

*Rocher Corneille - R. du Cloître - ✆ 04 71 04 11 33 - fermé de mi-nov. à fin janv. (sf vac. de Noël - 4 €.*

**À table !** Ce petit restaurant du centre historique sert une cuisine à base de produits du terroir : terrine maison, mitonnée du jour, fromages de la région. Belle carte des vins axée sur la Loire (dont le chef est originaire), ainsi que le nord des Côtes du Rhône et de l'Ardèche. Réservation recommandée.

*Le Chamarlenc - 19 r. Raphaël - ✆ 04 71 02 17 72 - www.restaurantlechamarlenc.com - fermé dim.-lun. - plat unique déj. sem. 15,50 € - formule dej. 35/42 € - menus dégustation 72/84 €.*

**Lentilles du Puy et verveine du Velay.** Impossible de quitter la ville sans faire le plein de ses spécialités ! Pour la célèbre lentille verte du Puy, première légumineuse AOP, rendez-vous à la boutique Sabarot, située dans une rue piétonne de la ville.

L'Espace Pagès, installé dans un ancien cinéma, est quant à lui un hymne à la verveine, dont il présente toutes ses utilisations possibles, même les plus insolites.

*Boutique Sabarot - 15 r. Courrerie - ✆ 04 71 00 10 15 - www.sabarot.com - mar.-sam. (tlj juil.-août) 10h-19h (22h le vend. et sam.).*

*Espace Pagès - Maison de la Verveine du Velay - 29 pl. du Breuil - ✆ 04 71 02 46 80 - vedrenne.fr/verveine - en saison 10h-19h ; reste de l'année : mar.-sam. 10h-12h30, 14h30-18h.*

**Pause sucrée.** Dentelles, photos anciennes en sous-verre : la famille Savelon, installée depuis trois générations à cette adresse, n'oublie pas d'honorer sa jolie ville. Nombreuses spécialités dans sa gamme sucrée-salée : le succès ou le cyrano (recettes inchangées depuis 1930)... Quelques tables dans le salon de thé.

*Au Cyrano - 1 r. Crozatier - ✆ 04 71 09 04 16 - www.au-cyrano-patisserie.fr - 8h30-19h, sam. 8h30-13h, 15h-19h - fermé lun. et dim. à partir de 12h30.*

**Pour la nuit.** Dans la ville veillée par ses fameux dykes (lames de roche qui se sont infiltrées dans une fissure) basaltiques, l'hôtel à 5mn de la gare est doté de petites chambres simples. Bien que toutes insonorisées, celles côté ruelle sont plus calmes. Accueil cordial.

*Dyke Hôtel - 37 bd Mar.-Fayolle - ✆ 04 71 09 05 30 - dykehotel.fr - 15 ch. 73/81 € - ☕ 8 €.*

**Puy de Lumières.** Aux beaux jours, les monuments de la ville s'animent à la tombée de la nuit et se racontent en couleurs et en musique.

*Infos : www.puydelumieres.fr - de fin avr. à fin sept., ts les soirs à la tombée de la nuit.*

## Le chemin de fer du Haut-Forez

La gare d'Estivareilles.
Ch. Guy/hemis.fr

C'est un patrimoine ferroviaire en voie de disparition qui requiert un embarquement immédiat, avant qu'il ne soit (peut-être) trop tard ! Depuis plus d'un siècle, des trains – de voyageurs d'abord, puis touristiques – empruntent cet itinéraire d'exception qui traverse les monts du Forez entre Loire, Haute-Loire et Puy-de-Dôme. Aujourd'hui encore, les voitures empruntent 42 km de voies construites entre 1875 et 1902. Le train s'élance de plateaux (entre 900 et 1 100 m d'altitude) en vallons, avec un passage éblouissant par le viaduc de Pontempeyrat à la limite des trois départements Loire, Haute-Loire et Puy-de-Dôme.

### DES VOIES DE PASSIONNÉS

Mais si le petit train roule encore, c'est grâce à une poignée de passionnés. Quand la SNCF a cessé son exploitation dans les années 1970, c'est l'association du Chemin de fer du Haut-Forez, encore en activité, qui a gardé la voie et la foi. Sa promesse : continuer de proposer des trajets touristiques au départ de la petite gare d'Estivareilles. Six mille voyageurs embarquent en moyenne sur cette ligne chaque été. Cependant, cette promesse a un coût : il faut régulièrement entretenir et rénover la voie. Pour garantir la sécurité des voyageurs, l'association a ainsi fait installer de nouvelles traverses plus rigides entre les rails sur la portion entre Estivarelles et Craponne-sur-Arzon. En attendant de nouvelles subventions ou des financements de mécènes, les liaisons ne sont plus assurées jusqu'à La Chaise-Dieu. Pour autant, les passionnés qui gèrent la ligne ne manquent pas de ressources et proposent régulièrement des animations à bord et même des repas en soirée.

*Chemin de fer du Haut-Forez - embarquement à Estivareilles (à 40 km de St-Étienne) ou Craponne-sur-Arzon (à 38 km du Puy-en-Velay) - ✆ 04 77 50 82 03 - www.cheminferhautforez.com - 1 ou 2 AR/j. en été le mar., merc., sam.-dim ; reste de l'année : certains w.-ends (se rens.) - billet AR entre Estivareilles et Craponne-sur-Arzon 12 € - possibilité aussi de monter ou de descendre à Usson - balades contées à partir de 13 €.*

# ST-ÉTIENNE - ROANNE

**Sitôt passé l'industrielle St-Étienne, les collines du Forez se dressent à l'horizon, offrant une vue apaisante de prairies, de champs cultivés et de forêts. Le train longe des rivières sinueuses, comme la Loire, dont les rives boisées ajoutent une touche de sérénité au voyage. Voilà déjà la ville thermale de Montrond-Les-Bains, entourée de verdure. Partout, les saisons colorent le paysage de manière unique : autant de teintes et de nuances qui inspirèrent le peintre paysagiste Charles Beauverie. Roanne apparaît enfin avec ses restaurants... et nous ouvre l'appétit.**

## DE ST-ÉTIENNE À ROANNE - 5 JOURS

- Depuis Lyon, de nombreux TER desservent chaque jour St-Étienne-Châteaucreux.
- Trajet sans escale : 1h10.
- Horaires : www.sncf-connect.com/train/horaires/saint-etienne/roanney
- Fréquence : 12 TER/j
- Tarif sans escale : 17,50 €
- Services à bord : transport des vélos gratuit
- Pour le retour à Lyon, reprendre la ligne en sens inverse, puis correspondance à St-Étienne-Châteaucreux.

Où se placer pour admirer le paysage ? Côté droit dans le sens de la marche.

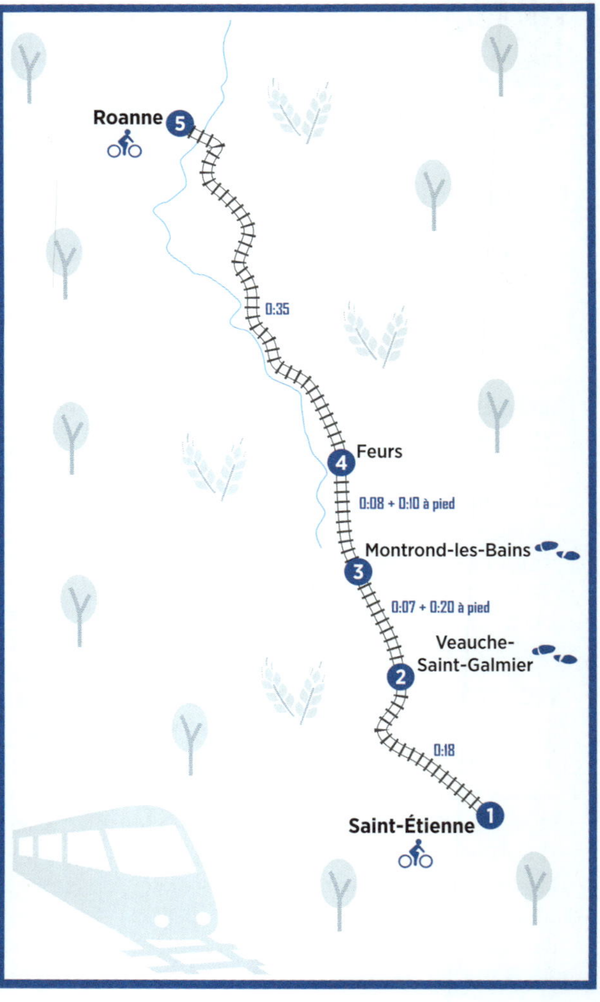

Saint-Galmier, ancienne usine Badoit et kiosque de puisage de l'eau de Badoit, réservé aux habitants de la ville.
Ch. Guy/hemis.fr

## 1 SAINT-ÉTIENNE

**➔La gare de départ de la ligne TER pour les prochaines étapes est celle de Châteaucreux, située à 15mn à pied du centre-ville. Elle est accessible par les lignes de tram 2 et 3. Infos : www.reseau-stas.fr.**

Pour **St-Étienne** *voir page 37.*

## 2 VEAUCHE/ SAINT-GALMIER

**➔La gare est située à Veauche. Une liaison en bus dessert St-Galmier, distante d'environ 5 km, ttes les 3mn en semaine et ttes les heures le week-end. Comptez 10mn pour rejoindre la commune voisine.**

**La ville qui pétille.** On bulle (un peu) forcément dans une ville connue pour la source Badoit, une eau minérale naturellement gazeuse découverte au 17e s., qui a contribué à la renommée de la ville. Outre la visite guidée du site, des lignes de production et de l'espace découverte, un kiosque de puisage permet de se désaltérer gratuitement. Quittant le site de Badoit, le parcours longe les remparts pour pénétrer dans le vieux bourg par la porte St-Étienne. Les façades anciennes se succèdent dans ses ruelles : maison Renaissance, chapelle Notre-Dame-des-Pauvres (14e s.), ancienne châtellenie (17e s.) jusqu'à la maison sur colonnes de la place des Roches, ancienne place du marché. En montant vers l'église et l'hôtel de ville, la porte de la Devise (1538) impose une halte. De style flamboyant à trois nefs, elle est remarquable pour sa très belle Vierge du pilier de l'école de Michel Colombe (16e s.), ainsi que pour son triptyque de l'école flamande (15e s.) dont le volet central, en bois sculpté et doré, représente une Vierge à l'oiseau, entre sainte Barbe et sainte Catherine.

*Office de tourisme - Pl. de la Devise - ✆ 04 77 54 06 08 - saint-galmier.stationverte.com.*

**Dans sa bulle.** Captée à 100 m de profondeur, l'eau est embouteillée en contrebas de la source, dans l'usine dont le bâtiment historique offre une belle façade végétalisée. Des visites guidées permettent de pénétrer le secret des bulles de St-Galmier. Cependant, comme il s'agit d'une usine agroalimentaire, les visiteurs doivent obéir à des règles strictes : port de lunettes ou surlunettes de protection (fournies), bijoux, téléphones et appareils photos interdits.

*Usine Badoit - Av. de la Coise - ✆ 04 77 54 02 01 - visite guidée (1h45) sur réserv. : www.saint-etienne-hors-cadre.fr/reservation-visites-guidees ou au bureau d'information touristique - 7 € - se munir d'une pièce d'identité - interdit -8 ans.*

**À table et au lit !** Au cœur de St-Galmier, l'ancien relais de poste jouit de chambres agréablement rénovées et d'un restaurant semi-gastronomique, Les 4 Saisons. On profite aux beaux jours de son patio agréable pour goûter des plats de saison, ménageant avec adresse les jeux de saveurs et de textures. Carte courte et équilibrée (viande et poisson).

### AUGUSTE SATURNIN, PÈRE DE LA BADOIT

**Connues dès l'époque romaine, les eaux de St-Galmier se rendirent célèbres au début du 19e s., grâce à Auguste Saturnin Badoit qui, le premier en France, imagina mettre l'eau en bouteilles. Avant lui, l'eau était appelée Fontfort (pour « fontaine forte » car « fontaine gazeuse »). En 1837, conscient de ses bienfaits (contre les douleurs rénales ou pour faciliter la digestion), Badoit veut commercialiser cette eau en bouteille. Pour vaincre les préjugés – une eau qui perdrait ses vertus en route –, il organise une vaste campagne publicitaire. Sa société connaît un essor rapide. Il distribue son « eau qui pétille » dans les pharmacies, épiceries, hôtelleries et élargit son réseau de vente à la région de Lyon, de Paris et du Midi. Quand Auguste Saturnin Badoit meurt en 1858, sa femme et sa fille lui succèdent. En 1950, Badoit quitte la pharmacie pour être vendue dans les grandes surfaces. Aujourd'hui, Badoit vend 1,5 million de bouteilles par an. Elle est toujours produite sur place *(voir ci-dessus).***

*Hostellerie du Forez - 6 r. Didier- Guetton - ✆ 04 77 54 00 23 - www.hostellerieduforez.com- 24 ch. 120/140 € - ☕ 17 € - ✕ menu du jour 23 €.*

**Bol d'air autour de St-Galmier.** Labellisée « Station Verte » depuis 2013, la ville est le point de départ de belles balades sur les bords de la Coise. Le secteur des étangs donne accès à un environnement où la biodiversité est préservée avec de nombreux sentiers piétonniers. Créée en 2000, la Roseraie constitue l'un des sites de Lyon Roses 2015 – la ville avait accueilli le 17e congrès mondial des sociétés de roses. Aujourd'hui ce site réunit, sur moins d'un hectare, 300 variétés de roses anciennes et modernes au milieu d'arbustes et de plantes vivaces. Salon de thé, miniferme et poney-club réservent une pause agréable à la sortie. Les plus sportifs emprunteront le chemin des Trois-Croix qui mène vers de beaux points de vue sur St-Galmier, sur les monts et la plaine du Forez.

*Roseraie - Prenez la direction de Cuzieu et suivez le fléchage du secteur de l'étang des Rivières - accès libre.*

**Ou du côté de Veauche.** À moins de 30mn à pied de la gare vers l'ouest, sur le rebord d'un coteau dominant la Loire, Veauche est un village de tradition verrière, connu des archéologues et des amateurs d'art. L'église était, à l'origine, un petit prieuré donné en 970 à l'abbaye de Savigny. La route offre de très belles échappées sur les monts du Lyonnais et les vergers fleuris au printemps.

## 3 MONTROND-LES-BAINS

**➔La gare de Montrond-Les-Bains se trouve à l'est de la ville, à 20mn à pied du centre et du château.**

**Balade en Forez.** Ce centre thermal, où l'on soigne notamment le surpoids et le diabète, bénéficie d'eaux riches en minéraux *(voir encadré ci-contre)*. Les visiteurs peuvent profiter de piscines thermales, de hammams, dans un véritable havre de paix. Le château de Montrond, construit au 12e s. et plusieurs fois remanié, témoigne d'une autre facette de la riche histoire de la région. Ses ruines se dressent sur une motte basaltique proche de la Loire et offrent une vue imprenable sur la plaine du Forez.

*Office de tourisme - 125 av. des Sources - ✆ 04 77 94 64 74 - www.rendezvousenforez.com.*

**Vie de château.** Remontant au 12e s., ce château appartient au réseau castral mis en place par les comtes de Forez qui décidèrent d'édifier sur ce « mont rond » une fortification très simple. En 1302, le château devient la propriété d'Artaud III de St-Germain puis, à la Renaissance, il est transformé en une belle demeure de plaisance par Artaud IX et Marguerite d'Albon, son épouse. Il est en partie détruit par un incendie au 18e s. On franchit son mur d'enceinte, resté intact, par un vaste porche orné de pilastres cannelés et de chapiteaux. La visite débute dans l'espace muséographique consacré à l'histoire du château, aux contes et légendes du Forez et à la vie au Moyen Âge. À l'extérieur, la déambulation se poursuit dans les vestiges : corps de logis des 14e et 15e s. où demeurent de belles fenêtres à meneaux et des traces de monumentales cheminées, cave avec cellier et tour de guet. Dans le donjon, une reconstitution meublée réattribue sa fonction à chacune des pièces. Au sommet, une belle vue court sur la plaine et les monts du Forez à l'ouest, le mont Pilat au sud-est.

*Château - R. Marguerite-d'Albon - ✆ 09 79 31 23 09 - www.montrond-le-fort.fr - juil.-août : merc.-dim. 10h-18h ; juin et sept. : merc. et w.-end 10h-18h - 6,50 €.*

**À table et au lit !** À 20mn à pied de la gare, un hôtel idéalement situé. Sa situation et la gentillesse du personnel compensent le confort des chambres un peu vieillottes. On est bien placé et on se dit que c'est l'essentiel !

*Cirius « Le Complexe » - 38 bd du Château - ✆ 04 77 54 89 22 - page Facebook - 46 ch. 88/100 € - ☕ 11 € - ✕ menu du jour 16,90 € (fermé w.-end).*

**Prendre le sentier des curistes.** L'office du tourisme propose 9 circuits de difficulté variable à effectuer autour de Montrond-Les-Bains. Deux partent du centre. La randonnée de la Voie Verte (14 km, 3h30) permet de rejoindre Bellegarde-en-Forez sans effort. Plus facile encore, le sentier du Curiste côté campagne (10 km, 2h30) passe par les bords de Loire et devant les thermes, le casino et le château.

*Itinéraires sur www.rendezvousenforez.com/randonnees-nature/pedestres/nos-sentiers.*

### HISTOIRE D'UNE PARTICULE

**Montrond ne devint Montrond-les-Bains qu'en 1938. Elle doit sa nouvelle particule officielle « les Bains » à une découverte, par hasard, en 1879, en cherchant de nouveaux gisements de charbon indispensables au développement de l'industrie. Les forages révèlent alors des nappes d'eau fortement minéralisée et d'une température de 28 °C. Ainsi est née la source thermale du Geyser qui allait nourrir la future station et guérir ses résidents. La station connaît une période faste jusqu'à l'entre-deux-guerres avant de décliner. En 1986, la municipalité relance l'activité thermale avec un nouveau forage à 540 m de profondeur qui permet d'augmenter le débit journalier de l'eau et faire monter sa température de 26 à 36 °C. L'actuel établissement thermal, très récent, date de 1989. Les thermes en activité sont actuellement propriété de la Chaîne Thermale du Soleil.**

Les Thermes de Montrond - 362 r. du Geyser - ✆ 04 77 94 67 61 - www.thermes-montrond.com - ouverts aux curistes de février à novembre.

## 4 FEURS

**➔Légèrement excentrée, la gare de Feurs est à 500 m à l'est de la ville, à moins de 10mn à pied du centre.**

**Digne d'un peintre.** Feurs a connu une réelle prospérité au Moyen Âge avec le tissage du chanvre dont elle était une plateforme commerciale importante. Aujourd'hui, elle bénéficie encore de sa position stratégique dans la vallée de la Loire. Cet atout lui apporte un certain dynamisme économique et en fait une étape de choix pour rayonner dans la plaine forézienne et partir à l'assaut des montagnes de l'est du Forez. Un musée évoque le patrimoine de la ville sur trois étages. Le deuxième étage est consacré à Charles Beauverie : ce peintre paysagiste originaire de Lyon (1839-1923) a en effet vécu dans les environs de Feurs. Il a laissé nombre de toiles représentant la région.

*Office de tourisme Loire Forez - Pl. Antoine-Drivet - ✆ 04 77 26 05 27 - www.rendezvousenforez.com.*

*Musée de Feurs - 3 r. Victor-de-Laprade - ✆ 04 77 26 24 48 - www.feurs.org - merc. et w.-end 14h-17h - 5 €.*

**À table !** Une sobre bâtisse abrite trois salles à manger colorées où se déguste une solide cuisine traditionnelle. Terrasse de poche ombragée.

*La Boule d'Or - 42 r. René-Cassin - ✆ 04 77 26 20 68 - www.labouledor-feurs.fr - fermé dim. soir, lun. et merc. soir - menus 23,50/59,50 €.*

**Petite pause.** La terrasse, installée dans une rue piétonne, invite à une pause gourmande. On y savoure crêpes, gaufres, glaces, accompagnées d'un thé, avec ou sans bulles, ou autres boissons.

*L'Instant Thé - 19 r. Camille-Pariat - ✆ 04 77 27 92 17 - mar.-sam. 10h-18h - fermé dim.-lun.*

**Pour la nuit.** À 1mn à pied de la gare, voilà une solution de facilité. Des chambres agréables et spacieuses, proches du centre-ville.

*Hotel Le Comty - 30 av. Jean-Jaurès - ✆ 06 61 86 11 84 - www.hotel-feurs-42-comty.fr - 19 ch. 66/98 € :.*

## 5 ROANNE

**➔La gare de Roanne est dans le centre-ville.**

**Louer un vélo. Toute l'année, quelques cycles sont disponibles à la capitainerie, le long de la Loire, à 30mn de la gare. Capitainerie du port de plaisance - 22 quai du Commandant-de-Fourcauld - ✆ 04 77 72 59 96 - 2 VTC électriques, 6 VTC classiques - à partir de 10 €/h.**

**Pas de jour sans faim !** Pourquoi vient-on à Roanne ? Sa réputation de ville industrielle spécialisée dans le textile n'est pas forcément d'un grand intérêt touristique. Sa gastronomie, en revanche, en est un, boosté par la célèbre maison Troisgros et confirmé par les tables de qualité installées alentour. Sa place du Marché accueille des étals tous les mardi et vendredi matin. Au n° 16 s'élève la maison Déchelette, un bel hôtel particulier de style néo-Renaissance, construit en pierre dorée du Brionnais en 1883. Elle est couverte d'un toit en tuiles vernissées colorées. La porte cochère donne accès à une belle cour entourée d'échoppes. Ajoutez-y sa proximité avec la Côte roannaise (vins AOC) et les gorges de la Loire : la ville a finalement bien des atouts !

Église Saint-Etienne.
G.Reynard/Auvergne-Rhône-Alpes Tourisme

## Château de la Bâtie d'Urfé

Château de la Bâtie d'Urfé.
Ch. Guy/hemis.fr

De la gare de Feurs, il est possible de s'approcher du château de la Bâtie d'Urfé en bus (en prévoyant juste une petite marche de 2 km entre l'arrêt et le site). Mais l'arrivée est belle ! Bienvenue au pays d'Astrée et de Céladon. Vous êtes en effet dans la verdoyante vallée du Lignon, lieu d'inspiration inépuisable si l'on en croit Honoré d'Urfé qui y a commis *L'Astrée*, célèbre roman-fleuve de quelque… 5 000 pages ! Mais on vient surtout à la Bâtie d'Urfé pour découvrir son château, véritable joyau Renaissance – style d'ailleurs très rare dans la région – connu pour ses belles galeries superposées et sa séduisante grotte de rocaille. Trois corps de bâtiment entourent la cour d'honneur à laquelle on accède en franchissant la seule partie subsistante des douves. L'aile de droite est composée de deux galeries superposées à l'italienne et d'une rampe dont le départ est marqué par un sphinx. Le rez-de-chaussée ouvre sur une cuisine médiévale tandis que les salles du premier étage montrent d'admirables plafonds peints. Les pièces de réception sont ornées d'un mobilier raffiné (16$^{e}$ s.), d'un beau buste de Marc Aurèle et d'une collection de tapisseries représentant des scènes de *L'Astrée*. Au rez-de-chaussée du corps de logis central s'ouvre la célèbre grotte de rocaille ou salle de fraîcheur. On reconnaît dans les thermes, dont le bas du corps se termine de manière informe, l'été et l'hiver. Les statues du printemps et de l'automne occupaient les niches. Du décor païen de ce nymphée, on passe aux scènes bibliques qui décorent la chapelle contiguë. L'élégante voûte à caissons de stuc doré est d'un raffinement exquis.

À l'extérieur, les abords et les jardins sont recomposés pour former de nouveau un bel écrin d'eau et de verdure, d'où l'on aperçoit, au loin, le prieuré de Montverdun.

*1061 rte de la Bâtie d'Urfé (de Feurs, prendre la ligne de bus L33 Noirétable-Feurs et descendre à l'arrêt Maison-Blanche pour finir à pied) - ✆ 04 77 97 54 68 - www.batiedurfe.fr - juin-août : 10h-13h, 14h-18h30 ; avr.-mai et sept.-oct. : tlj sf mar. 10h-13h, 14h-18h ; fév.-mars : tlj sf mar. 10h-13h, 14h-17h ; reste de l'année : se rens. - 4 € - visite libre des jardins.*

*Office de tourisme - 8 pl. du Mar.-de-Lattre-de-Tassigny - ✆ 04 77 71 51 77 - www.roannais-tourisme.com.*

**Rendez-vous au musée.** Un peu d'histoire : fondé en 1844, ce musée encyclopédique est installé dans un hôtel particulier de la fin du 18e s., légué à la ville par Joseph Déchelette (1862-1914), archéologue roannais et propriétaire d'une maison de tissage. On lui doit la riche section archéologique avec ses antiquités gallo-romaines provenant de fouilles de la région et d'importantes réserves, présentées en rotation, qui illustrent les périodes préhistorique et égyptienne. Le musée possède aussi de remarquables collections de céramiques dont les célèbres faïences révolutionnaires (près de 700 pièces), regroupées par thèmes. Remarquez les bouteilles en forme de livre, décorées de scènes historiques et les pièces de céramiques contemporaines. Un ensemble intéressant de peintures et de sculptures du 15e au 20e s. complète la visite. Tourné vers l'art contemporain à travers ses expositions temporaires, le musée dispose également d'une exceptionnelle bibliothèque.

*Musée des Beaux-Arts et d'Archéologie Joseph-Déchelette - 22 r. Anatole-France - ✆ 04 77 23 68 77 - www.museederoanne.fr - 10h-12h, 14h-18h, w.-end 14h-18h - fermé mar. - 5 €.*

**À table !** Si le restaurant Troisgros a quitté les abords de la gare routière pour s'installer, à quelques kilomètres de là, dans un splendide domaine à Ouches, il reste le « café-restaurant-épicerie » familial Le Central, près de la gare, où l'on sert une cuisine simple, au goût du jour, fréquemment renouvelée. Les bocaux, qui composent en partie le décor, peuvent être achetés côté épicerie.
À 20mn à pied de la gare, sur la rive droite de la Loire, L'Atelier Locavore se déploie dans une salle à la déco industrielle. Le jeune chef concocte une cuisine du marché goûteuse et un menu déjeuner à petit prix (ce jour-là, soupe glacée de tomates, burger maison et ses frites fraîches, crumble aux fruits rouges). Les produits viennent surtout de la région, dans un rayon de 200 km.

*Le Central – 58 cours de la République - face à la gare - ✆ 04 77 67 72 72 - www.troisgros.fr/le-central - fermé jeu. soir, dim. et lun. - réserv. obligatoire - formule déj. 33/40 € (45 € le sam.) - menu soir 45 €.*

*L'Atelier Locavore - 2 av. de la Libération, Le Coteau, rive droite de la Loire - ✆ 04 77 68 12 71 -*

Briennon, canal latéral à la Loire.
Ch. Guy/hemis.fr

*www.atelier-locavore.fr - fermé dim.-lun. et merc. soir - menus 19/53 € - formule déj. sem. 21 € - menus soir et w.-end 39/59 €.*

**Pour la nuit.** Situé en face de la gare de Roanne, le Brit Hotel, établissement du début du 20e s., est bien tenu. Chambres de différentes tailles. Également tout près de la gare, l'Ibis Styles Roanne est une bonne option.

*Brit Hotel-Le Grand Hôtel - 54 cours de la République - ✆ 04 77 71 48 82 - brithotel.fr - 31 ch. 68/90 € - ☕ 12 €.*

*Ibis Styles Roanne Centre Gare - 46 cours de la République - ✆ 04 77 71 79 69 - all.accor.com - 57 ch. 100/130 € :.*

**À table ou au spectacle.** En octobre, le Festival Roanne table ouverte (RTO) associe gastronomie et spectacles. De nombreux restaurants proposent des représentations variées à l'heure du dîner (théâtre, musique classique, magie, chanson française, etc.) et les halles Diderot organisent des soirées dégustation. Exposition à thème culinaire et ateliers de cuisine ou d'œnologie.
Pendant une semaine en mars, le Festival international du court-métrage d'animation attire aussi la population et les visiteurs dans les salles obscures.

*www.roannetableouverte.com - Oct.*
*animationfestival.roanne.fr - Mars.*

**Pédaler d'un port à l'autre.** Un parcours relativement facile (30 km, 2h), au départ du port de Roanne, permet de rejoindre le port de plaisance de Briennon. Il suffit d'emprunter le tracé de la boucle R5 et de suivre la Véloire, une voie verte qui longe le canal de Roanne à Digoin. Les rives de la Loire et du canal ont été aménagées pour la promenade tandis qu'un vaste chantier transforme l'extrémité sud du port de plaisance en une esplanade verte dans le but de poursuivre la reconquête des bords du fleuve. Vous passerez à proximité de la Gravière aux oiseaux, à Mably, et du Muséo'parc du Marinier à Briennon. La boucle est balisée de panneaux vert et blanc avec la mention « R5 ».

*Itinéraire de la boucle R5 sur www.francevelotourisme.com/itineraire/boucle-5-d-un-port-a-l-autre.*

## LA SAGA ÉTOILÉE DE LA FAMILLE TROISGROS

**Dans la famille Troisgros, on demande qui, d'abord ? La Maison Troisgros de Roanne a été fondée en 1930 face à la gare par le père, Jean-Baptiste Troisgros. Mais ce sont ses fils, Pierre et Jean Troisgros, qui ont propulsé l'établissement sur le devant de la scène internationale. Ils ont fait leurs armes chez Fernand Point, au restaurant La Pyramide, étape gastronomique incontournable de la Nationale 7. Ils reprennent ensuite le restaurant familial, décrochent leur première étoile Michelin en 1955, suivie d'une deuxième en 1965. C'est en 1968 que le restaurant a atteint le faîte de sa gloire avec trois étoiles qui ne s'éteindront jamais. Quand Jean Troisgros meurt prématurément, en 1983, Michel, le fils de Pierre, reprend peu à peu les commandes avec sa femme Marie-Pierre. Ce sont eux qui ont déplacé l'établissement en 2017 à Ouches, à 7 km de Roanne, dans un cadre plus rural et moderne. Le nouveau lieu, baptisé Le Bois sans Feuilles, offre un environnement paisible et élégant, en parfaite harmonie avec la nature environnante. Au passage, la famille diversifie ses activités. Elle garde une brasserie, Le Central *(voir page ci-contre)*, à Roanne, ainsi que plusieurs autres établissements en France et à l'étranger. Au final, chez les Troisgros, le plus difficile n'est pas de se faire un nom, mais un prénom : désormais, c'est donc au tour de César, leur fils aîné, d'imposer sa marque.**

Le Bois sans Feuilles - 728 rte de Villerest, Ouches - ✆ 04 77 71 66 97 - www.troisgros.fr - menus 170/620 € - fermé lun.-mar. et le merc. midi.

# LA VALLÉE DE LA GASTRONOMIE : MÂCON – MONTÉLIMAR

**La Vallée de la Gastronomie-France® s'étend le long des cours de la Saône et du Rhône, de Dijon à Marseille en passant par Lyon. Sur 620 km du nord au sud et 120 km d'est en ouest, elle réunit quelques 450 offres gourmandes proposées par des agriculteurs, viticulteurs, artisans, restaurateurs et professionnels du tourisme de Bourgogne-Franche-Comté, Auvergne-Rhône-Alpes et Provence - Alpes - Côte d'Azur. Leur vision commune : partager avec les visiteurs un tourisme expérientiel qui fait la part belle aux rencontres authentiques et aux immersions terrain et terroir.**

## DE MÂCON À MONTÉLIMAR - 7 JOURS

- Pour rejoindre Mâcon depuis Lyon-Part-Dieu : gare de Mâcon-Ville en TER avec arrêts (1 heure). Gare TGV Mâcon-Loché (20 à 30mn).
- Trajet sans escale : 3h.
- Horaires : www.sncf-connect.com/train/horaires/macon/montelimar
- Fréquence : 16/j.
- Tarif sans escale : 41 €.
- Services à bord : transport des vélos gratuit dans les TER.
- Bon à savoir : cet itinéraire comprend une correspondance à Lyon-Part-Dieu.

Où se placer pour admirer le paysage ? Côté gauche dans le sens de la marche.

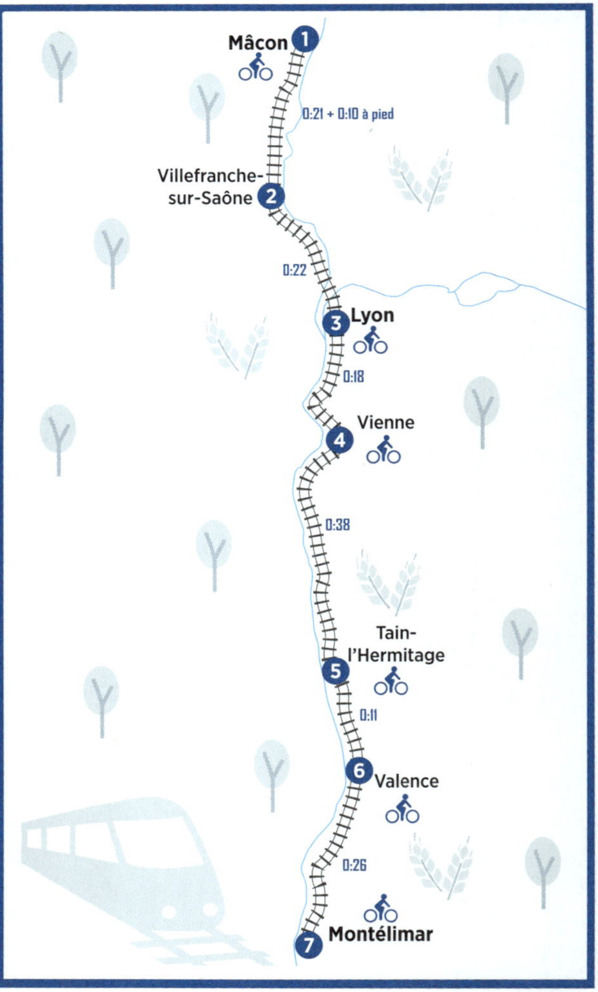

Le Café des 2 Horloges du Hameau Duboeuf.
Ch. Guy/hemis.fr



**➔Pour participer aux expériences gourmandes de LA VALLÉE DE LA GASTRONOMIE – FRANCE®,consulter le site : www.valleedelagastronomie.com.**

## 1 MÂCON

**➔La gare TER de Mâcon-Ville est à 10mn à pied du centre-ville. La gare TGV de Mâcon-Loché est située à environ 6 km du centre-ville, qu'un bus dessert en 20 à 30mn.**

**Louer un vélo. On en trouve à la base de loisirs de Mâcon sur l'Ô, à 10mn à pied de la gare TER de Mâcon-Ville. Mâcon sur l'Ô - 1 espl. Lamartine - www.macon-tourisme.com/culture-et-loisirs/macon-sur-lo - à partir de 12 € la 1/2 j. (25 € pour un VAE).**

**Mâcon au milieu des vignes.** Le charme des places et des ruelles de la plus méridionale des villes de Bourgogne, étendue le long de la Saône, ainsi que son dynamisme culturel et ses bonnes tables en font un lieu agréable à vivre. Aux portes d'une région portée aux nues par Lamartine, Mâcon est aussi un excellent point de départ pour découvrir le vignoble alentour. Comme on vous le dira, ici c'est déjà le Sud : profitez-en !

**➔La Cité des climats et vins de Bourgogne est située à 2 km de la gare en 30mn à pied.**

**Vin sur vins !** Nichée au cœur de la Bourgogne, la nouvelle Cité des climats et vins de Bourgogne ouverte en 2023 vous invite à une immersion captivante dans l'univers viticole de la région. L'antenne de Mâcon se repère facilement à sa vis de pressoir contemporaine surplombant les bords de Saône comme un phare. Le centre culturel et éducatif met en lumière la richesse et la diversité des vignobles de la Côte chalonnaise et du Mâconnais. Au menu : des ateliers de dégustation et des cours d'œnologie. Les enfants ne sont pas oubliés avec des activités ludiques. Bar à vins et petite restauration sur place.

*Cité des climats et vins de Bourgogne - 520 av. Maréchal-de-Lattre-de-Tassigny - ☎ 03 79 47 71 00 - www.citeclimatsvins-bourgogne.com/la-cite-a-macon - mar.-dim. 10h-18h - visite libre 9 €.*

**Échappées dans le Mâconnais.** Région de transition entre le Nord et le Midi, le Mâconnais séduit par son climat doux et son patrimoine historique, architectural et naturel. Il séduit aussi le monde entier

Marché couvert de Villfranche-sur-Saône.
RnDmS/Alamy/hemis.fr

par ses vins. En dehors de l'appellation mâcon, qui produit des vins rouges, rosés et blancs, toutes les autres appellations du Mâconnais ne donnent que des vins blancs. La plus célèbre est celle de pouilly-fuissé. Elle donne un vin de bonne garde (cinq à dix ans), d'une belle couleur d'or vert, sec, nerveux, fruité d'abord et, avec le temps, bouqueté. Les appellations pouilly-fuissé, pouilly-loché, pouilly-vinzelles, saint-véran et viré-clessé produisent des vins réputés.

**➔Depuis la gare de Mâcon, un TER conduit à Romanèche-Thorins en 15mn. Compter 20mn à pied pour atteindre le Hameau Duboeuf situé à 1,5 km de la gare.**

**Halte gastronomique au Hameau Dubœuf.** « Stationné » en gare de Romanèche-Thorins, cet œnoparc de 30 000 m², conçu avec les moyens spectaculaires du négociant en vin Georges Dubœuf, invite à la découverte des vignobles du Beaujolais et du Mâconnais. La visite du hameau du vin se compose d'espaces muséographiques présentant l'activité viticole et son histoire. Tout au long du parcours, films, 3D, animations, expériences immersives se succèdent, dont un impressionnant survol du vignoble en nacelle. Une dégustation vient logiquement clore la visite. Une vaste boutique ainsi qu'un restaurant complètent l'offre.

*796 rte de la Gare, Romanèche-Thorins - ☏ 03 85 35 22 22 - www.hameauduvin.com - 10h-18h - Pass Hameau 20 €.*

**À table !** Voilà un chef passé par de belles maisons qui propose une cuisine soignée, goûteuse et sans chichis, réalisée à partir de produits de qualité (viande de Haute-Loire, légumes d'un maraîcher de la région). Ne manquez pas le mémorable pâté en croûte, ni le poulet de Bresse à la crème.

*Cassis - 74 r. Joseph-Dufour - ☏ 03 85 38 24 53 - www.cassisrestaurant-macon.fr - fermé merc. soir, sam.-dim. - menus déj. 15/33 €, menus soir 45/67 €.*

**Pour la nuit.** Installé dans le bâtiment historique de la poste, ce nouveau venu sur la scène hôtelière mâconnaise se la joue chic : chambres confortables et équipées dernier cri, spa avec piscine, bar panoramique. Des prestations haut de gamme.

*Panorama 360 - 4 r. Paul-Gateaud - ☏ 03 85 50 20 42 - www.hotelmacon-panorama360.com - 69 ch. 140/200 € - ☕ 18 €.*

## ② VILLEFRANCHE-SUR-SAÔNE

**Capitale du Beaujolais.** Ce statut, elle le doit beaucoup à Guichard IV de Beaujeu qui en a fait la capitale du Beaujolais et l'a dotée de nombreux privilèges. On y vient pour sa fameuse et interminable rue Nationale qui synthétise bien l'originalité de son urbanisme avec ses cours intérieures et ses maisons Renaissance. Cette même rue Nationale, à l'atmosphère si conviviale, est bordée de cafés, de restaurants, de boutiques, et d'artisans de bouche. Citons la maison Desmoulins qui enchante les papilles de ses douceurs chocolatées ou la maison Pralus et son incomparable praluline.

*Office de tourisme - 96 r. de la Sous-Préfecture - ☏ 04 74 07 27 40 - www.destination-beaujolais.com.*

**Entre cours et maisons Renaissance.** Érigées et transformées entre le 15ᵉ et le 18ᵉ s., elles bordent, de part et d'autre, la rue Nationale. Elles doivent l'étroitesse de leurs façades à un article de la charte de 1260 imposant aux nouveaux habitants, en contrepartie de la gratuité du terrain et des libertés et franchises accordées, une redevance annuelle de trois deniers par toise de largeur de façade (une toise équivalait à 1,95 m environ).

*Terre de Bières. Il n'y a pas que du vin ici ! Cette brasserie artisanale en Beaujolais propose depuis 2008 une gamme de 13 bières dont 4 de saison et une sans alcool. À déguster et à découvrir sur place, dans son jus. Pardon, son houblon !*

*Parc Avenue - 592 bd Albert-Camus, bâtiment G (18mn à pied de la gare) - ☏ 04 74 68 41 81 - www.terredebieres.fr - fermé sam.-dim. - visite guidée (1h30) 6,50 €.*

**À table !** Formé auprès de chefs étoilés et natif de Roanne, Aurélien Mazard a ouvert sa propre maison avec la volonté affichée de mettre en valeur les territoires du Beaujolais et les producteurs locaux.

*Le Bistronome - 144 r. d'Anse, pl. du Promenoir - ☏ 04 74 03 65 10 - www.le-bistronome-en-beaujolais.com - fermé dim.-lun. - menus 33/69 €.*

**Pour le pique-nique.** Le plus grand marché du Beaujolais occupe une halle construite en 1933, dans le style moderniste, tout comme la chambre de commerce de la ville. Neuf travées,

### LE BEAUJOLAIS

**Situé entre Lyon et le sud de la Bourgogne, le vignoble se déroule sur 55 km et s'étage sur les coteaux ensoleillés qui dominent la Saône. Il produit des vins rouges souples et fruités, dont le parfum varie selon la composition du sol. Le cépage emblématique, le gamay noir à jus blanc, offre aussi des rosés fins et gouleyants. Les blancs, issus du cépage chardonnay, sont, quant à eux, fruités, frais et gourmands. Au nord de Villefranche, sur les coteaux du Beaujolais, les terrains granitiques donnent, en se décomposant, le « gore », argile à l'aspect cendreux qui est caractéristique du vignoble beaujolais. C'est la zone des beaujolais-villages, qui se déclinent en rouge, blanc et rosé, et des dix crus : moulin-à-vent, fleurie, morgon, chiroubles, juliénas, chénas, côte-de-brouilly, brouilly, saint-amour et régnié. Dans le pays des Pierres Dorées, entre Villefranche et la vallée de l'Azergues, les terrains sédimentaires dominent et donnent un parfum différent. C'est la zone des beaujolais, également produits en rouge, blanc et rosé.**

Wine Tours en Beaujolais - Se rens. à l'office de tourisme - 96 r. de la Sous-Préfecture - ✆ 04 74 07 27 40 - www.destination-beaujolais.com.

couvertes d'une voûte ogivale, abritent 5 000 m² de surfaces commerciales. La façade est mise en lumière en soirée. À l'étage, vous trouverez des planches à déguster et des dégustations de vins du Beaujolais. Tout pour ravir vos papilles !

*Marché couvert - Bd Jean-Jaurès - tlj sf mar.-jeu. 7h-13h - marché bio le sam. matin.*

**Pour la nuit.** À 4mn à pied de la gare, une valeur sûre avec des chambres confortables, une piscine, une salle de fitness, un bar et un bon restaurant.

*Mercure Villefranche en Beaujolais ICI & LA - 384 bd Louis-Blanc - ✆ 04 37 55 09 09 - www.mercurevillefranchesursaone.com - 78 ch. 117/147 € - ☕ 19 € - 🏊 - ✕ formule midi 21 €, plats 18/22,50 - fermé dim.*

## 3 LYON

Pour **Lyon,** *voir aussi page 20.*

**Visite guidée gourmande**. Envie de découvrir les facettes et les secrets des halles Paul Bocuse avec un initié ? Avec, évidemment, des arrêts – et des dégustations – dans les maisons et chez les artisans qui font la renommée internationale de la gastronomie lyonnaise ? C'est possible avec des visites guidées thématiques. Autres options possibles, des tours gourmands : tour du vieux Lyon, de la Presqu'île, des balades alliant *street food* et *street art*, et même des visites avec une guide végane qui partage ses bonnes adresses sur les pentes de la Croix-Rousse !

*Lyon Food Tour - ✆ 06 50 98 39 49 - lyonfoodtour.com - à partir de 60 € (visites de 2 ou 3h).*

**À table !** Au cœur du vieux Lyon, à proximité de la cathédrale St-Jean, une « cuisine de bouchon » dans le respect de la tradition. À la carte : œufs meurette, saucisson chaud, quenelle de brochet, andouillette tirée à la ficelle, tablier de sapeur, cervelle de canuts… Une véritable leçon de gastronomie et une cuisine généreuse autant que roborative.

*Bouchon Les Lyonnais - 19 r. de la Bombarde - ✆ 04 78 37 64 82 - bouchon-les-lyonnais.com - fermé dim. soir-lun. - menus 33,50/39,50 €.*

**Pour la nuit.** Un hôtel élégant, magnifiquement rénové et décoré dont les chambres ont gardé leur mobilier vintage. Le bâtiment en lui-même est chargé d'histoire entre train et gastronomie. Au 18e s., il abrita l'ingénieur visionnaire Michel Antoine Perrache – le même qui a donné son nom à l'une des gares de Lyon. L'immeuble actuel, érigé en 1882, fut l'hôtel particulier de Fritz Hoffner, le fondateur de la mythique brasserie Georges. Excellent petit-déjeuner et cuisine ouverte pour ceux qui voudraient se faire à manger sur place.

*Hôtel de Verdun 1882 - 82 r. de la Charité - ✆ 04 78 37 34 71- www.hoteldeverdun1882.com - 78 ch. 150/200 € - ☕ 19 € - ✕ formule midi 21 €, plats 18/22,50 € - fermé dim.*

### VIN DE SEYSSUEL

**Ce vignoble, exploité par une vingtaine de viticulteurs, se partage entre les communes de Seyssuel, Chasse-sur-Rhône et Vienne. Hérité de la période romaine, il renaît depuis les années 1990. Aujourd'hui labellisé IGP collines-rhodaniennes, il attend son classement en AOC côtes-du-rhône. Les vins, issus des cépages syrah pour les rouges et viognier pour les blancs, tous deux originaires de la région, expriment ici tout leur potentiel aromatique.**

Association Vitis Vienna - ✆ 04 74 53 70 10 - www.vitisvienna.com.

## 4 VIENNE

**Louer un vélo. VAE à 4mn de la gare, à l'office de tourisme.**
**Vienne Condrieu - Cours Brillier - ✆ 04 74 53 70 10 - www.vienne-condrieu.com/que-faire-sortir/cyclotourisme/velos - 30 € la 1/2 j.**

**Qu'on vienne à Vienne !** Installée sur les rives du Rhône, la ville de Vienne est baignée par une belle lumière qui lui donne déjà une touche méridionale. Ses imposantes ruines romaines (temple, théâtre), et celles du site gallo-romain de la commune voisine de St-Romain-en-Gal, lui ont assuré une certaine renommée. Mais la ville de Vienne s'apprécie également pour son héritage médiéval : cloître roman, cathédrale gothique et passages couverts. Calmes en semaine, les ruelles de son centre ancien dévoilent leur charme le samedi, à la belle saison et, plus encore, dans la ferveur de son festival de jazz. Et évidemment, on y mange bien !

**À table !** Voici la seconde table de la famille Henriroux, installée au sein de la Pyramide, le célèbre restaurant doublement étoilé au Guide Michelin 2023. Décor sobre et chic dans un esprit végétal, cuisine santé et bien-être, avec une carte courte et des cuisiniers qui travaillent devant vous, dans un îlot central.

*Bistrot-Espace Ph3 - 14 bd Fernand-Point - ✆ 04 74 53 01 96 - www.lapyramide.com - formule express midi 30 €, carte 45/65 €.*

**Pour le pique-nique.** Chaque samedi matin, de 8h à 13h, les rues du centre-ville débordent d'étalages alléchants. C'est le moment de choisir

Vienne, le temple d'Auguste et de Livie.
P. Jayet/hemis.fr

## AFFAIRE DE VINS

**Les principales productions de la région sont les AOP hermitage, crozes-hermitage (rive gauche du Rhône), saint-joseph, cornas et saint-péray (rive droite). Étirée sur la rive gauche du fleuve, Tain (dans la Drôme) est bien connue des gastronomes pour son vignoble de l'Hermitage et de Crozes-Hermitage, parmi les plus fameux côtes-du-rhône. L'hermitage rouge est un vin corsé, délicat, de couleur rubis foncé, le blanc est doré et sec. Les cépages cultivés dans la région sont la syrah pour le vin rouge, la roussanne et la marsanne pour le blanc.**

quelques savoureux produits d'ici mais aussi quelques bouteilles de côtes-du-rhône.

**Pour la nuit.** Deux options pour loger dans ce domaine qui surplombe la ville et le Rhône : la Tour, un duplex avec kitchenette installé dans une tour médiévale ; la Loge, un appartement pour 3 personnes. Dans les deux cas, belle décoration, qui marie matériaux anciens et influences contemporaines, et terrasse privative avec vue superbe.

*La Bâtie - 17 montée du Dr-Maurice-Chapuis - ✆ 06 72 18 81 18 - www.labatie.fr - 2 apparts. 128/145 €.*

## 5 TAIN-L'HERMITAGE

**Louer un vélo. L'office du tourisme propose des locations de vélo couplées à des visites gourmandes.**
**Wine and Ride Tain - À la gare - ✆ 06 98 32 66 07 - www.wineandride.com/fr/tain - 25 € la journée (visites des caves non comprises).**

**À croquer !** Sur les rives du Rhône, cette charmante commune de la Drôme est réputée pour ses vignobles prestigieux, notamment ceux produisant les célèbres vins de l'hermitage et du crozes-hermitage. Cependant, les gourmets ne manqueront pas de s'arrêter dans cette petite ville connue aussi pour... son chocolat.

*Office de tourisme - 6 pl. du 8-Mai-1945 - ✆ 04 75 08 10 23 - www.ardeche-hermitage.com/fr/tain-lhermitage.*

**Dans les vignes.** À 2mn à pied de la gare, ce caveau propose des visites de vignoble suivies par des dégustations de vins à la cave. Possibilité de coupler cette expérience avec un repas bistronomique.

*Maison M. Chapoutier -18 av. Dr-Paul-Durand - ✆ 04 75 08 28 65 - www.chapoutier.com.*

**Immersion dans une chocolaterie.** Bien connue des amateurs de chocolat et des grands pâtissiers, la chocolaterie Valrhona, née à Tain-l'Hermitage en 1922, a créé cet espace de découverte du chocolat installé sur le site historique de l'entreprise dont les locaux se trouvent toujours dans la commune, à 10mn à pied de la gare. Initiez-vous à la dégustation au Carré des sens avec une immersion sensorielle et la découverte des secrets de fabrication des bonbons en chocolat. Puis partez en voyage aux sources du cacao dans l'espace immersif Plantations avant de découvrir les étapes de la transformation, de la fève à la chaîne de la chocolaterie... On y apprend ainsi qu'il ne faut pas moins de 300 fèves de cacao pour fabriquer seulement 6 tablettes de chocolat ! Le restaurant, Comptoir Porcelana, fournit l'occasion de savourer le chocolat en version salée et sucrée. Pour terminer, un tour s'impose à la boutique attenante.

*Cité du chocolat Valrhona - 12 av. du Prés.-Roosevelt - ✆ 04 75 09 27 27 - citeduchocolat.com - horaires sur le site - 11,50 € - Comptoir Porcelana (espace de restauration) - réserv. conseillée.*

**À table !** La carte de ce restaurant situé à Tournon est alléchante en diable, à l'image de ses plats canailles et de la spécialité maison, le pâté en croûte. Derrière les fourneaux, un couple bichonne une partition gourmande à quatre mains et met en valeur les produits locaux comme la truite d'Ardèche ou le pigeonneau de la Drôme.
*Le Cerisier - 1 rue Saint-Joseph - Tournon-sur-Rhône – ✆ 04 75 08 91 02 - www.lecerisier-restaurant.fr – fermé dim. et lun. – menu midi 38€, le soir 54€.*

**À table et au lit !** Cet établissement rénové compte des chambres modernes, cossues et bien équipées et un élégant Spa pour se détendre. Le restaurant de l'hôtel Marius Bistro, ouvert sur la terrasse par une grande verrière, sert des plats de brasserie

Tain-l'Hermitage, depuis la colline et le vignoble de l'Hermitage, dégustation de vin.
P. Witt/hemis.fr

bien tournés. Autre possibilité : le bar à vins de l'établissement pour déguster des tapas.

*Hôtel Fac & Spera - 1 av. du Dr-Paul-Durant - 04 75 08 65 00 - www.facetspera.fr - 59 ch. 124/162 € - 16,50 € - menu signature 42 €.*

## 6 VALENCE

Pour **Valence** *voir aussi page 42.*

**À table !** Dans la famille Pic, on demande... le grand-père. Anne-Sophie Pic rend hommage à son aïeul André, un des premiers chefs récompensés par Michelin dans les années 1930, en donnant son prénom à une brasserie au cœur de Valence. À 13mn à pied de la gare, le bistrot de la maison Pic propose une cuisine actuelle sur une base classique, dans un décor contemporain en clin d'œil à la Nationale 7. Une carte accessible et des recettes familiales réconfortantes issues de produits locaux, en accord avec les saisons. Patio ombragé.

*André - 285 av. Victor-Hugo - 04 75 44 15 32 - anne-sophie-pic.com - tlj, midi et soir - menu 46 €.*

**Pour la nuit.** À 7mn à pied de la gare, un hôtel en plein centre : chambres élégantes, sobres et dans l'air du temps. De beaux espaces avec lounge bar, cheminée en hiver et terrasse ouverte au premier rayon de soleil. Confort et bon accueil.

*Hôtel de France - 16 bd du Gén.-de-Gaulle - 04 75 43 00 87 - www.hotel-valence.com - 50 ch. 120/150 € - 20 €.*

## 7 MONTÉLIMAR

**Louer un vélo. 40 VAE sont mis à disposition par la ville dans 10 stations. Montélibus - Borne à la gare SNCF - www.montelibus.fr/se-deplacer/velos-a-louer - application à télécharger - sans abonnement, 15 premières minutes gratuites puis 0,50 € par tranche de 15mn.**

**Plus qu'une gourmandise...** Prononcez le nom de Montélimar, le mot « nougat » ne manquera pas de vous revenir en écho. C'est dire la popularité de cette friandise dont la cité s'est fait une spécialité. Mais la gourmandise n'est pas le seul attrait de la ville. Sous le soleil montilien (ou pas), déambulez dans ses fameuses allées provençales, larges voies semi-piétonnes qui regroupent plusieurs boulevards sur plus de 1 km. Ne manquez pas son château, forteresse du 12e s., agrandie par les papes au 14e s., qui servit de prison de 1791 à 1926. Dans le donjon, un escalier à vis mène au chemin de ronde d'où un vaste panorama se découvre à l'ouest sur la ville et à l'est sur les Préalpes drômoises.

*Office de tourisme - Montée St-Martin - 04 75 01 00 20 - www.montelimar-tourisme.com.*

**Un musée du nougat.** Vers l'extérieur de la ville, la plus ancienne fabrique artisanale de nougat (1837), et l'une des plus prestigieuses, propose

### LA SAGA DU NOUGAT

**Il existait à l'époque romaine une gourmandise, le *nucatum*, à base de miel, de noix et d'œufs, dont le gastronome latin Apicius a livré la recette. Oublié après les invasions barbares, le *nucatum* réapparut près de Marseille au 16e s. Mais le véritable nougat ne vit le jour qu'en 1650 lorsqu'Olivier de Serres acclimata l'amandier, originaire d'Asie, dans son domaine vivarois du Pradel. Dès lors, le destin de Montélimar était scellé ! La culture de l'amande se généralisa sur le plateau des Gras, tandis que la Provence et les Alpes confectionnaient un miel savoureux : et l'idée se fit de mêler miel et amande pour en faire le fameux nougat ! Dans cette région où poussent les amandiers, son fruit est mis à l'honneur avec cette confiserie qui en contient 30 %. On y ajoute 2 % de pistaches et 25 % de miel, dont 7 % de miel de lavande. Le nougat de Montélimar est reconnu en Indication Géographique Protégée (IGP) depuis 2024.**

L'Artisan nougatier - 35 bd Desmarais - les Allées provençales - 04 75 52 01 59 - www.lartisannougatier.fr. Située en plein centre-ville, cette nougaterie bicentenaire propose des nougats haut de gamme, dont le Stoupany, la plus ancienne marque montilienne (1787).

Le Chaudron d'Or - 7 r. du 45e-R.T. - 04 75 01 03 95 - www.chaudrondor.com. Fabrique artisanale depuis 1949. Visite et dégustation gratuites.

Nougat de Montélimar.
donald_gruener/Getty Images Plus

un agréable parcours interactif. Il invite à découvrir l'univers de cette confiserie, de la matière première à l'emballage, mais aussi l'histoire de la maison Arnaud-Soubeyran, du nougat de Montélimar et de sa promotion au fil du temps. On y apprend notamment que cette spécialité ne mérite son appellation que si elle est fabriquée selon la recette inventée au 17e s. : outre les amandes (au moins 30 % du produit), la préparation doit inclure des pistaches, du blanc d'œuf, de la vanille, du sucre et du miel. Venez de préférence le matin pour observer l'activité de la fabrique.

*Fabrique et musée du nougat Arnaud-Soubeyran - 22 av. du Gournier, route Nationale 7 (accessible en bus, à 30mn de la gare, en prenant la ligne 2, dir. Portes de Provence, et descendre à l'arrêt Gournier à 400 m) - ✆ 04 75 51 01 35 - www.nougatsoubeyran.com - 5 €.*

**À table !** À quelques enjambées de la mythique N 7, voilà une affaire qui roule. Ce Moderne, au nom qui fleure bon le formica, n'a pas pris une ride. Associant une épicerie fine, une cave et une bonne table, cette adresse sympathique est une cure de jouvence. Marion (en cuisine) et Ben Franze (en salle) nous donnent le sourire grâce à leur bonne cuisine bistrotière qui remporte un succès mérité : œuf, jus vigneron et écume fromagère ; magret de canard, pressé de pommes de terre et condiment asiatique... Aux beaux jours, on file en terrasse.

*Le Moderne - 25 bd Aristide-Briand (sur les Allées provençales) - ✆ 04 75 01 31 90 - www.restaurant-lemoderne.fr - fermé dim. soir-mar., merc.-jeu. le soir - menus 25/49 €.*

**Pour la nuit.** On se sent bien chez Marie et Julien : une belle maison bourgeoise à 19mn de la gare, havre de paix avec grand jardin, bassin et terrasse ombragée en plein cœur de ville. Ils ont aménagé à l'étage cinq chambres (dont deux se partagent une salle de bains) élégantes et personnalisées avec goût. Ambiance familiale et champêtre.
*La Maison St-James - 18 av. St-Didier - ✆ 06 19 85 62 94 - www.maisonsaintjames.fr - 5 ch. 85/115 € ☕ - 2 nuits mini en haute sais.*

# LYON - GRENOBLE

**À l'image de la Chartreuse proposée lors de l'enivrante escale de Voiron, cet itinéraire ne saurait se savourer d'une traite ! Après un arrêt près du château médiéval de St-Quentin-Fallavier, voilà que Bourgoin-Jallieu se dessine au milieu de ses paysages de collines et plaines agricoles. Après une incursion dans la vieille ville de La-Tour-du-Pin, une correspondance et une autre pause s'imposent. Cap sur Virieu-sur-Bourbre puis Voiron et sur les reliefs et paysages alpins qui ourlent Grenoble.**

## DE LYON À GRENOBLE - 7 JOURS

- Depuis Lyon, le départ se fait de la gare Part-Dieu ou la gare Jean-Macé selon l'arrêt de l'étape choisi.
- Trajet sans escale : 1h25.
- Horaires : www.sncf-connect.com/train/horaires/lyon/grenoble
- Fréquence : 1 à 2/h
- Tarif sans escale : 26,60 €
- Services à bord : transport des vélos gratuit dans les TER.
- Bon à savoir : pour ceux qui souhaitent se rendre à Virieu-sur-Bourbre, il faudra prévoir une correspondance à St-André-le-Gaz.

Où se placer pour admirer le paysage ? Côté droit dans le sens de la marche.

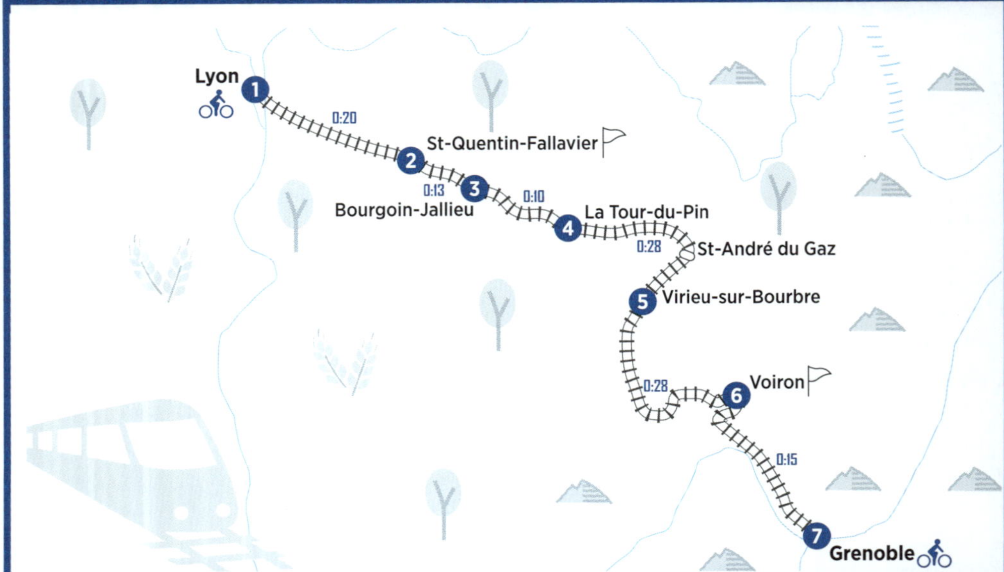

La maison forte des Allinges et le château de Fallavier.
G. Paradisi/Alamy/hemis.fr

## 1 LYON

Pour **Lyon** *voir page 20.*

➔*Selon l'étape suivante, il faudra partir de Lyon-Part-Dieu ou de Lyon-Jean-Macé.*

## 2 SAINT-QUENTIN - FALLAVIER

**➔Cette étape à la journée, à 20mn de Lyon et 13mn de Bourgoin-Jallieu, permet de visiter le château de St-Quentin-Fallavier. Prévoir juste de bonnes chaussures car le site est à environ 3 km de la gare (40mn à pied).**

**Vue de château.** Enclave savoyarde en terre dauphinoise, cette place forte mentionnée dès le 13e s. fut détruite au 17e s. En partie reconstruit à la fin du 20e s., sans souci d'authenticité, l'ouvrage attire les promeneurs venus pique-niquer dans les jardins et profiter de la superbe vue sur Lyon, l'Isle-Crémieu, le Bugey et les Préalpes depuis le sommet du donjon.

*Château de Fallavier – Chem. de St-Pierre - ✆ 04 74 94 88 00 - mars-oct. : w.-end et j. fériés 14h30-18h30 - gratuit.*

## 3 BOURGOIN-JALLIEU

**Entre soie et rugby.** Au croisement des anciennes routes de la soie, Bourgoin-Jallieu conserve les traces vivantes de son activité textile, notamment dans l'impression sur étoffe et le travail des soieries. Après les cours royales d'Europe, ce sont désormais les grands couturiers qui prisent ses tissus raffinés. Prenez le temps de vous arrêter. La ville réserve d'autres « impressions » : fines en bouche avec ses « chaudelets » parfumés à l'anis, plus énergiques et musclées lors des matchs de rugby du stade Pierre-Rajon.

*Office de tourisme - 1 pl. Carnot - ✆ 04 74 93 47 50 - www.monweekendalacapi.fr.*

**De la belle étoffe.** Aménagé sur trois étages dans la chapelle des Antonins (1503) et dans l'hôtel-Dieu (18e s.), le musée est organisé autour de deux grands thèmes : l'industrie textile en Nord-Isère et les beaux-arts. Il déploie habilement ses riches collections (de l'étoffe au matériel d'impression moderne via les machines) autour de l'ennoblissement textile – nom donné aux différentes étapes finales de traitement du tissu – qui a forgé l'identité industrielle de la région. Une seconde partie est consacrée aux œuvres d'Alfred Bellet du Poisat (1823-1883), peintre pré-impressionniste natif de la ville, et de Victor Charreton (1864-1936), peintre post-impressionniste qui fonda le musée en 1929.

*Musée de Bourgoin-Jallieu - 17 r. Victor-Hugo - ✆ 04 74 28 19 74 - musee.bourgoinjallieu.fr - 10h-12h, 14h-18h, w.-end 14h-18h - fermé lun. - gratuit.*

**À table !** Une adresse, plébiscitée localement, qui travaille des produits nobles à des tarifs abordables. Les recettes, qui s'appuient sur la tradition, s'égaient parfois d'une touche d'exotisme comme cette dorade royale accompagnée d'une sauce façon mojito. Très bons desserts.

*Fleur de Sel - 6 r. du Tribunal - ✆ 04 74 28 59 71 - fermé dim.-lun. et sam. midi - formule déj. 19 € - menus 34/46 €.*

**Pour la nuit.** À 10mn à pied de la gare et proche du centre-ville, cet hôtel est composé d'un ensemble de trois bâtiments, dont une ancienne maison de maître, disposés autour d'un jardin et d'une piscine. Chambres claires et coquettes.

*Hôtel des Dauphins - 8 r. François-Berrier - ✆ 04 74 93 00 58 - www.hotelsdesdauphins.com - [piscine] - 20 ch. 95/120 € - [petit-déj.] 13 €.*

## 4 LA-TOUR-DU-PIN

**Balade urbaine.** Une cité agréable à parcourir tant pour son « miron » (confiserie enrobée de chocolat) que pour le patrimoine méconnu de sa vieille ville. On y découvre, entre autres, quelques logis Renaissance, dont la boulangerie de la rue d'Italie et le n° 29, dite maison des Dauphins, qui aurait accueilli François Ier. Dominant le bourg, l'église Notre-Dame-de-l'Assomption abrite deux triptyques : celui de la Passion, peint en 1541 par un élève de Dürer, Georg Pencz, et celui de la visite des Mages, contemporain, peint par Arcabas en 2000. Pour une promenade sur mesure, demandez à l'office de tourisme la très bonne brochure « balades urbaines ».

*Office de tourisme - Pl. Antonin-Dubost - ✆ 04 76 32 11 24 - tourisme-valsdudauphine.fr.*

**À table !** Installé dans une ancienne maison de négociants et tenu par un couple accueillant, le restaurant prépare de généreuses recettes régionales et de saison. Marc et Cécile valorisent les produits locaux, issus par exemple de la ferme des Vaches Heureuses à St-Victor-de-Cessieu.

*Le Bec Fin - 1 pl. Alfred-Boucher - ✆ 04 74 97 58 79 - le-bec-fin-restaurant.com - fermé dim. soir-mar. midi - menus 19,50/56 €.*

La Tour-du-Pin.
F.Guiziou/hemis.fr

**Pour la nuit.** À 8 mn à pied de la gare, des chambres simples et bien situées. Bonnes prestations : un bar pour un encas et prêt de vélos. Possibilité de loger en appart-hôtel pour plus d'indépendance.

*Hôtel de France - 12 av. Alsace-Lorraine - ☎ 04 74 97 00 08 - www.hotel-de-france-isere.com - 22 ch. 65/68 € - ☕ 10,50 € - 5 appart'hôtels en sus.*

## 5 VIRIEU-SUR-BOURBRE

**➔Cette étape à la journée, à 28mn de La-Tour-du-Pin (avec une correspondance à St-André-le-Gaz), 28mn de Voiron et 50mn de Grenoble, permet de visiter le château de Virieu. Celui-ci est situé à 1,8 km de la gare (compter 30mn à pied).**

**Château canon !** Le château, construit entre le 11e et le 18e s., fut restauré au début du 20e s. Il eut l'honneur d'accueillir Louis XIII, en 1622, à son retour de Montpellier où il avait signé la paix avec les protestants. Lors de son passage, le monarque fit don de plusieurs canons, conservés avec leurs affûts fleurdelisés sous les arcades de la cour intérieure. On y visite la chambre de Louis XIII, la cuisine, avec sa cheminée à arc surbaissé de la fin du 15e s., ainsi que la Grande Salle, la chapelle et le donjon où a trouvé place un petit musée sur la Résistance.

*Château de Virieu - 1245 rte du Château - ☎ 04 74 88 27 32 - www.chateau-de-virieu.com - juil.-août : tlj sf lun. 14h-18h ; du w.-end de Pâques à la Toussaint (hors juil.-août) : w.-end et j. fériés 14h-18h - 8 €.*

**À table et au lit !** À 7mn à pied de la gare, Corentin, en salle, et Joris, en cuisine, reprennent en douceur l'affaire familiale pour nous faire découvrir toute la richesse du territoire. La décoration, les arts de la table et les recettes, fines et gourmandes, s'appuient sur les artisans et producteurs de la région. On peut prolonger le plaisir et dormir dans une des chambres d'hôtes.

*La Guinguette - 170 pl. de la Guinguette - ☎ 04 74 88 27 43 - la-guinguette-restaurant-chambres.com - ♿ - fermé dim.-lun. et le soir mar.-jeu. - formule midi 23 €, menu soir 40 € - 5 ch. 95/110 € :.*

### L'ÉLIXIR DE LONGUE VIE

**Parmi les breuvages locaux, ceux élaborés par le monastère des Chartreux connaissent une réputation mondiale. La recette d'un « élixir de longue vie » fut transmise aux moines en 1605. Mais il fallut attendre 1737 pour qu'ils puissent l'exploiter grâce au frère Jérôme Maubec qui mit au point la formule végétale définitive à base de 130 plantes. Aujourd'hui encore, la composition de cette liqueur traditionnelle, qui titre à 69°, est gardée secrète et n'est confiée qu'à deux moines. Deux autres liqueurs, bien connues, la chartreuse verte et la chartreuse jaune, s'inspirent de la recette originale.**

## 6 VOIRON

**➔Encore une étape possible à la journée, à 28mn de Voiron ou 15mn de Grenoble (de Grenoble, prendre le bus C11 de M reso vers Longs Prés à partir de la gare routière sud).**

**Caves de la Chartreuse.** La « porte de la Chartreuse » est connue pour ses entreprises de haute technologie. Les majestueuses flèches néo-gothiques de l'église St-Bruno sont dignes d'une cathédrale. Mais c'est aussi pour la fabrication de la liqueur de Chartreuse et l'antésite que l'escale est connue. À 6mn à pied de la gare, les anciennes caves de vieillissement de ce breuvage, entièrement réaménagées, proposent un parcours de visite présentant, à l'aide d'un millier de pièces patrimoniales, l'histoire de la liqueur mais aussi le massif de la Chartreuse, les plantes et le savoir-faire des moines. Aujourd'hui, l' « élixir de longue vie » et les deux liqueurs digestives sont élaborés dans le laboratoire installé à Entre-deux-Guiers. Ces caves sont un Site Touristique Emblématique valorisé par la Région Auvergne-Rhône-Alpes.

*Caves de la Chartreuse - 10 bd Edgar-Kofler - ☎ 04 76 05 81 77 - www.chartreuse.fr - visite guidée (1h15) 10h-18h30 - 12 €. Boutique et bar à cocktails 10h-18h30.*

## 7 GRENOBLE

Pour **Grenoble** *voir page 45.*

# VALENCE - DIE

**En quittant Valence, très vite, le paysage change pour devenir plus rural, avec des vues sur la vallée de la Drôme, ses champs, ses vergers et même ses vignobles. En quittant Crest, le train traverse d'autres paysages ruraux, des champs de lavande et des oliveraies. Il ne faut plus attendre longtemps pour que des montagnes se dessinent à l'horizon. Le train épouse les bords du parc naturel régional du Vercors. Il longe souvent la rivière Drôme, offrant des vues sur ses eaux claires et ses berges verdoyantes, avant de s'arrêter à l'entrée de la ville de Die.**

## DE VALENCE À DIE - 3 JOURS

- Trajet sans escale : 1h10.
- Horaires : www.sncf-connect.com/train/horaires/valence/die
- Fréquence : 17/j
- Tarif sans escale : 11,30 €
- Services à bord : transport des vélos gratuit dans les TER.
- Bon à savoir : selon l'horaire choisi, trajets en TER ou en car SNCF.

Où se placer pour admirer le paysage ? Côté gauche dans le sens de la marche.

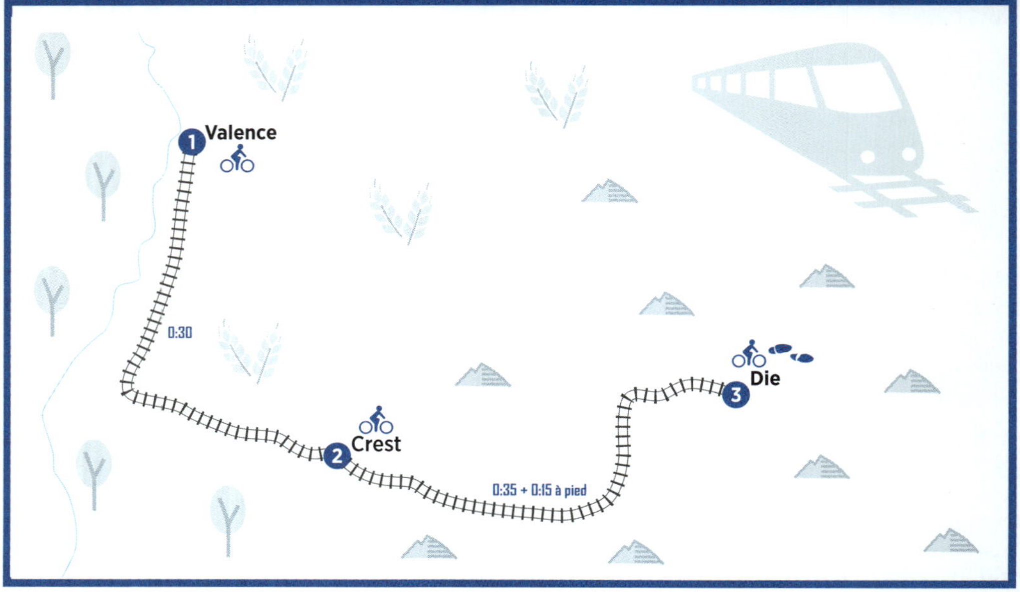

La Tour de Crest, donjon médiéval et la Chapelle des Cordeliers.
F. Guiziou/hemis.fr

## 1 VALENCE

**→Selon l'horaire choisi, l'itinéraire partira de la gare de Valence-Ville (pour les TER) ou de la gare routière pour les départs en car SNCF.**

Pour **Valence** *voir page 42.*

## 2 CREST

**Louer un vélo. On peut louer des VAE à 10mn à pied de la gare. Ma Nouvelle Bicyclette - 34 r. Maurice-Barral - 04 75 59 06 28 - www.manouvellebicyclette.com - fermé dim.-lun. - à partir de 35 € la 1/2 j.**

**Prononcez « Cré » !** Crénom, oui... En arrivant, une impression de rude puissance se dégage de l'imposant donjon qui domine la ville et la plaine de Valence. Avec ses 52 m de haut, il est le plus grand de France ! Il constitue le majestueux vestige d'une grande place forte qui compta jusqu'à trois châteaux avant d'être démantelée en 1633 sur ordre de Louis XIII. Située sur les rives de la Drôme, l'une des rivières naturelles d'Europe, l'agréable cité est aux portes du parc naturel régional du Vercors et de la Drôme provençale.

*Office de tourisme - Pl. du Gén.- de-Gaulle - 04 75 25 11 38 - www.valleedeladrome-tourisme.com.*

**Tour de Crest.** Le donjon de Crest, élevé sur une crête de rochers, est constitué de trois tours d'époques différentes (11e-15e s.) réunies par un solide mur-bouclier ou « manteau ». Le mur nord, le plus haut, atteint presque 52 m. Après les guerres de Religion, la citadelle fut amputée sur ordre de Louis XIII et servit de prison où furent successivement détenus des protestants, des prisonniers de guerre pendant la Révolution et 600 républicains hostiles au coup d'État de Louis Napoléon Bonaparte. À l'intérieur, le tympan (16e s.) de l'ancienne porte de l'église St-Sauveur offre une représentation unique, sans doute un peu idéalisée, du château avant sa destruction.
Un escalier en bois massif dessert les différents niveaux occupés par des salles aux murs très épais, à peine éclairées par de petites ouvertures. Dans ces cachots étaient enfermés par dizaines des détenus, couchant sur la paille et dans le froid. Un audioguide, assorti de mises en scène dans chaque geôle, permet de découvrir l'histoire du lieu et de ses prisonniers. Leurs révoltes et leurs

tentatives d'évasion rappellent la rudesse des conditions de détention. Remarquez les lourdes portes à guichets et les nombreux graffitis de détenus sur les murs. Tout en haut de l'édifice, vous atteindrez une terrasse dont le sol s'incline vers une rigole centrale. L'eau de pluie ainsi récupérée alimentait la citerne que l'on peut voir en bas du donjon. Cette terrasse fut couverte au 15e s. Vous pouvez encore monter pour atteindre la terrasse supérieure découverte (184 marches) d'où vous aurez un superbe panorama à 360° sur les Trois Becs d'un côté, les monts d'Ardèche de l'autre. Dans les salles, des maquettes et des panneaux racontent l'évolution du château et de la ville de Crest, la vie des prisonniers, la vie au Moyen Âge...

*Tour de Crest - Chem. du Donjon - ☎ 04 75 25 32 53 - www.tourdecrest.fr - juil.-août : 9h30-19h ; avr.-juin et sept. : 10h-19h ; oct., vac. scol. et w.-end : 10h-18h - 9,50 € (10,50 € en juil.-août) ; descente en rappel de la tour 20,50 €.*

**À table !** Presque caché au cœur de la vieille ville, le restaurant La Tartine ravit les papilles grâce à sa cuisine élaborée avec des produits souvent bios et toujours frais. Il fait aussi le bonheur des yeux lorsque les artistes locaux exposent leurs tableaux et photographies. Deux salles à l'étage et un petit patio.

À La Salle à Manger, tout est fait maison par un chef exigeant et talentueux, Philippe Guyennet, maître restaurateur. Produits frais et souvent bios, recettes bien ficelées. Un moment délicieux, à partager en terrasse aux beaux jours.

*La Tartine - 10 r. Peysson - ☎ 04 75 25 11 53 - fermé dim.-lun. - formules déj. 16,50/18,50 € - menu 22,50 €.*

*La Salle à Manger - Pl. du Champ-de-Mars - ☎ 09 52 15 52 76 - lasalleamangercrest.fr - fermé merc. soir - menu 38 €.*

**Pause sucrée.** À quelques minutes de la gare, un joli lieu près de la Drôme, avec terrasse aux beaux jours, en bord de rivière. Petite restauration toute la journée dans un agréable espace café et salon de thé qui propose une sélection de thés, d'infusions locales et de pâtisseries.

*Rivière Salée Café-Restaurant - 6 quai Henri-Latune - ☎ 09 88 09 76 42 - www.rivieresalee.store/restaurant-salon-de-the.html - juil.-août : 10h-19h ; reste de l'année : fermé dim.-lun.*

**Pour la nuit.** À 19mn à pied de la gare, l'hôtel La Saleine propose des chambres spacieuses, une piscine et un restaurant où l'on sert une cuisine

Le marché de Die.
M. Fokkema/Alamy/hemis.fr

traditionnelle et inventive avec des spécialités locales et de savoureux plats joliment présentés. À 18mn à pied de la gare, la chambre d'hôte Clos des Secrets est une maison drômoise du 19e s. Patiemment rénovée avec goût par un couple originaire du pays de Gex, elle est devenue une adresse de charme en plein centre-ville. Intérieur spacieux et chambres lumineuses, dont une avec une grande terrasse. Décoration sobre et contemporaine. Cerise sur le gâteau, il y a aussi une piscine.

*Hôtel La Saleine - La Croix- de-Romans - D 93 - av. Félix-Rozier - ☏ 04 75 57 90 68 - www.la-saleine.com - - 20 ch. 90/102 € - 12 € - formule du jour 16/22 € (en sem.), menus 25/38 €.*

*Chambre d'hôte Clos des Secrets - 10 r. Georges-Bovet - ☏ 04 75 59 25 10 - www.closdessecrets.com - - 4 ch. 109/131 € :.*

**Remonter dans le temps.** La ville renoue avec son histoire et vit au rythme d'animations médiévales : spectacles, marché, banquet, etc.

*Fête médiévale - W.-end de la Pentecôte.*

## 3 DIE

**➔Légèrement excentrée, la gare de Die est à 15mn à pied du centre et de l'office du tourisme.**

**Louer un vélo. On peut louer des VAE à 15mn à pied de la gare.**
**Vélodrome - 9 r. du Viaduc - ☏ 04 75 22 06 27 - www.velodrome26.com - fermé dim.-lun. - à partir de 31 € la 1/2 j.**

**À la claire...** Tapie au creux des montagnes, la cité de la clairette fait partie du parc naturel régional du Vercors et pétille à l'écart du tourisme de masse. La ville est bâtie en légère pente dans la vaste vallée sinueuse de la Drôme, plantée de vignes et d'arbres fruitiers. Un aperçu du bonheur avant d'aborder les petites routes en lacet du Vercors...

*Office de tourisme - 1 r. des Jardins - ☏ 04 75 22 03 03 - www.diois-tourisme.com. Visites guidées et théâtralisées d'avril à fin oct.*

**Balade en ville.** À l'angle du boulevard, à gauche de l'office de tourisme, rue des Jardins, remarquez la tour à sept pans datant de la période romaine, unique modèle connu. Revenez devant l'office de tourisme puis montez dans la ville par la rue du Serre jusqu'à la place de l'Évêché. Admirez sur la gauche la vue sur la montagne de Glandasse qui s'ouvre devant la fontaine de la Comtesse de Die.

### PREMIER TERRITOIRE BIO DE FRANCE

**Située le long de la rivière Drôme et portée par les communautés de communes du Val de Drôme, du Crestois-Pays de Saillans et du Pays diois, la Biovallée est fondée sur l'innovation environnementale et le développement durable. Elle a pour vocation d'aménager les terrains de manière à préserver les ressources naturelles et de bâtir un territoire école qui accompagne les innovations, identifie les bonnes pratiques de développement durable et les diffuse. Avec plus de 35 % d'agriculteurs et de surfaces certifiées, Biovallée est le premier territoire bio de France.**

**L'histoire de l'agriculture biologique de la Drôme remonte aux années 1960, à l'époque où quelques exploitants choisissent de répondre à une agriculture de plus en plus productiviste par des méthodes culturales respectueuses de l'environnement.**

**En 1980, lors de la reconnaissance de l'agriculture biologique par la loi d'orientation agricole, ils étaient déjà une centaine à avoir choisi ce type de production. Désormais, cette méthode de culture représente un tiers de sa surface agricole utile. Aujourd'hui, cette valorisation du bio ne se limite pas à la Drôme. En effet, un tiers des surfaces agricoles de Drôme et d'Ardèche sont classées en bio, soit trois fois plus qu'à l'échelle nationale.**

**Engagement en faveur d'une agriculture bio, création de parcs naturels régionaux et d'espaces sanctuarisés, préservation de l'artisanat local : la Drôme et l'Ardèche font figure de laboratoire des possibles à l'échelle nationale tant ils semblent engagés en faveur de la transition écologique.**

L'ancien palais épiscopal, qui fut un temps l'hôtel de ville, abrite la chapelle St-Nicolas, un oratoire privé du 11e s. doté d'une admirable mosaïque du 12e s. aux motifs d'une grande finesse représentant l'Univers. Longez l'Évêché jusqu'au bout de la place et empruntez la rue du Docteur-Amédée-Rousset qui conduit à la cathédrale. La jolie silhouette du clocher-porche (12e s.), avec son campanile en fer forgé, se remarque de loin. Continuez vers la place des Cordeliers, où se trouve l'ancienne église des Franciscains et suivez la rue des Cordeliers pour tourner à droite rue des Quatre-Cantons, puis à gauche rue Émile-Laurens. Là se trouve une ravissante façade ornée d'un balcon en fer forgé. Prenez à droite rue Camille-Buffardel, qui constituait l'un des deux axes principaux de l'ancienne ville romaine.

**Pour ses bulles.** On peut visiter une cave coopérative doublée d'un musée. Celle-ci compte 240 adhérents répartis sur une aire d'appellation de 1600 ha et se divise en deux parties. D'un côté, il y a la boutique. Par la diversité et la qualité de l'offre, cette cave séduira tous les amateurs de clairette, mais aussi de crémant et de vins de Châtillon-en-Diois. Au sous-sol, un espace muséal se déploie, consacré à l'histoire de la cave Jaillance. Les visiteurs plongent dans l'atmosphère feutrée des anciennes caves de stockage de la clairette où des vidéos présentent l'histoire et les méthodes d'élaboration de ce nectar. On y apprend notamment comment les Romains auraient importé la clairette en France et comment elle est apparue dans les grandes réceptions royales du 16e au 18e s. Pensez à prendre de quoi vous couvrir car il peut faire frais, même en été. La visite se termine par une dégustation au bar à bulles.

*Cave de Die Jaillance - 355 av. de la Clairette (à la sortie ouest de Die, sur la D 93, mais à 7mn à pied seult de la gare) - ✆ 04 75 22 30 15 - jaillance.com - tlj - visite guidée (1h) de mi-juil. à mi-août : 9h-19h ; reste de l'année : 9h-12h30, 14h-18h30 - réserv. conseillée - 5 €.*

**À table !** Aux Bons Passants, on sert une cuisine du marché privilégiant les produits bios et locaux : plats végétariens, salades, ravioles et burgers. Agréable terrasse face à la cathédrale.
Au Repère, dont la terrasse donne sur la cathédrale, le chef met à l'honneur la cuisine péruvienne. Résultat : on déguste ici du riz chaufa, un riz sauté au poulet, ou de la causa, une purée fourrée aux légumes et au poulet. Le soir, la carte de tapas continue d'explorer les saveurs exotiques.

*Les Bons Passants - 10 pl. de la République - ✆ 04 75 21 01 02 - page Facebook - fermé dim., mar.-jeu. le soir (sf mar. de juil. à sept.) - plats env. 15/20 €.*

## LE VIGNOBLE DIOIS

**Ce vignoble, planté à près de 700 m d'altitude sur environ 1000 ha, est l'un des plus hauts de France, dans une région très sauvage. Les vignes, dispersées au gré des petites exploitations, poussent sur des pentes escarpées, parfois difficiles d'accès. Les sols sont argilo-calcaires.**

**Le vignoble de l'AOP châtillon-en- diois s'étend sur les coteaux sud du parc naturel régional du Vercors. Cette petite appellation de France (39 ha) produit des rouges et des rosés fruités à base de gamay, pinot noir et syrah, des blancs frais et légers à base d'aligoté et de chardonnay.**

**L'AOP clairette-de-die (1431 ha), un des grands mousseux de France, est produite à partir des cépages nobles clairette et muscat. La clairette de Die est un vin blanc doux pétillant issu de deux cépages : la clairette (moins de 25 %) et le muscat.**
**Le crémant de Die (vin brut) est produit à partir de trois cépages : la clairette (55 % minimum), le muscat et l'aligoté.**
**Le coteaux-de-die (vin blanc sec) est vinifié à partir de la clairette uniquement.**
**Châtillon-en-Diois produit du châtillon-en-diois rouge et rosé et du châtillon-en-diois blanc. Parfait au dessert.**

**Le coteaux-de-die AOP est un vin sans bulles, rare, cultivé sur 2,2 ha, issu uniquement du cépage clairette.**

**Le crémant de Die (AOP) est un vin blanc effervescent élaboré à partir des cépages clairette blanche, aligoté et muscat à petits grains, sur 33 ha.**

*Le Repère - Pl. de l'Horloge - ✆ 04 75 21 68 99 - fermé merc.- jeu. - plats 15/18 €.*

**Pour le pique-nique.** Deux fois par semaine, plus de 120 commerçants animent le marché de Die.
Sinon, la coopérative biologique de La Carline, locale à but non lucratif, est une belle vitrine de l'agriculture du Diois. Elle propose une large gamme de produits bios et fermiers issus de producteurs et artisans drômois : fruits, légumes, fromages, pain...

*Marché - Pl. de la République - merc. et sam. 8h-13h.*

*La Carline - 21 r. du Viaduc - ✆ 04 75 22 08 11 - www.lacarline.coop - fermé lun. matin et dim.*

**Pause sucrée.** On se pose dans ce salon de thé pour un encas ou une gourmandise (tartes et pâtisseries maison). Espace cosy avec des banquettes confortables et une terrasse sur la rue piétonnisée appréciable à la belle saison.

*La Parenthèse de Douceurs - 58 r. Camille-Buffardel - ✆ 09 55 21 40 26 - fermé dim.-lun.*

**Pour la nuit.** À 2mn à pied de la gare, à l'entrée de la ville, ce petit hôtel offre tout le confort nécessaire : un restaurant avec sa terrasse sous les arbres et des chambres propres et confortables. En prime, l'accueil est sympathique. Un excellent rapport qualité-prix.
Sinon, à 13mn à pied de la gare, l'Hôtel des Alpes est un établissement installé en plein centre-ville qui dispose de chambres confortables et calmes. Petit-déjeuner buffet.

*Le Carnot - 13 av. Sadi-Carnot - ✆ 04 75 22 05 91 - www.hotel-lecarnot-die.fr - 11 ch. 80/100 € - 12 € - formule midi 13/18 €, menus 27/38 €.*

*Hôtel des Alpes - 87 r. Camille-Buffardel - ✆ 04 75 22 15 83 - www.hotel-die.com - 24 ch. 60/80 € - 10 €.*

**Sur les chemins de la Clairette.** Carte gratuite des balades dans le vignoble diois disponible dans les offices du tourisme. Elle recense 8 sentiers au départ de Suze-sur-Crest, St-Sauveur-en-Diois, Vercheny, Barsac, Ponet et St-Auban, Die, Barnave et Châtillon-en-Diois.

*35mn-1h20 suivant les circuits - clairette-de-die.mobi.*

Vignobles de Clairette de Die.
philipimage/Getty Images Plus

# LÉMAN EXPRESS (LEX) : ANNEMASSE - ÉVIAN, ANNEMASSE - ANNECY, ANNEMASSE - ST-GERVAIS

**Inauguré fin 2019, le Léman Express est le plus grand réseau ferroviaire transfrontalier d'Europe. Ses 6 lignes parcourent 230 km et desservent 45 gares, dont, au départ d'Annemasse, quelques escales emblématiques en Auvergne-Rhône-Alpes. Sur la « face » nord de la ligne, cap vers Thonon et Évian-les-Bains sur les rives du lac Léman. Au sud, en bonne voie vers Annecy ou Megève, le Mont Blanc est en vue !**

## LÉMAN EXPRESS (LEX) : ANNEMASSE - ÉVIAN, ANNEMASSE - ANNECY, ANNEMASSE - ST-GERVAIS - 3 À 9 JOURS

- Trajet sans escale : 38mn (Annemasse-Évian) ; 57mn (Annemasse-Annecy) ; 1h13 (Annemasse-St-Gervais).
- Horaires : www.lemanexpress.com
- Fréquence : 1 train/h
- Tarif sans escale : 5/14,90 €
- Services à bord : transport des vélos gratuit dans les TER.
- Bon à savoir : le Léman Pass (1 j., 5 j. ou 1 mois) donne accès aux réseaux urbains TER du périmètre.

Où se placer pour admirer le paysage ? À gauche dans le sens de la marche.

Thonon-les-Bains.
T. Garcia/Auvergne-Rhône-Alpes Tourisme

# ANNEMASSE - ÉVIAN

## 1 ANNEMASSE

**Base de départ.** Cette importante ville frontalière, à proximité de Genève, dispose de nombreux parcs et d'un casino. Pas de grand musée, mais des salles de concerts et de spectacles de qualité. Ses structures hôtelières en font un point de départ stratégique pour des excursions dans la région. La ville se prête aussi à une agréable balade urbaine avec un itinéraire de 2h à partir de la gare à télécharger et à suivre. Parmi les étapes à découvrir : la prison du Pax, la villa et le parc Montessuit, les églises St-André et St-Joseph...

*Office de tourisme - 2 pl. de la Gare - ✆ 04 50 95 07 10 - www.montsdegeneve.com.*

**À table !** Ce petit restaurant, où l'on sert poke bowls, sandwichs, soupes et gâteaux anglais, est une bonne adresse. Mais Ernesto, c'est aussi un bar à vin, le Baltazar by Ernesto, à quelques pas.

*Café Ernesto - 5 r. de la Gare - ✆ 04 50 80 77 49 - fermé dim.-lun. - 15/25 €.*

*Balthazar by Ernesto - 7 pl. Jean-Jacques-Rousseau - ✆ 04 50 80 77 49 - merc.-dim. 15h-23h.*

**Pour la nuit.** En face de la gare d'Annemasse, une valeur sûre et pratique. Outre des chambres confortables, l'hôtel propose un restaurant, une salle de fitness et surtout un *roofbar* avec vue sur le Jura et les Alpes.

*Novotel Annemasse Centre - Porte de Genève - 6 esplanade François- Mitterrand - ✆ 04 80 16 10 70 - all.accor.com - 102 ch. 120/148 € - ☕ 18 € - ✕ fermé sam. midi et dim. midi.*

## 2 THONON-LES-BAINS

**Plein les mirettes.** Entre lac et montagne, étagée sur deux niveaux, Thonon multiplie les points de vue. Vaste sur le Léman, pittoresque depuis le port de Rives, élégant face aux villas balnéaires de la corniche, stratégique pour les contrebandiers au 19e s. comme pour les résistants de la Seconde Guerre mondiale. À vous de choisir celui que vous préférerez !

Evian.
KIPhotography/Shutterstock

**L'ESSOR D'UNE STATION THERMALE**

**En 1860, avec l'annexion de la Savoie par la France, Thonon-les-Bains voit l'accélération de son expansion industrielle et la création d'une zone franche entre le Chablais et le Genevois. La ville devient à l'orée du 20e s. une station thermale renommée, comme en témoignent les villas balnéaires du boulevard de la Corniche, du quai de Ripaille et de l'avenue de Corzent. On retiendra le nom des deux architectes qui l'ont marquée de leur empreinte : Louis Moynat (1877-1964) avec, en particulier, le Champignon de la Versoie (1937), fontaine publique à proximité du parc thermal, et le très prolifique Maurice Novarina (1907-2002) qui mena, notamment, une ambitieuse opération de réhabilitation du quartier des Visitandines (actuel quartier de la Rénovation).**

*Office de tourisme - Château de Sonnaz, 2 r. Michaud - ✆ 04 50 71 55 55 - www.thononlesbains.com. 2e bureau : kiosque du Port-de-Rives - pl. du 16-Août-1944.*

**À table !** Chez Cocotte mijotent chaque jour de bons petits plats bistronomiques qui allient recettes traditionnelles et cuisine *healthy*. Ainsi en est-il des poireaux vinaigrette aux algues, du filet de dorade à la plancha, fenouil confit à l'orange, risotto croustillant et salade de germes de petits pois… La présentation des assiettes, créative, finira de convaincre les gourmets ! Terrasse.

*La Cocotte - 5 pl. du 8-Mai - ✆ 04 50 16 48 59 - page Facebook - fermé dim.-lun. et le soir mar.-jeu. - plat du jour 17 €, menus 41/54 €.*

**Pour la nuit.** À 8mn de la gare, les chambres de cet hôtel aux allures de chalet sont toutes simples avec leurs murs aux couleurs claires. Dans la salle à manger-véranda et sur la terrasse, dressée à l'ombre des marronniers, on profite d'une cuisine locale traditionnelle.

*À l'Ombre des Marronniers - 17 pl. de Crête - ✆ 04 50 71 26 18 - www.hotellesmarronniers.com - 17 ch. 79/89 € - ☕ 10,50 € - ✕ formules midi 15/24 €, menus 26/44 € - 1/2 P possible.*

## ③ ÉVIAN-LES-BAINS

**Louer un vélo. 3 stations en libre-service sont accessibles sur le territoire et 21 VAE sont disponibles à la location au parking de l'office de tourisme (niveau 2). ÉVA'D - Pl. de la Porte-d'Allinges - www.evad.fr/evadelo - paiement via une application - 7 € la 1/2 j.**

**La « perle du Léman ».** Idéalement située au pied des contreforts des Préalpes du Chablais, la ville mérite bien son surnom. Cette tranquille station thermale s'étage en amphithéâtre au-dessus du lac et les ruelles du centre cachent de belles surprises architecturales de la Belle Époque. Au-dessus, la dent d'Oche rappelle la silhouette qui figure sur les étiquettes des bouteilles d'eau distribuées chaque jour par milliers dans le monde entier. Dans la ville, un funiculaire, construit en 1907, créa un lien très utile entre la ville haute et les quais jusqu'en 1969. Remis en service en 2002, il fait partie des trésors du patrimoine ferroviaire à l'échelle européenne.

*Office de tourisme - Pl. de la Porte-d'Allinges - ✆ 04 50 75 04 26 - www.evian-tourisme.com.*

*Funiculaire - ✆ 04 50 75 04 26 - de fin avr. à fin sept. : 9h20-12h20, 13h20-19h20, ttes les 20mn (durée 15mn) - dép. r. du Port, arrivée av. de la Verniaz - gratuit.*

**Histoire de thermes.** Le palais thermal, ancien établissement thermal qui a fermé ses portes en 1984, est l'un des plus beaux témoignages de l'architecture Belle Époque que l'on retrouve dans nombre de villes d'eaux en vogue au début du 20e s. Construit par Ernest Brunnarius en 1902, le palais est devenu un espace culturel. Le siège de la Société des eaux minérales d'Évian était installé à l'emplacement de la buvette Cachat, un joyau de l'Art nouveau construit en 1903 et signé Jean-Albert Hébrard. Au rez-de-chaussée prend place un espace consacré à l'eau d'Évian. Au centre, une fontaine, l'apothéose de la source Cachat, de Charles Bayard, laisse échapper la source, qui alimentait la fontaine Ste-Catherine édifiée en 1903. On peut s'y désaltérer, tout comme à la source des Cordeliers, située à quelques mètres de là. Le nouvel établissement thermal, lui, se trouve place de la Libération dans un petit parc. Il se compose de l'ancienne buvette, signée Maurice Novarina et Jean Prouvé, construite en 1956, et de l'Espace thermal, en partie enterré afin de préserver le parc, bâti en 1983.

*Parc thermal - Pl. de la Libération - ✆ 04 50 75 02 30 - lesthermesevian.com.*

**À table !** Monsieur Muratore, liquoriste et confiseur, a donné son nom à cette maison lors de sa fondation en 1870. Dans un décor Belle Époque, on découvre une cuisine réjouissante avec une bonne place faite aux poissons du lac… et une ravissante terrasse sous un vieux tilleul.

*Le Muratore - 8 pl. du Dr-Jean-Bernex - ✆ 04 50 92 82 49 - www.muratore-restaurant-evian.com - fermé dim. soir-lun. - plats 24/32 €, menu des Alpes 40 €.*

**Pour la nuit.** À 11mn à pied de la gare, sur les hauteurs d'Évian, un charmant hôtel aux chambres coquettes, soit face au lac, soit dans des maisonnettes donnant sur un jardin.

*L'Oasis - 11 bd Bennevy - ✆ 04 50 75 13 38 - www.oasis-hotel.com - 🏊 - avr.-sept. - 16 ch. 95/180 € - ☕ 16 €.*

**Excursion vers le domaine skiable du Chablais.** Encadré par des cimes affleurant les 2 500 m, le haut Chablais s'ouvre largement sur le ciel. La lumière y est plus franche qu'ailleurs et la nature généreuse. Arrosé par de très nombreuses sources d'eaux vives, le val d'Abondance est depuis les Celtes un havre prospère, réputé pour ses ressources agricoles et forestières. À 26 km d'Évian-les-Bains, la station de ski d'Abondance, qui étale sa dizaine de hameaux au carrefour des vallées de la Dranse et du Malève, mérite de ce fait bien son nom et porte haut les couleurs de son savoureux fromage comme celles de sa belle abbaye.

*Accès à la station de ski Abondance - Depuis la gare SNCF d'Évian-les-Bains, la ligne de bus VEX (sur réserv. - www.evad.fr/line/ligne-vex) dessert la station en juil.-août et déc.-mars. Depuis Thonon, la ligne 12 dessert la station toute l'année.*

*Abbaye d'Abondance - Pl. de l'Abbatiale - accès depuis la gare SNCF d'Évian-les-Bains et descendre à l'arrêt Abbaye d'Abondance (réserv. des billets sur le site www.sat-leman.com, AR 31 €) - ✆ 04 50 81 60 54 - www.abondance-tourisme.com - juil.-août : 9h30-12h30, 14h-18h ; mai-juin et sept. : 9h30-12h, 14h-18h ; oct. et de fin déc. à fin avr : tlj sf w.-end 14h-17h - fermé de déb. nov. aux vac. de Noël - 5,50 € - 9 € billet combiné avec la Maison du fromage abondance.*

*Annemasse - Annecy*

## 1 ANNEMASSE

Pour **Annemasse** *voir page 105.*

## 4 LA ROCHE-SUR-FORON

**Un tour dans sa tour.** La cité médiévale, ancienne capitale du comté de Genève, s'étire au pied de la tour des comtes de Genève et révèle des maisons aux fenêtres à meneaux et accolades. Au départ de la place St-François, vous pénétrerez dans les jardins Paul-Français, au centre desquels se dresse la tour des Comtes de Genève. Élevée sur l'éperon rocheux dominant la ville, elle est l'unique vestige du château, détruit en 1590. Du sommet des 137 marches, on gagne le chemin de ronde d'où l'on domine la ville et la vallée de l'Arve.

*Office de tourisme - Pl. Andrevetan - ✆ 04 50 03 36 68 - www.larochesurforon.com. Point info dans la tour des Comtes de Genève.*

*Tour des Comtes de Genève - ✆ 04 50 03 36 68 (office de tourisme) - de déb. mai à mi-sept. : horaires, se rens. - 2 €.*

**À table !** Pour une cuisine résolument de terroir dans le centre-ville : sélection de produits fumés dont un jambon cru du Doubs, poisson du marché selon arrivage et desserts maison. Terrasse aux beaux jours.

*Le Bié - 12 pl. de la République - ✆ 04 50 03 54 46 - www.lebie.fr - fermé dim.-lun. et jeu. soir - carte 20/25 €.*

**Pour la nuit.** À 11mn à pied de la gare, voilà une base idéale pour explorer la ville et ses environs. Chambres confortables, parties communes chaleureuses avec jeux de société, terrasse et restauration rapide (pizzas).

*Les Afforêts - 101 r. de l'Égalité - ✆ 04 50 03 35 01 - hotel-les-afforets.fr - 28 ch. 104/124 € - ☕ 13 € - ✕ plats 10 €.*

## 5 ANNECY

Pour **Annecy** *voir page 53.*

# ANNEMASSE - ST-GERVAIS

## 1 ANNEMASSE

Pour **Annemasse** *voir page 105.*

## 4 LA ROCHE-SUR-FORON

Pour **La Roche-sur-Foron** *voir page ci-contre.*

## 6 BONNEVILLE

**➔À34mn d'Annemasse (15 liaisons/j.), 13mn de Cluses et à 35mn de St-Gervais-les-Bains, cette étape se fait en excursion à la journée.**

**Bonne escale.** L'ancienne capitale du Faucigny, fondée en 1283 par Béatrix de Faucigny, s'est développée au confluent du Borne et de l'Arve. La place du Parquet est ornée d'arcades du 17e s. La maison des Têtes (1731) évoque un style baroque assez germanique. Le château du 13e s. *(ne se visite pas)*, apprécié du peintre anglais Turner, est l'un des rares châteaux savoyards encore intacts. À l'entrée de la ville se dresse la célèbre colonne Charles-Félix, roi de Sardaigne, qui fit élever au 19e s. les digues de l'Arve, protégeant ainsi une ville soumise aux caprices de la rivière.

*Office de tourisme - 23 r. Pertuiset - ✆ 04 50 97 38 37 - www.tourisme-faucigny-glieres.fr.*

**À table !** Une petite cantine sympathique avec une offre bio et même des plats à emporter. Le lieu abrite aussi des expositions et un marché de créateurs. Côté boissons, pour une pause ou un apéro, des bières locales des Brasseurs Savoyards, un café bio et équitable mais aussi des sodas et jus de fruits locaux et bios.

*L'Aimant - 263 av. de la Gare - ✆ 04 50 97 10 45 - fermé w.-end. - formule midi 14,90 €.*

## 7 CLUSES

**➔À 50mn d'Annemasse (15 liaisons/j.) et à 20mn de St-Gervais-les-Bains, cette étape se fait en excursion à la journée.**

**Encore discrète et secrète.** Comparée aux autres stations de Flaine et des Carroz, tout comme la secrète vallée du Giffre, Cluses semble encore préservée du tourisme de masse… et c'est tant mieux ! La visite du centre-ville et de l'important musée de l'Horlogerie et du Décolletage n'en sera que plus authentique. Cluses tire son nom de la trouée de l'Arve, la plus importante des Alpes. Elle fut reconstruite sur un plan en damier après l'incendie de 1844 qui détruisit son centre historique à l'exception de l'église. Aujourd'hui on y apprécie ses larges avenues à arcades, au style turinois bien marqué, délimitées aux extrémités par deux vastes places.

*Office de tourisme - 21 Grande Rue - ✆ 04 50 96 69 69 - www.2ccam.fr/decouvrir.*

*Musée de l'Horlogerie et du Décolletage - 100 pl. du 11-Novembre - ✆ 04 50 96 43 00 - musee.2ccam.fr - juil.-août : 10h-12h, 14h-18h ; reste de l'année : mar.-sam. et 1er dim. du mois 14h-18h - 5 €.*

**À table !** Pas très loin de la gare et à proximité des quais de l'Arve, cette brasserie est située en plein centre-ville de Cluses. Un lieu prisé des locaux ouvert toute la journée pour un verre ou un repas. Cuisine maison.

*Le Pré de Foire - 3 pl. des Allobroges - ✆ 04 50 34 70 06 - plats 15/20 €.*

## 8 SALLANCHES - COMBLOUX - MEGÈVE

**➔Combloux est situé à 8 km de la gare de Sallanches : prendre le bus (ligne Y83, www.laregionvoustransporte.fr) qui vous dépose dans le centre.**

*➔Megève est à 13 km de la gare de Sallanches : les bus de la ligne Y83 vous déposent à l'arrêt Autogare, à quelques pas seulement du centre-ville de Megève.*

**Cap sur le Mont-Blanc.** À l'entrée amont de la grande cluse de l'Arve, Sallanches commande le passage vers toutes les destinations intéressantes du massif le plus majestueux d'Europe. Ce gros bourg commercial a été reconstruit au 19e s. selon un plan en damier. Sur la place Charles-Albert, une table d'orientation détaille le massif voisin…

*Office de tourisme - 32 quai de l'Hôtel-de-Ville - ✆ 04 50 58 04 25 - www.sallanches.com.*

**À table !** À 200 m de l'autogare, au cœur du vieux village, l'annexe d'Emmanuel Renaut (3 étoiles Michelin aux Flocons de Sel) située à Megève propose une cuisine actuelle soignée et des plats du terroir interprétés avec finesse, dans un cadre à l'âme montagnarde.

À Combloux, à 450 m de l'arrêt de bus, sur la terrasse ensoleillée en été avec vue sur le Mont-Blanc ou près de la cheminée en hiver, les assiettes virevoltent, emplies de mets bien cuisinés et de desserts maison savoureux. Les spécialités fromagères ne sont pas oubliées. Chambres confortables également, décorées dans le pur style savoyard.

*Flocons Village - 75 r. St-François, Megève - ✆ 04 50 78 35 01 - floconsvillage.com/fr/ - fermé lun.-mar. - plats 28 €, formule déj. 40 €, menu 49 €.*

*Le Coin Savoyard - 300 rte de la Cry-Cuchet, Combloux - ✆ 04 50 58 60 27 - www.coin-savoyard.com - de déb. juin à mi-sept. et de mi-déc. à déb. avr., fermé lun.-mar. - plats 19/26 € - 14 ch. 105/130 - ☕ 15 €.*

**Pour la nuit.** À 6mn à pied de la gare, un point de chute pratique pour explorer la ville et la région.

*Hôtel du Mont-Blanc - 83 r. Chenal - ✆ 04 50 58 12 47 - hmontblanc.com - 16 ch. 60/90 € - ☕ 7 €.*

**Échappée à Combloux.** Jouissant d'une position privilégiée sur le balcon sud de la plaine de Sallanches, cette station s'est attachée à développer des activités familiales et à préserver son environnement. Elle est même devenue précurseure en la matière avec son plan d'eau biotope pour la baignade : ici ce sont les végétaux qui épurent l'eau. Son église St-Nicolas, datant du 18e s., est typique des églises alpines et arbore un clocher remarquable, l'un des plus beaux de l'art bulbaire savoyard.

*Office de tourisme - 49 chem. des Passerands - ✆ 04 50 58 60 49 - www.combloux.com.*

**Randonnées à partir de Combloux.** Des navettes vous conduisent gratuitement au domaine skiable en hiver et au départ des sentiers de randonnée et de VTT en été. Toute l'année, pour avoir une vision d'ensemble des massifs du Mont-Blanc, des Fiz (aiguilles de Varan) et des Aravis (pointe Percée), prenez la navette jusqu'à la Cry. L'été, une liaison permet de rejoindre la télécabine du Jaillet.

*Infos : www.combloux.com/sejourner/.*

**Chic, Megève !** L'inauguration en 1922 d'un hôtel de luxe sur le mont d'Arbois marque la naissance de la station mondaine de Megève voulue par la baronne Noémie de Rothschild. Cette réputation n'a pas faibli depuis et tout ici est à l'avenant : les chalets sont cossus et les boutiques, luxueuses. Megève n'en demeure pas moins une destination de charme inscrite dans un cadre verdoyant, formé de pentes herbeuses et de sobres forêts d'épicéas, où les reliefs arrondis du Jaillet, de Rochebrune et du mont d'Arbois contrastent avec les blancheurs neigeuses du mont Joly. À ne pas manquer : le belvédère du mont d'Arbois, accessible par télécabine.

*Office de tourisme - 74 r. Mgr-Conseil - ✆ 04 50 21 27 28 - www.megeve.com.*

## 9 ST-GERVAIS-LES-BAINS - LE-FAYET

Pour **St-Gervais-les-Bains** *voir page 112 (chapitre suivant St-Gervais-Chamonix-Martigny).*

**→Les lignes Y81, Y84 et Y85 relient aussi la gare de St-Gervais-les-Bains à Sallanches.**

# MONT-BLANC EXPRESS : ST-GERVAIS - CHAMONIX - MARTIGNY

**Construite au début du 20e s., cette ligne a su s'adapter à un territoire difficile. Suivant l'Arve dans la vallée de Chamonix, qui sépare le massif du Mont-Blanc de celui des Aiguilles-Rouges, la ligne passe de viaducs en tunnels, jouant à cache-cache avec les forêts de résineux et les sommets, déchiquetés et enneigés, qui se détachent sur le ciel. Chaque village-station traversé, empreint de sa propre atmosphère, saura combler les amoureux de la montagne !**

## ST-GERVAIS - CHAMONIX - MARTIGNY - 10 JOURS

- Pour rejoindre St-Gervais depuis Lyon-Part-Dieu : TER avec corresp. à Bellegarde-sur-Valserine (3h40)
- Trajet sans escale : 1h29 jusqu'à Vallorcine (avec corresp. à Chamonix) ; 2h27 jusqu'à Martigny (voir le trajet sur www.sbb.ch)
- Fréquence : 12 TER/j
- Horaires : www.sncf-connect.com
- Tarif à titre indicatif sans escale : 9 € jusqu'à Vallorcine
- Services à bord : transport des vélos gratuit
- Pour le retour à Lyon, soit effectuer le trajet inverse, soit prolonger jusqu'à Martigny, puis changer à Genève

Où se placer pour admirer le paysage ? À gauche dans le sens de la marche jusqu'aux Houches pour suivre l'Arve, puis à droite pour avoir une vue sur le Mont Blanc.

**➔La carte d'hôte de la vallée de Chamonix, gratuite et fournie par votre hébergeur, permet l'accès libre au réseau SNCF Mont-Blanc Express pour les trajets entre Servoz et Vallorcine ainsi que des réductions sur des activités sportives et culturelles (www.chamonix.com/infos-et-services/la-carte-d-hote).**
**Office de tourisme de Chamonix - ✆ 04 50 53 00 24 - www.chamonix.com.**

## 1 SAINT-GERVAIS-LES-BAINS - LE-FAYET

**➔Située au Fayet, la gare est à 40mn à pied de St-Gervais, mais il existe des navettes : Facilibus (en sais. d'été et d'hiver, gratuites - www.saintgervais.com) et Montenbus (transport à la demande).**
**Infos : ✆ 0800 201 374 - www.montenbus.fr.**

**Louer un vélo. Sport Spirit loue des VTT classiques et électriques.**
**Sport Spirit - 885 av. de Genève - ✆ 04 50 55 12 11 - www.sportspirit.fr - fermé dim.-lun. - à partir de 30 € la 1/2 j.**

**Prendre les eaux ou la montagne ?** Station thermale réputée, St-Gervais-les-Bains attire les alpinistes venus défier le plus haut sommet français par la voie royale. À 850 m d'altitude, le village domine une faille boisée au fond de laquelle coule le Bon Nant. Concentrées autour de l'église, les jolies rues fleuries sont bordées de chalets-hôtels et de villas commandées par la clientèle fortunée qui venait prendre les eaux au 19e s. et au début du 20e s.

**Une révolution : l'Ascenseur Le Valléen.** Inauguré en septembre 2024, ce nouveau moyen de transport relie toute l'année la gare SNCF du Fayet (départ et terminal des grandes lignes SNCF, TGV, TER, Léman Express, Mont-Blanc Express) au centre-bourg du village en 5 minutes, faisant de Saint-Gervais Mont Blanc l'unique station de montagne française offrant un accès annuel en télécabine depuis les grands axes ferroviaires. Le tronçon reliant le centre-bourg de Saint-Gervais au Bettex permet d'atteindre le pied des pistes, sans aucun recours à la voiture, hiver comme été.!

*Office de tourisme - 43 r. du Mont-Blanc - St-Gervais-les-Bains - ✆ 04 50 47 76 08 - www.saintgervais.com.*

**À table !** Près de l'église, le bistrot de l'étoilé Sérac tient de belles promesses. L'unique formule 3 plats, franche dans les cuissons, goûteuse dans les associations et gourmande avec un dessert à choisir dans la vitrine de la partie « traiteur », se révèle un sans-faute.

*Le Bistrot Sérac - 40 av. du Mont-Paccard - ✆ 04 50 98 43 35 - www.3serac.fr - fermé dim. soir - formule déj. 22 € - menu 36 €.*

**Pour le pique-nique.** Chez Léon d'la Savoie, vous trouverez tous les victuailles nécessaires pour composer un pique-nique savoyard : fromages, charcuterie, biscuits, vins...

*Léon d'La Savoie - 517 av. du Mont-d'Arbois - ✆ 04 50 93 58 21 - www.leondesavoie-produits-regionaux.fr - 9h30-12h30, 15h30-19h30 (hors saison : fermé dim. à partir de 12h30, lun. et jeu.).*

**Pour la nuit.** Situé au Fayet, l'Hôtel des Deux Gares combine deux atouts majeurs : son excellent rapport qualité-prix et, comme son nom l'indique, son emplacement face à la gare de St-Gervais-Le Fayet, d'un côté, et celle du fameux tramway du Mont-Blanc, de l'autre ! Piscine chauffée ; espaces bien-être et enfants (salle de jeux, escalade, baby-foot). Si vous préférez dormir au cœur de la station de St-Gervais, le Val d'Este est un petit hôtel familial à l'accueil chaleureux. Les chambres qui donnent sur les montagnes, plus calmes, sont dotées d'une baignoire.

*Hôtel des Deux Gares - 46 imp. des Deux-Gares - Le Fayet - ✆ 04 50 78 24 75 - www.hotel2gares.com - fermé 1 sem. fin avr. et de fin oct. à mi-déc. - piscine - 23 ch. 90/120 € - petit-déj. 14 €.*
*Val d'Este - 22 r. de la Comtesse - St-Gervais - ✆ 04 50 93 65 91 - www.hotel-valdeste.com - fermé de mi-avr. à mi-mai et nov. - 16 ch. 110/123 € - petit-déj. 14 €.*

**Rando des gorges du Bonnant.** Un itinéraire balisé d'environ 40mn relie Le Fayet à St-Gervais. Il emprunte différentes passerelles et escaliers accrochés aux parois rocheuses, dominant ainsi le cours d'eau et plusieurs cascades. Impressionnant ! Il mène au parc thermal de St-Gervais, situé à la sortie des gorges du Bonnant, et agrémenté par une belle cascade. Le parc mérite à lui seul une promenade aux heures chaudes de l'été.

*Parc thermal de St-Gervais - 355 allée du Dr-Lépinay - www.thermes-saint-gervais.com.*

Saint-Gervais-les-Bains.
Godong/robertharding/age fotostock

**Un tramway nommé Mont-Blanc.** Le tramway du Mont-Blanc conduit au Nid d'Aigle (2386 m), via le col de Voza (1653 m). Son tracé à flanc de montagne au-dessus de la vallée de Bionnassay réserve déjà des vues grandioses sur son massif. De la station terminus, on atteint la haute montagne et le cadre sauvage du glacier de Bionnassay (1h AR), au pied de l'aiguille du Goûter et des aiguilles de Bionnassay, d'où s'abattent de spectaculaires avalanches.

*Tramway du Mont-Blanc - gares : 80 av. de la Gare au Fayet et 571 r. du Mont-Lachat à St-Gervais - 04 50 55 84 13 - www.montblancnaturalresort.com/fr/tramway-montblanc - de mi-déc. à mi-avr. et de mi-juin à mi-sept. - 37 € AR.*

## 2 SERVOZ

**Un village traditionnel de montagne.** Charmant petit village, le vieux Servoz a conservé son bâti traditionnel tandis que le centre commerçant se déploie vers l'église St-Loup (1537) surmontée d'un joli clocher à bulbe. Pour en savoir plus sur l'agriculture de montagne, deux sites proposent des muséographies intéressantes : la Maison de l'alpage, ancienne ferme rénovée, et la Maison du lieutenant, bâtisse historique, accueillant un centre d'interprétation faisant le trait d'union entre la culture alpestre d'antan, le métier aujourd'hui et les enjeux et défis de demain.

*Office de tourisme - Maison de l'alpage - 113 r. du Bouchet - 04 50 47 21 68 - www.servoz.com.*
*Maison du lieutenant - Hameau du Mont - 06 61 85 63 86 - horaires : se rens. - gratuit.*

**À table et au lit !** Dans ce joli chalet traditionnel, à 15mn à pied de la gare, tout sent le confort et le bel accueil ! Les chambres coquettes et confortables offrent de belles vues sur la montagne, tandis qu'au restaurant les produits de saisons sont à l'honneur dans une cuisine élaborée et joliment présentée. Deux menus gastronomiques proposent une véritable balade épicurienne avec mise à l'honneur des producteurs et artisans locaux. Belle terrasse aux beaux jours.

*Hôtel-restaurant des Gorges de la Diosaz - 81 rte du Mont - 06 78 38 57 30 - auberge-des-gorges.com - 6 ch. 98/148 € : - menus 58/78 €.*

**Aller voir des cascades dans les gorges de la Diosaz.** Ce circuit sécurisé (2,6 km - 1h15), à la portée de tous, débute par un sentier accroché à la paroi rocheuse. Plus haut, on rencontre d'abord la cascade des Danses et, après le pont Achillon-Cazin, la tumultueuse cascade de Barme-Rousse. Du pont du Soufflet, on admire les trois rebonds de la cascade de l'Aigle, la plus haute et la plus imposante de cet ensemble de chutes. Au-delà, le sentier se poursuit jusqu'au « pont Naturel », bloc de rocher coincé dans une fissure de la montagne d'où s'échappe la cascade du Soufflet.

*Gorges de la Diosaz - 181 allée des Gorges - ✆ 04 50 47 21 13 - www.gorgesdeladiosaz.com - juil.-août : 9h-18h ; juin et sept. : 9h30-17h (en fonction des conditions météorologiques, se rens.) - 6,50 €.*

**➔Entre les gares de Servoz et des Houches, le train s'arrête au viaduc Ste-Marie, pont ferroviaire construit en 1900 avec de grandioses arcs en plein cintre que l'on peut admirer depuis les rives de l'Arve.**

## 3 LES HOUCHES

**Louer un vélo. Le magasin Bike E-Motion, (anciennement Sport Spirit) loue des VTT classiques et électriques.**
**Bike E-Motion - 51 pl. de la Mairie - ✆ 04 50 53 43 42 - www.bikeemotionstore.fr - fermé dim.-lun. - à partir de 30 € la 1/2 j.**

**Sous l'égide du « géant des Alpes ».** À 1000 m d'altitude, au pied du Mont-Blanc, Les Houches, station-village avec son chapelet de hameaux, s'avèrent très étendues. Le Christ-Roi, qui domine le flanc droit de la vallée, date de 1934. Colossal (25 m de haut), il est conçu sur le modèle du Corcovado de Rio. Dans une maison de 1750, le Musée montagnard recrée les conditions traditionnelles de la vie rurale en montagne. Ne manquez pas l'église St-Jean-Baptiste, construite en 1766 et dotée d'un clocher à bulbe depuis 1839. L'intérieur, de style baroque savoyard, est remarquable pour son retable du 18e s., réalisé par le Piémontais Jean-Baptiste Bozzo.

*Office de tourisme - Pl. de la Mairie - ✆ 04 50 55 50 62 - www.leshouches.com.*
*Musée montagnard - 2 pl. de l'Église - ✆ 07 60 04 14 26 - juil.-août : tlj sf mar. 14h30-18h ; vac. scol. : merc.-vend. : 14h-18h - 4,20 €.*

**À table et au lit !** À 18mn à pied de la gare (et à 150 m du téléphérique de Bellevue), c'est l'hôtel-restaurant le plus central et le plus pratique, avec toutes les prestations qu'on lui connaît. Restaurant Mamma Giulia Trattoria sur place et spécialités italiennes si on ne veut pas ressortir le soir.

Marmotte aux aguets.
legna69/Getty Images Plus

*Ibis Styles Les Houches Chamonix - 333 r. de l'Essert - ✆ 01 87 21 38 40 - all.accor.com - 48 ch. 100/120 € : - ✗ le soir.*

**Rando au parc de Merlet.** Depuis la gare des Houches, une balade permet de rejoindre le parc animalier de Merlet situé sur un éperon d'alpages détaché de l'aiguillette des Houches et merveilleusement situé face au Mont Blanc (1h30 - 500 m de dénivelé). Dans le parc de Merlet, sept espèces de la faune de montagne (daims, cerfs, mouflons, chamois, lamas, bouquetins, marmottes) gambadent en liberté sur 20 ha escarpés et boisés. L'été, vous pourrez assister au repas des marmottes. De la terrasse du restaurant du balcon de Merlet ou de la chapelle, à 1534 m d'altitude, une admirable vue s'ouvre sur la chaîne du Mont-Blanc.

*Parc de Merlet - 2495 chemin de Merlet - ✆ 07 67 22 82 69 - www.parcdemerlet.com - mai-sept. (fermé lun. mai-juin et sept.). - 9 €.*

**La tête dans le guidon.** En été, les remontées mécaniques au départ des Houches permettent de rejoindre les pistes de descente réservées au vélo. Un plan gratuit se trouve dans les offices de tourisme de la vallée. À vous de voir si vous préférez foncer sur un vélo de course ou sur un VTT !

**Bloc ou parois ?** Entraînez-vous aux sensations de la grimpette dans la salle de 1250 $m^2$, qui comprend une centaine de voies d'escalade (du débutant jusqu'au 9a), ou attaquez-vous à la falaise lors d'une sortie encadrée !

*Mont Blanc Escalade - 330 rte du Nant-Jorland - ZA de la Crabets - ✆ 04 50 54 76 48 - www.montblancescalade.com - 11h30-22h, w.-end 9h-20h - 17 € - sorties : se rens.*

## 4 LES BOSSONS

**→La gare des Bossons est située à 15mn à pied du télésiège ; cette étape ne vaut que pour la découverte du glacier.**

**À table et au lit !** À deux pas de la gare, vous aimerez les chambres rénovées dans un style montagnard et design de cet hôtel bâti en 1908. Salon panoramique face au glacier des Bossons et piscine chauffée pour se détendre. Restaurant en rotonde, jolie terrasse côté jardin, plats traditionnels et savoyards.

*Hôtel-restaurant Aiguille du Midi - 479 chem. Napoléon - ✆ 04 50 53 00 65 - www.hotel-aiguilledumidi.com - 🏊 - mi-mai à mi-sept. et de mi-déc. à déb. avr. - 40 ch. 92/200 € - ☕ 14 € - ✗ menus 38/53 €.*

**Arpenter le glacier des Bossons.** Le télésiège des Bossons vous conduit à un chalet buvette (1425 m) d'où vous pourrez apprécier la vue sur le glacier depuis une terrasse panoramique. Remarquez une roue de l'avion d'Air India écrasé en 1950 sur le Mont Blanc avec, à son bord, plus de 140 passagers. À l'arrivée du télésiège, plusieurs parcours s'offrent à vous. À 15mn de marche, une exposition de plein air (de mi-juin à mi-sept.) donne l'occasion d'en savoir plus sur l'évolution du glacier, au fil d'un sentier forestier aménagé en bordure. À 1h30, rejoignez Les Pyramides (alt. 1900 m) où vous pourrez vous rafraîchir devant les pyramides de glace hautes de 40 m (ne pas s'approcher, ces séracs peuvent tomber d'un instant à l'autre). Pour les plus endurants, 4h sont nécessaires pour admirer la jonction des glaciers des Bossons et de Taconnaz. Alors, balade ou randonnée ?

*Télésiège du Glacier des Bossons - Rte des Tissières (durée 15mn) - accessible de mi-juin à mi-sept - 15,60 € AR.*

## 5 AIGUILLE DU MIDI

**→Très proche du centre-ville de Chamonix, l'arrêt dans cette gare permet l'accès à l'aiguille du Midi, dont le téléphérique est situé à 15mn à pied.**

**Connaître le vertige des sommets (en téléphérique !).** Avant de partir à l'assaut de L'Aiguille du Midi, prenez le temps de visiter, dans la gare de départ du téléphérique, l'Espace Vertical, consacré à l'alpinisme et aux grands noms qui ont fait son histoire. Vous voici projeté en quelques minutes dans l'univers grandiose de la haute montagne. Le Plan de l'Aiguille (alt. 2 317 m) est l'arrivée (gare) du premier tronçon du téléphérique de l'Aiguille du Midi. De là, des randonnées sont possibles *(voir page 116)*. Au pied des arêtes déchiquetées des aiguilles de Chamonix, la vue est déjà dégagée sur les régions supérieures du Mont Blanc.

Au sommet de l'Aiguille du Midi.
fotoVoyager/Getty Images Plus

La gare supérieure est celle du Piton nord (alt. 3800 m). De la terrasse panoramique, la vue plonge sur la vallée de Chamonix, 2800 m plus bas. Vous remarquerez tout d'abord l'aiguille Verte, les Grandes Jorasses, l'aiguille du Géant. Au Piton central (alt. 3842 m), le Pas dans le vide, une cabine de verre (accessible par ascenseur) d'environ un mètre carré, accrochée à l'extrémité du plancher de la terrasse sommitale, donne la sensationd'être en suspension... Sous vos pieds, 1000 m de vide et, face à vous, le Mont Blanc. Frisson garanti !
Avant de regagner la gare du téléphérique, parcourez les galeries forées à la base du piton nord : l'une aboutit à une terrasse aménagée face au Mont-Blanc ; l'autre à la gare de la télécabine de la vallée Blanche.

*Téléphérique de l'Aiguille du Midi - 100 pl. de l'Aiguille-du-Midi (durée 20mn) - 04 50 53 22 75 - dép. ttes les 15-30mn - fermé de déb. nov. à mi-déc. - 78 € AR. Pers. sujettes au vertige, s'abstenir.*

**À table !** En haut du téléphérique et après la traversée d'une série de galeries et de passerelles, vous vous attablerez à 3842 m d'altitude... Conditions extrêmes obligent, vous déjeunerez à l'intérieur d'une salle aux fenêtres étroites, mais quel plaisir de côtoyer le toit de l'Europe !

*Le 3842 - Au sommet de l'Aiguille du Midi - par téléphérique - 04 50 55 82 23 - www.aiguilledumidi-restaurant.com - fermé de déb. nov. à mi-déc., lorsque le téléphérique ne circule pas, et le soir - 45/58 €.*

**Rando du plan de l'Aiguille au Montenvers.** Depuis la station de téléphérique du Plan de l'Aiguille, vous pouvez vous dégourdir les jambes en faisant une partie du retour à pied jusqu'à Montenvers (2h30), où vous descendrez à Chamonix. De là, vous pourrez emprunter le train du Montenvers. Cette randonnée sur le Grand Balcon nord offre un panorama sur l'ensemble de la vallée, des Houches à Argentière, et sur le massif des Aiguilles-Rouges. Sur la fin, vous pouvez prendre le sentier de gauche pour rejoindre la mer de Glace *(voir page 118)*.

## 6 CHAMONIX- MONT-BLANC

**Louer un vélo. À 10mn à pied de la gare, vous trouverez deux boutiques de location de VTT à assistance électrique (VTTAE) idéaux pour découvrir la vallée.**
**Ebike Chamonix - 823 allée Recteur-Payot - 06 82 26 39 82 - www.ebikechamonix.com - tlj de mai à fin sept. - à partir de 60 € la 1/2 j. - possibilité de suivre un guide.**
**Legend'Chx - 218 av. de l'Aiguille-du-Midi - 04 50 90 22 25 - legend-chamonix.com - à partir de 40 € la 1/2 j.**

**Reine du Mont Blanc.** Si sa vocation touristique est née au milieu du 18e s. avec les débuts de l'alpinisme, Chamonix a su préserver un esprit de village bien à elle, fait d'amour de la montagne et de sens de l'accueil, mêlés de fierté. Ne vous attendez pas à trouver à Chamonix le cachet typique des villages haut-savoyards. La ville, animée toute l'année, tire au contraire son charme d'une cohabitation architecturale où alternent maisons massives du 19e s., palaces Art déco du début du 20e s. et témoignages de l'architecture des années 1970. Les façades regorgent de détails subtils comme des mosaïques ou de délicats balustres. Construite en 1707, l'église St-Michel, à la façade « Napoléon III », comprend, dans l'entrée, deux vitraux de 1925 représentant des skieurs et des lugeurs.

*Office de tourisme - 85 pl. du Triangle-de-l'Amitié - 04 50 53 00 24 - www.chamonix.com.*
*Office de haute montagne - Maison de la montagne - 190 pl. de l'Église - 04 50 53 22 08 - www.chamoniarde.com. - Infos et conseils pour les activités de pleine nature.*

**Espace de cristal des Alpes.** Incontournable, le musée des Cristaux, l'un des plus beaux musées minéralogiques nationaux, propose une immersion dans la minéralogie de l'arc alpin, de la France et du monde. Vous y découvrirez la tradition séculaire de la récolte de quartz dans le Mont-Blanc, encore vivace grâce à quelques cristalliers intrépides. À voir absolument, l'exceptionnelle collection de fluorites roses et rouges du Mont Blanc, ainsi que la riche variété des minéraux alpins. À noter, la présentation de métaux natifs (or, argent), gemmes et pierres taillées.

*Espace Tairraz-musée des Cristaux - 615 allée du Recteur-Payot - ✆ 04 50 54 78 39 - www.chamonix.com - juil.-août : 10h-18h ; vac. scol. (hors juil.-août) : 10h-13h, 14h-18h ; reste de l'année : 14h-18h - 7,30 €.*

**Embarquement immédiat pour la mer de Glace !** Pour accéder à la célèbre mer de Glace, prenez le train du Montenvers. Ce train à crémaillère de 1908 rend accessibles les glaciers aux non-alpinistes, le long d'un parcours sinueux de 5 km, affichant un dénivelé de 870 m. Du sommet du Montenvers (alt. 1935 m), vous prendrez la mesure du site composé par la mer de Glace, les formidables obélisques du Dru et de la Verte et, en toile de fond, les Grandes Jorasses. Sur place, la galerie des Cristaux, le musée du Grand Hôtel-Restaurant du Montenvers et le Glaciorium permettent de comprendre l'histoire du site et le phénomène des glaciers. Ensuite, montez à la grotte de Glace (accès par télécabine ou par un escalier de 600 marches, durée env. 20mn). Creusé pour la première fois en 1946, cet ouvrage d'art éphémère est retaillé chaque année en raison des mouvements du glacier. L'appartement improbable se compose d'un salon, d'une salle à manger, d'une chambre et d'une cuisine.

*Mer de Glace - gare du train du Montenvers, 35 pl. de la Mer-de-Glace, puis la télécabine du Montenvers - ✆ 04 50 53 22 75 - www.montblancnaturalresort.com - horaires variables en fonction de la météo - 39,50 € AR (train + télécabine + visite grotte de glace).*

**À table !** À la Maison Carrier, dans une ferme typique et conviviale au sein du luxueux Hameau Albert 1er, on mitonne des petits plats élaborés avec de superbes produits du terroir. Le résultat : généreux, noble et savoureux, comme les recettes de nos grands-mères...
Avec Sésame, Nicolas Pujol, adepte du yoga et passionné par le végétal, a donné à Chamonix son premier restaurant vegan 100 % bio et le seul bar à jus de fruits et légumes pressés à froid. Le lieu propose une carte de plats gourmands faits maison, réalisés essentiellement à partir de matières

## SUR LE TOIT DE L'EUROPE OCCIDENTALE

**La chaîne du Mont-Blanc est née il y a 35 millions d'années. Jeune et partiellement érodée, comme en témoignent les flancs acérés des aiguilles de Chamonix, elle a connu de plus des plissements successifs et de fortes contraintes à ses extrémités. Il en résulte d'étroites vallées et un massif parfois si étroit qu'il sera possible en 1965 de le percer de part en part. Au terme de sa surrection (élévation de roches issues de l'écorce terrestre), celui-ci connaît une longue période de glaciation. Les glaciers ont déterminé l'emplacement des verrous, des cols et des alpages.**

**La vallée de Chamonix doit son premier titre de gloire à ses aiguilles taillées dans une sorte de granit clair à gros grain tirant sur le verdâtre, la protogine. Les plus grands noms sont ici ceux du Grépon, de Blaitière, du Dru – obélisque formidable flanquant la cime maîtresse que constitue la pyramide de l'aiguille Verte.**

**Trois glaciers se partagent inégalement la faveur des estivants : la mer de Glace, le plus long (14 km) et le plus populaire avec le fameux site-tableau de Montenvers, le glacier du Mont-Blanc (7 km) à l'impressionnant dénivelé de 3 600 m, le plus pittoresque avec sa langue terminale faisant irruption dans la forêt, au voisinage des habitations, et enfin le glacier d'Argentière (11 km), le plus spectaculaire, au pied de la grandiose face nord de l'aiguille Verte. Sur le versant opposé de la vallée de l'Arve, les Aiguilles Rouges, où les amateurs d'escalade pure s'entraînent, offrent de fabuleux belvédères, le Brévent par exemple. Au sud du Mont Blanc, les bosses neigeuses des dômes de Miage forment réellement le fond de décor caractéristique du val Montjoie et s'accordent avec le relief adouci de cette vallée.**

Le train rouge à crémaillère permettant un accès à la mer de glace.
G.Lansard/hemis.fr

premières locales fraîches. Pas de sucres raffinés dans les plats, ni de sulfites dans les vins nature proposés. Jolie terrasse arborée avec vue sur le Mont Blanc.

*La Maison Carrier - 44 rte du Bouchet - ☏ 04 50 53 00 03 - www.hameaualbert.fr - fermé lun.-mar. (basse sais.) - plat du jour 25 €, menus 31 (déj.)/59 €.*

*Sésame - 70 av. Ravanel-le-Rouge - ☏ 04 56 66 03 79 - www.sesame-montblanc.com - plats 10/25 €.*

**Pour le pique-nique.** Ses produits régionaux de toutes sortes agrémenteront vos pique-niques : charcuterie, fromages, confitures, vins de Savoie, confiseries et plats cuisinés savoyards à emporter.

*Le Refuge Payot - 255 r. du Dr-Paccard - ☏ 04 50 53 16 86 - www.refugepayot.com - tlj 8h15-20h.*

**Pause sucrée.** Dans ce salon de thé, les pâtisseries et les chocolats sont mis en valeur comme dans une bijouterie ! À goûter : le 4810®, un « massif » en chocolat dont on ne fait qu'une bouchée.

*Aux Petits Gourmands - 168 r. du Dr-Paccard - ☏ 04 50 53 01 59 - www.boutique.petitsgourmands.fr - 7h30-19h30.*

**L'heure de l'apéro.** Outre les grandes terrasses des bars du centre piéton, très attractives dès que le soleil brille, trois bars, au bout de l'avenue Michel-Croz, face à la gare SNCF, attirent foule à l'heure de l'« après-ski » : le Moö, l'Élévation 1904 et le Chambre Neuf (bar du Langley Hotel Gustavia – *voir ci-dessous*).

**Pour la nuit.** En face de la gare, il règne au Langley Hotel Gustavia une ambiance cosmopolite et festive, à l'image de la ville. Les chambres, réparties dans les étages, garantissent calme, confort et propreté. Salle d'eau parfois un peu petite.
L'atout majeur de l'hôtel Le Faucigny réside dans sa situation centrale, face à l'office de tourisme et à 7mn à pied de la gare. Entièrement rénové avec beaucoup de charme, il propose des chambres avec une jolie vue sur le massif du Mont-Blanc au 1er étage tandis que celles du second sont mansardées.

*Langley Hotel Gustavia - 272 av. Michel-Croz - ☏ 04 50 53 00 31 - www.langleyhotels.eu - 50 ch. 120/195 € - ☕ 14 € - ✕.*

*Hôtel Le Faucigny - 118 pl. de l'Église - ☏ 04 50 53 01 17 - www.hotelfaucigny-chamonix.com - 28 ch. 130/200 € - ☕ 14,90 €.*

**Musique et escalade en altitude.** Chamonix ne manque pas de festivités, surtout aux beaux jours. Chaque été, le Festival d'orgue de Chamonix est le grand rendez-vous de la saison musicale avec entrée et participation libres à l'église St-Michel. En juillet également, Cosmojazz Festival est l'occasion d'écouter des concerts en altitude. Plus sportive, la Coupe du monde d'escalade réunit aussi chaque été les meilleurs de la discipline.

*Festival d'orgue de Chamonix - Entre mi-juil. et mi-août www.festivalorguechamonix.fr. Concerts tous les dim. à 17h.*

*Cosmojazz Festival - Fin juil.- déb. août - www.cosmojazzfestival.com. Concerts en altitude notamment.*

*Coupe du monde d'escalade - Mi-juil. - www.chamonixsport.com.*

**Descendre l'Arve et son canyon à toute allure.** Découvrez la vallée de Chamonix depuis les eaux fraîches de l'Arve ! Vous vous réchaufferez en prenant de la vitesse et en vous dépensant lors de sorties canyoning, rafting et hydrospeed. Le tout bien encadré.

*Cham'Aventure - Maison de la montagne - 190 pl. de l'Église - ☏ 04 50 53 00 88 - www.cham-aventure.com - tarifs et horaires : se rens.*

## 7 LES PRAZ DE CHAMONIX

**→Très proche du centre-ville de Chamonix, l'arrêt dans cette gare permet l'accès à la Flégère, dont le téléphérique est tout proche.**

**À table et au lit !** Ce plaisant hôtel familial, à 10mn de la gare, abrite des chambres montagnardes, plus au calme côté forêt. Bar-salon, billard et jardin. Salle à manger « tout bois » et agréable terrasse ; la cuisine traditionnelle prend des accents du terroir.

*Arveyron - 1650 rte du Bouchet - ☏ 04 50 53 18 29 - www.hotel-arveyron.com - 27 ch. 120/200 € : - ✕ petite restauration du merc. au dim. (14h-21h).*

**Promenade de la Flégère à Planpraz.** Cet itinéraire, facile et agréable (2h30), parcourt la partie centrale du Grand Balcon sud reliant le col des Montets aux Houches, sur le massif des Aiguilles-Rouges. Du sentier, bordé de rhododendrons,

Lac Blanc.
GanzTwins/Getty Images Plus

vous ne vous lasserez pas des vues sur la chaîne du Mont Blanc.

*Prenez la télécabine de La Flégère (35 rte des Tines - durée 10mn). Descente sur Chamonix-Mont-Blanc par la télécabine de Planpraz (durée 10mn).*

**Randonner jusqu'au lac Blanc.** En 1h15, vous atteindrez le magnifique lac situé à 2352 m. Vue exhaustive, de gauche à droite, sur le glacier du Tour, l'aiguille du Chardonnet, l'aiguille et le glacier d'Argentière, les Grands Montets, l'aiguille Verte, les Drus, la mer de Glace, les Grandes Jorasses, l'aiguille du Géant, l'aiguille du Midi, le massif du Mont-Blanc... Pour contempler les beaux reflets des eaux du lac, la meilleure période est, malgré l'affluence touristique, la fin du mois de juillet. Descente directe sur la Flégère en 1h10.

*Prenez la télécabine de la Flégère (35 rte des Tines - durée 10mn), puis le télésiège de l'Index (durée 10mn).*

## 8 ARGENTIÈRE

**Au pied du glacier.** Le village est composé de maisons anciennes blotties autour d'un clocher à bulbe typiquement savoyard. Lieu d'animation, la Maison de village abrite un espace d'exposition consacré au patrimoine naturel et un point information de la Convention alpine, traité signé par huit pays pour la sauvegarde et le développement des Alpes.

*Office de tourisme - 24 rte du Village - ✆ 04 50 54 02 14 - www.chamonix.com.*

*Maison de village - 101 rte du Village - ✆ 04 50 54 03 06 - www.alpconv.org/fr/page-daccueil/organisation/partenaires/point-info-de-chamonix/ - fermé dim.-lun.*

**Montée à l'aiguille des Grands Montets en téléphérique.** De la plateforme terminale du téléphérique, grimpez à la table d'orientation, si les 120 marches d'escalier assez raides ne vous effraient pas... À 3275 m d'altitude, le panorama, grandiose, s'ouvre sur le glacier d'Argentière dominé par les aiguilles du Tour, du Chardonnet, d'Argentière et le mont Dolent. Le regard est attiré au sud par la masse de l'aiguille Verte et les Drus. Plus à l'ouest, on admire l'aiguille Blanche, le Mont Blanc et le dôme du Goûter, devant lesquels se dressent les aiguilles déchiquetées de Chamonix, le mont Maudit et l'aiguille du Midi. On remarque ensuite la belle vue en enfilade sur la vallée, de Chamonix jusqu'aux Houches puis, en arrière-plan, la chaîne des Aravis (pointe Percée, Grands Vans), le Jura et, enfin, au nord, l'Oberland bernois.

**À table !** On vient dans cette grande cabane en bois, installée à proximité des pistes des Grands Montets, reprendre des forces et manger des gratins au beaufort, des œufs cocotte ou des croûtes, parmi les meilleures de la région d'après les Chamoniards. Ambiance montagnarde garantie. Terrasse.

*La Crèmerie du Glacier - 766 chem. de la Glacière - ✆ 04 50 54 07 52 - www.lacremerieduglacier.fr - en été, menu rando 20,50 €.*

*Prenez le téléphérique de Lognan (65 chemin de la Glacière - durée 10mn), puis le téléphérique des Grands-Montets (durée 10mn) - fermés pour travaux jusqu'en déc. 2026, se rens.*

**Pour la nuit.** À 10mn de la gare et face à la station des Grands Montets, l'hôtel Le Dahu, tout de bois revêtu, est typiquement montagnard ! L'ambiance est chaleureuse et confortable et la vue sur la montagne, superbe.

*Hôtel Le Dahu - 325 r Charlet-Straton - ✆ 04 50 54 01 55 - www.hotel-argentiere.com - 16 ch. 73/103 € - ☕ 12 €.*

## 9 VALLORCINE

**Dans un coin perdu de montagne...** C'est le dernier village de la vallée de Chamonix-Mont-Blanc avant le passage en Suisse. Dans un environnement préservé, grâce à son isolement, Vallorcine semble hors du temps. Son église, protégée des avalanches par sa tourne (sorte de digue en pierre en forme d'étrave), ou *turne* en patois vallorcin, se détache des grands abrupts de l'aiguille de Mesure (extrémité nord du massif des Aiguilles-Rouges et du massif du Mont-Blanc).

*Office de tourisme - Maison du Betté - 183 rte des Confins-du-Valais - ✆ 04 50 54 60 71 - www.chamonix.com.*

**À table !** Derrière la gare, qu'il fait bon s'installer sur la reposante terrasse du Café Comptoir ! L'assiette allie fraîcheur des produits et présentation soignée, couronnée par une harmonie des saveurs. Une salle accueillante dans un décor moderne et sobre, en bois. Un très bon rapport qualité-prix.

*Le Café Comptoir - 69 rte de la Forêt-Verte - ✆ 04 50 18 72 43 - www.lecafecomptoir.com - fermé mai, nov. et lun. sf vac. scol. - formule déj. 20 € - menu 39 €.*

**Pour la nuit.** L'une des dernières maisons avant la Suisse ! Il s'y cache, dans chacune des pièces,

L'Express du Mont-Blanc.
D. ZYLBERYNG/Alamy/hemis.fr

des richesses décoratives – boiseries, meubles d'époque, faïences d'Italie – que l'on découvre avec ravissement. Cuisine à disposition.

*Chambres d'hôtes L'Anatase - 323 rte des Confins-du-Valais - Les Plans - ✆ 04 50 54 64 06 - lanatase.com - 5 ch. 140/150 € ∴.*

**Se balader dans la réserve naturelle des Aiguilles-Rouges.** Elle couvre 3 300 ha, entre 1 200 m et 2 965 m d'altitude, dans le massif du même nom, face au Mont Blanc. Sur 2 km, l'ancien tracé des diligences entre Chamonix et Martigny a été reconverti en sentier botanique qui révèle la flore et la faune d'altitude. Dans le chalet d'accueil au col des Montets (alt. 1 461 m), expositions et contenus audiovisuels sur la faune, la flore et la géologie complètent cette initiation au biotope local.

*Accès : à 50mn à pied d'Argentière ou par le TER, arrêt Montroc.*

*Chalet d'accueil - 1506 col des Montets - ✆ 04 50 54 02 24 - www.reserves-aiguilles-rouges.com - de mi-mai aux vac. de Toussaint - visite gratuite du sentier et du chalet.*

## 10 MARTIGNY

**→Par un autre train, on peut continuer jusqu'à Martigny, en Suisse (dép. ttes les heures depuis Vallorcine - env. 50mn). Prévoyez une pièce d'identité en cours de validité sur vous.**

**« Le Midi commence à Martigny » !** Cette cité suisse profite d'un ensoleillement qui fait pousser tomates, vignes, abricotiers et autres arbres fruitiers. La ville elle-même cultive un cachet méridional, que les vestiges et monuments romains disséminés dans ses rues viennent encore renforcer. Servie par une situation géographique favorable – au carrefour du Simplon et du Grand-St-Bernard, et près de plusieurs stations de sports d'hiver –, la ville s'est également forgé une identité culturelle forte.

*Office de tourisme - 6 av. de la Gare - ✆ (+ 41) 27 720 49 49 - www.martigny.com.*

**Se cultiver à la Fondation Pierre Gianadda.** Ce centre culturel bâti autour des vestiges d'un temple gallo-romain abrite un musée de l'Automobile et un Musée gallo-romain. À côté de ce fonds permanent sont présentées des expositions temporaires de grande qualité. Les jardins de la fondation contiennent à la fois des vestiges gallo-romains et des sculptures du 20e s. de première importance.

*Fondation Pierre Gianadda - 59 r. du Forum - ✆ (+ 41) 27 722 39 78 - www.gianadda.ch - juin-nov. : 9h-19h ; reste de l'année : 9h-18h - 20 CHF.*

**S'attendrir à Barryland.** Ce musée voué aux saint-bernards accueille de véritables chiens, que l'on voit évoluer à travers des vitres, et relate, de façon attractive et ludique, le passé de l'hospice et du col du Grand-St-Bernard. Le vrai Barry (du moins sa dépouille naturalisée) se trouve au musée d'Histoire naturelle de Berne : ce chien, le plus célèbre des chiens de sauvetage du Grand-St-Bernard, est devenu une véritable icône en Suisse.

*Barryland - Musée et Chiens du St-Bernard - 34 r. du Levant - ✆ (+ 41) 27 720 53 53 - www.barryland.ch - 10h-18h - 12 CHF.*

**À table !** Cette belle demeure historique (17e s.) trône sur une agréable place, près d'une fontaine ; c'est la plus ancienne auberge de la ville et son café est très fréquenté ! Côté restaurant – lequel a le charme de la simplicité –, habitués et visiteurs apprécient ses spécialités du Valais : ragoût d'escargots, rognons à l'ail, etc.

*Les Trois Couronnes - 8 pl. du Bourg - ✆ (+ 41) 27 723 21 14 - www.les3couronnes.ch - fermé dim. et lun. - formule du jour 26 CHF, menus 77/89 CHF.*

**L'heure de l'apéro.** Effectivement, elle vole... au plafond ! Mais ne soyons pas vaches, car le lieu est original avec son bar à vins au rez-de-chaussée où l'on déguste des tapas.

*La Vache qui Vole - Pl. Centrale 2b - ✆ (+ 41) 27 722 38 33 - 11h-23h (0h vend.-sam.) - fermé dim.-lun.*

**Pour la nuit.** À 17mn à pied de la gare, un hôtel sans charme, mais correctement tenu et bien situé près de la Fondation Gianadda et d'une grande piscine en plein air.

*Motel des Sports - 15 r. du Forum - ✆ (+ 41) 27 722 20 78 - www.moteldessports.ch - 38 ch. 100/160 € - ☕ 16 €.*

Massif et parc naturel régional des Bauges, et en arrière-plan la Dent d'Arclusaz.
Ch. Martelet/hemis.fr

# CHAMBÉRY - MODANE

**La ligne dite « de la Maurienne » suit un axe de communication majeur entre la France et l'Italie (via le tunnel du Fréjus). L'emprunter promet assurément de superbes paysages : après avoir traversé la cluse de Chambéry, où sont produits quelques-uns des meilleurs vins de Savoie, le train s'engage dans la basse vallée industrieuse de la Maurienne, s'élevant progressivement entre les massifs montagneux pour rejoindre Modane à près de 1100 m d'altitude.**

## DE CHAMBÉRY À MODANE - 7 JOURS

- Pour rejoindre Chambéry au départ de Lyon-Part-Dieu : une vingtaine de TER directs chaque jour (1h30)
- Trajet sans escale : 1h46
- Fréquence : 12/j (en car SNCF ou TER + car)
- Horaires : www.sncf-connect.com/train/trajet/chambery/modane
- Tarif sans escale : 20,90 €
- Services à bord : transport des vélos autorisé
- Pour le retour à Lyon-Part-Dieu, correspondance à Chambéry-Challes-les-Eaux

Où se placer pour admirer le paysage ? Côté gauche dans le sens de la marche.

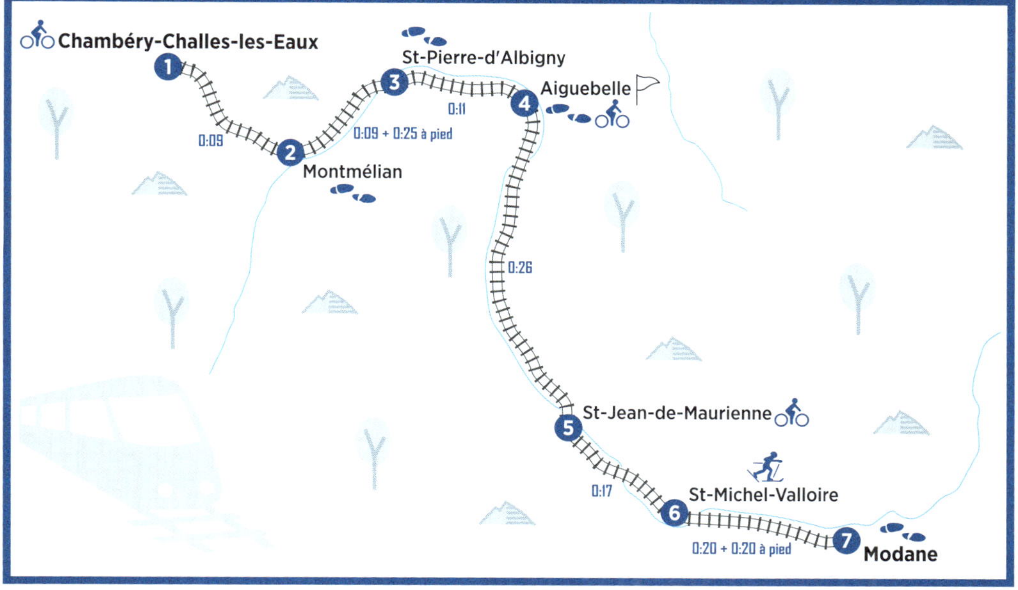

## 1 CHAMBÉRY - CHALLES-LES-EAUX

**➔Selon les horaires, certaines portions de l'itinéraire sont assurées par des cars SNCF.**

Pour **Chambéry** *voir page 48.*

## 2 MONTMÉLIAN

**Un village et des vins.** C'est certainement sa position stratégique, à proximité des frontières et au carrefour d'importantes routes marchandes, qui a valu à Montmélian la construction d'une des plus puissantes forteresses d'Europe, démantelée en 1706 par Louis XIV. Montmélian jouit à présent d'une autre renommée. La ville est en effet au cœur de la première région viticole de Savoie : une très bonne raison d'y faire escale. Parmi les édifices de caractère, ne manquez pas le pont Cuénot, du 17e s., qui franchit l'Isère sur ses dix arches. Il fut longtemps l'unique ouvrage permettant la communication entre la capitale savoyarde et la Maurienne. Poussez également la porte du musée de la Vigne et du Vin de Savoie avant de siroter quelques breuvages locaux.

*Office de tourisme - 46 r. du Dr-Veyrat - ✆ 04 79 84 42 23 - tourisme.coeurdesavoie.fr.*

*Musée de la Vigne et du Vin de Savoie - même adresse que l'office de tourisme - www.montmelian.com/musee-vigne-vin-savoie - juin-sept. : tlj sf dim. 10h-12h, 14h-18h30 ; reste de l'année : mar. 14h-18h, merc.-vend. 10h-12h, 14h-18h, sam. 10h-12h30 - 5 €.*

**À table et au lit !** À 18mn à pied de la gare et 10mn du musée, La Clé des Champs dispose de petites chambres simplement meublées mais chaleureuses, dont certaines donnent sur les quais de l'Isère. L'établissement a également misé sur la qualité de son restaurant, Le Cep Gourmand, où vous apprécierez la bonne cuisine savoyarde et piémontaise, faite maison, comme les délicieuses pâtes fraîches.

*La Clé des Champs - Quai de l'Isère - N 6 - ✆ 04 79 84 12 01 - montmelian.lacledeschamps-hotels.com - 40 ch. 89/100 € - ☕ 13 € - ✕ fermé dim. - menus 24/30 €.*

**Pour le pique-nique.** La place du Marché s'anime le dimanche matin de quelques étals gourmands. Poulets rôtis, fromages, charcuterie, miel... pour composer un pique-nique goûteux que vous compléterez avec une tarte briochée aux pralines, la spécialité de la boulangerie Aux Délices de Montmélian. Celle-ci fabrique aussi des pains

Vignoble autour de Montmélian.
G. Lansard/hemis.fr

Château des ducs de Savoie, Chambéry.
StefyMorelli/Getty Images Plus

au levain, aux lardons et au fromage, ou encore aux diots. Ça donne envie d'aller marcher !

*Aux Délices de Montmélian - 40 r. du Dr-Veyrat - ✆ 04 79 84 06 04 - tlj sf jeu. 6h30-13h, 15h30-19h30, dim. 6h30-13h.*

**La plus ancienne foire savoyarde.** La foire de Qu'ara Bara, qui signifie « Qui aura, donnera », date du Moyen Âge et se déroule le 1er dimanche de septembre. Elle réunit environ 200 exposants. Profitez de cette opportunité pour dénicher de nombreux produits de créateurs locaux.

**Vue plongeante.** Pour appréhender la ville et la plaine dans toute leur dimension, montez jusqu'au belvédère de la forteresse. Il suffit de suivre la rampe signalée « Montée du fort » et, au gré des vestiges des fortifications, vous atteignez la plateforme sommitale qui donne toute la mesure de ce site stratégique. Avec l'aide d'une table d'orientation, vous parcourez le panorama sur la vallée de l'Isère et les Alpes. Ce rocher est sans doute à l'origine du nom de la ville ; *meillan* en celte signifierait « rocher », « forteresse ». D'ailleurs au Moyen Âge, la cité se dénommait Montis Meliani.

*Accès par le 22 r. du Parapet (à 20mn à pied de la gare) - 10mn de montée.*

## 3 SAINT-PIERRE-D'ALBIGNY

**→Le centre du village est à 25mn à pied de la gare, l'hôtel à 35mn. Pas de bus mais des taxis pour ceux qui ne veulent pas marcher.**
**Taxi de la Combe - ✆ 06 15 34 17 13 ; Arclusaz Taxi - ✆ 06 07 11 64 83.**

**De l'authenticité.** Situé dans la combe de Savoie, juste sous la dent d'Arclusaz, St-Pierre-d'Albigny et sa vingtaine de hameaux jouissent d'une exposition ensoleillée. Le chef-lieu dégage un charme certain avec ses maisons colorées et son église massive. Sous la mairie, dont la salle du conseil est décorée de papiers peints panoramiques du début du 19e s., furent découvertes quelques sépultures des grandes familles de la région.

*Office de tourisme - Pl. de l'Europe - ✆ 04 79 25 19 38 - tourisme.coeurdesavoie.fr.*

**À table !** Dans un décor d'anciennes pompes à essence et de bidons, clin d'œil à l'activité de son mari, Yasmina cuisine des plats épicés et pleins de saveurs où la Savoie prend des accents du Sud. Elle prépare par exemple des diots à l'huile d'olive, avec courgettes, carottes et crème, accompagnées d'une polenta à l'origan ; pour le dessert, une panna cotta au citron de Menton... À déguster en terrasse avec une jolie vue sur Belledonne.

*L'Atelier D'yz - 135 av. de l'Arclusaz - 06 63 25 38 48 - fermé dim. soir-lun., mar. soir (et merc. ou jeu. soir en hiver) - menus 15,50 € (déj.)/26 €.*

**Des vins blancs réputés.** La cluse de Chambéry, qui s'étend au pied des massifs des Bauges et de la Chartreuse, entre Chambéry et Montmélian, est réputée pour ses vins blancs AOC. Vous connaissez sûrement l'apremont, l'abymes, le chignin ou encore le chignin-bergeron qui se marient parfaitement avec les fromages locaux. Mais il y a tellement plus encore... Pour le savoir, passez au dynamique domaine St-Germain, spécialisé en vins bio. Parmi ses spécialités de Savoie, des monocépages, valeurs sûres du Domaine : en blanc, roussette de Savoie altesse ou rouge persan...

*Domaine St-Germain - 65 rte de Miolans - 06 10 71 13 85 - www.domainesaintgermain.com - tlj sur RV.*

**Pour la nuit.** Cette ancienne maison forte a été rénovée avec beaucoup de goût et présage un séjour enchanteur. L'accueil est agréable et spontané, le cadre rafraîchissant et la vue exceptionnelle. La table, réputée pour son inventivité, s'approvisionne aux 88 acres de son célèbre potager.

*Château des Allues - 335 r. Audibert - 06 75 38 61 56 - www.chateaudesallues.com - 5 ch. 155/180 € : et 4 gîtes à partir de 600 €/sem. - le soir sur réserv, pour les chambres d'hôtes.*

**Atteindre le Chapeau mont Benoît.** Cette randonnée, qui démarre par un sentier un peu raide, traverse plusieurs hameaux de la commune et offre de jolis points de vue sur les massifs de la Lauzière, de Belledonne et de la Chartreuse. À l'automne, les couleurs rougeoyantes de la végétation semblent enflammer les versants des montagnes. Idéal pour quelques photos souvenirs !

*Dép. du parking du gymnase des Frontailles, au carrefour de la rue des Écoles et de la rue des Aubépines - 2h AR - 260 m de dénivelé.*

Vignobles, Chignin.
Cyrille LIPS/Shutterstock

# 4 AIGUEBELLE

➔Une étape à faire sur la journée, en dormant à St-Jean-de-Maurienne (voir page 131).

**Porte de la Maurienne.** Situé au cœur d'un vallon, Aiguebelle constitue un agréable lieu de villégiature estivale préservé. Le paysage alentour garde la trace d'anciennes activités minières et révèle l'importance historique du site. Aujourd'hui, marchés et foires entretiennent la tradition de cette ville d'étape et de commerce qui s'étire le long de la nationale. L'église a conservé son chœur et son clocher du 14e s. et abrite un beau mobilier dont un Christ de pitié en bois polychrome.

*Office de tourisme - 75 Grande Rue - ✆ 04 79 36 29 24 - www.portedemaurienne-tourisme.com.*

**Pour le pique-nique.** Pour reprendre des forces au cours de votre randonnée au roc de Charbonnière, commandez une pizza chez Joa Pizza, ou choisissez une fougasse salée chez Gil. Ce dernier propose aussi des brioches saucisse, du pain bio et quelques gourmandises sucrées comme d'appétissantes brioches pralines.

*Joa Pizza - 30 Grande Rue - ✆ 04 79 75 63 80.*
*Le Pain de Gil - Pl. de la Mairie à Randens (de l'autre côté de l'Arc) - ✆ 06 25 16 46 58 - le matin uniquement.*

**Un kilomètre à pied…** Un sentier pittoresque à travers les sous-bois mène aux ruines du château de la Charbonnière, foyer originel de la maison de Savoie. Il s'élève sur le roc de Charbonnière qui domine la ville. Au sommet, deux tables d'orientation détaillent le beau panorama sur la barrière des Bauges et la vallée de l'Arc.

*Dép. de l'office de tourisme, en direction du lac du Vivier, puis suivez les indications - 2h - 100 m de dénivelé.*

**Une plage à la montagne.** Même s'il faut pédaler quelques dizaines de minutes, le plan d'eau de St-Alban-d'Hurtières vous promet un parfait moment de détente. Entouré d'une large prairie et d'une plage, ce petit lac bénéficie d'un agréable cadre montagneux. On s'y retrouve volontiers à la belle saison pour un bain de soleil, un match de beach-volley, un pique-nique, une sieste, une baignade (surveillée en juil.-août 12h-18h) ou une partie de pêche (permis à l'office de tourisme). Une guinguette, Le Café Gourmand, assure l'animation et sert repas et coupes glacées. N'hésitez plus et glissez un maillot de bain dans votre sac !

*Accès par la rte de la Digue, puis les chemins - 35mn aller - 100 m de dénivelé.*
*Le Café Gourmand - Lac des Hurtières, 160 imp. de l'Observatoire - ✆ 06 20 74 82 84 - juin-sept. : tlj 9h-23h ; reste de l'année : w.-end.*

**Dans la roue du Tour de France.** Les accros du Tour de France peuvent se mesurer avec leurs idoles en ralliant le col du Grand Cucheron, situé à 1188 m d'altitude. Avec un VAE, le défi sera plus accessible ! En suivant la D 73 puis la D 207, vous traversez la campagne savoyarde, gravissez les petites routes de montagne au cœur de la forêt, pendant 13 km et près de 900 m de dénivelé. Une balade dans des paysages somptueux avec de superbes vues sur le massif des Bauges.

## UN MASSIF, UN FROMAGE

**Signe particulier : cette tome s'écrit bien avec un seul « m » pour la tome des Bauges, dont l'origine vient du patois savoyard « toma » qui signifie « fromage fabriqué dans les alpages ». Ce fromage, exclusivement au lait cru, se reconnaît à son croûtage tourmenté (avec du relief) et ses arômes associant le lactique au subtilement boisé.**

**Si la tome des Bauges, AOP depuis 2002, est produite uniquement dans le massif éponyme à partir du lait de vaches abondances ou tarines, vous la trouverez facilement sur les marchés des villages alentour. Sa fabrication, artisanale, se déroule en fruitière ou à la ferme : le lait est écrémé à « la pôche », caillé, délicatement découpé, puis brassé et chauffé pour obtenir le grain souhaité. Après le démoulage, il est salé et affiné cinq semaines dans une cave où il est régulièrement frotté et retourné. Laissez-vous tenter !**

Infos et liste des producteurs sur : www.tome-des-bauges.com

St-Jean-de-Maurienne, la ville de l'Opinel.
P. Witt/hemis.fr

## 5 SAINT-JEAN-DE-MAURIENNE

**Louer un vélo. On trouve des cycles, classiques et électriques, à moins de 15mn à pied de la gare.**
**Dvélos - 249 r. de la Libération - 09 87 14 98 60 - www.dvelos.com - réserv. en ligne - fermé dim. et lun. matin - à partir de 40 € la 1/2 j.**

**Des atouts forts.** À la confluence de l'Arc et de l'Arvan, St-Jean-de-Maurienne est le centre commerçant de la vallée. Si le départ du groupe industriel Pechiney au début des années 2000 l'a profondément meurtrie, la ville manifeste un dynamisme certain et multiplie les initiatives pour gagner en attractivité avec un projet de réhabilitation du centre-ville et un musée Opinel rénové *(voir ci-contre)*. Sa cathédrale constitue également un atout touristique majeur avec ses exceptionnelles stalles en noyer du 15e s. Entourée des cols mythiques que sont la Madeleine, la Croix-de-Fer et le Glandon, la ville voit se croiser motards et cyclistes venus défier pentes et lacets.

*Office de tourisme - Pl. de la Cathédrale - 04 79 83 51 51 - montagnicimes.com.*

**Tout sur le célèbre couteau savoyard.** Ambassadeur de la Savoie, l'Opinel a son musée. On y apprend notamment comment Joseph Opinel, qui concevait des canifs pour ses amis pendant son temps libre, prend l'initiative de les fabriquer en série et de les décliner en 12 tailles différentes. Le n° 08 deviendra même dans les années 1960 une icône du design, exposée au MoMa de New York. En fin de visite, la boutique propose toutes les gammes de ces couteaux au manche en bois vernis et lame en acier trempé, frappée de la célèbre main couronnée, symbole de la marque.

*Musée Opinel - 25 r. Jean-Jaurès - 04 79 64 04 78 - www.opinel.com - 9h-18h30 - fermé dim. sf juil.-août - gratuit.*

**À table !** Un Gavroche bien sympathique, ce restaurant, à l'image du personnage de Victor Hugo. Derrière les fourneaux, le chef signe une cuisine d'esprit créatif et très appréciée tel ce saumon écossais cuit à cœur, au four et à basse température, dans une huile aromatisée et servi avec des légumes du jardin ou du marché. Sa carte des vins met bien en valeur les nectars de Savoie, blancs et rouges, essentiellement travaillés par de jeunes producteurs. L'été, on savoure la fraîcheur de la terrasse ombragée, et, l'hiver, dans la salle sous la véranda, on regarde la neige tomber.

*Le Gavroche - 44 pl. du Marché - ✆ 04 79 20 49 30 - www.restaurant-le-gavroche.com - dim.-lun. - menus 21/25 € (déj.), 35/49 € (soir).*

**Pour le pique-nique.** Marché hebdomadaire le samedi matin, place de la Cathédrale.

**Pour la nuit.** À une dizaine de minutes de la gare et à proximité de la cathédrale et du musée Opinel, cet ancien relais de poste abrite des chambres à la décoration un peu désuète mais confortables. Le restaurant occupe une salle voûtée, et sa carte de vins régionaux se conjugue à merveille aux recettes locales actualisées. Service *ad hoc*.

*Hôtel du Nord - 64 imp. Jean-Jaurès - ✆ 04 79 64 02 08 - www.hoteldunord.net - 19 ch. 77/80 € - ☕ 10 € - ✕ fermé dim. et lun. midi - plats 17/39 € - 1/2 pension à partir de 3 j. (à partir de 77 €/pers. ou 101 € en pension complète.*

## 6 SAINT-MICHEL - VALLOIRE

**➔La gare de St-Michel-Valloire est située sur le territoire de la commune de St-Michel-de-Maurienne mais permet de rejoindre la station de Valloire, à 1 km.**

**L'autre St-Michel.** Chef-lieu de canton, St-Michel-de-Maurienne est un village de 3 000 habitants très étendu qui occupe le centre de la vallée. Le centre et la mairie se trouvent à 9mn à pied de la gare. À partir de là, on peut déambuler dans le centre du vieux St-Michel en suivant l'étroite rue St-Marcellin. En remontant vers l'église, un chemin conduit vers la tour Carrée, dernier vestige d'une maison forte.

**La Maurienne industrielle.** Cet espace est le premier et unique musée au monde entièrement consacré à l'aluminium ! Ce musée réussit le tour de force de rendre passionnante l'histoire métallurgique de la vallée de la Maurienne, jadis surnommée « Vallée de l'aluminium », où jusqu'à six usines ont fabriqué le précieux métal au début du 20e s. Un effort a été fait pour le rendre accessible au jeune public. Intéressante collection d'objets, dont d'émouvants bijoux réalisés par les soldats de 1914-1918 à partir de l'aluminium récupéré sur les obus ennemis.

### ÉCHAPPÉE BELLE VERS LA STATION D'AUSSOIS

**Aussois est une station familiale accueillante accessible depuis St-Michel-Valloire (27 km, 30mn en bus) et Modane (9 km, 13mn). Porte d'entrée du parc national de la Vanoise, au pied du Râteau d'Aussois et de la dent Parrachée, ce petit village aux maisons de pierre se blottit sur un coteau baigné de soleil. En hiver, son domaine skiable fait le bonheur de tous : un bon équipement, orienté plein sud, des pistes qui montent à 2 750 m, des conditions d'enneigement correctes jusqu'en avril... En été, sa large palette d'activités satisfait les amateurs de sports de plein air qui, avec les promeneurs et les cyclistes, assurent l'animation des lieux. En saison, le télésiège du Grand Jeu permet de s'élever à 2 150 m. Du sommet, vue sur la grande masse pyramidale de Longe-Côte, l'aiguille de Scolette, la pointe de la Norma et, en fond de vallée, le massif du Thabor. En longeant le télésiège de l'Éterlou, on voit le Râteau d'Aussois et les lacs des plans d'Amont et d'Aval.**

Infos pratiques : de St-Michel-Valloire (la gare est nommée St-Michel-de-Maurienne sur le site de réservation) ou Modane (arrêts Gare-Routière ou Loutraz), prendre le bus de la ligne S52 - horaires et réserv. recommandée sur www.altibus.com - AR 12,60 €. Ces navettes peuvent prendre des vélos (en nombre limité cependant, se rens.)

Télésiège du Grand Jeu - 43 rte des Barrages, à 10mn à pied du centre - ✆ 04 79 20 42 20 - www.aussois.com - ouv. de mi-juin à fin août - 9,30 €.

Office de tourisme - Maison d'Aussois - rte des Barrages - Aussois - ✆ 04 79 05 99 06 - www.haute-maurienne-vanoise.com.

*Espace Alu - musée de l'Épopée de l'aluminium dans les Alpes - Pl. de l'Église - ✆ 04 79 56 69 59 - espacealu.fr - de déb. juil. à déb. sept. : 10h-12h30, 13h30-19h ; reste de l'année : tlj sf sam.-dim. 14h-18h - fermé de la fin des vac. de Toussaint aux vac. de Noël - 8 €.*

**À table !** À La Scuderia, on travaille en famille pour proposer des spécialités italiennes et des pizzas, à déguster sur place ou à emporter.

*Pizzeria La Scuderia - 58 r. du Gén.-Ferrié - ✆ 04 79 83 06 48 - fermé merc. - pizzas 10/15 € - plats 10/16 €.*

## ALLER VOIR DU CÔTÉ DE VALLOIRE

**À 17 km de St-Michel-Valloire, Valloire est une station accessible en navette. Cyclistes, motards, randonneurs et autres amoureux de la montagne se donnent rendez-vous dans cette station chaleureuse et ensoleillée, terre d'accueil sur la route des Grandes Alpes, entre les cols du Télégraphe et du Galibier. Dans un cadre alpin ouvert, au pied du majestueux rocher St-Pierre, Valloire déploie son habitat harmonieux mêlant maisons traditionnelles et chalets en bois. Il faut voir son église Notre-Dame-de-l'Assomption, trésor du baroque : datant du 17e s., sauf le clocher qui est un vestige de l'édifice primitif, c'est un des sanctuaires les plus luxueusement décorés de Savoie. Le retable baroque du maître-autel, en bois doré à la feuille, abrite à gauche la statue de saint Pierre et, à droite, celle de sainte Thècle. Le calvaire, au-dessus de la porte de la sacristie, daté de 1609, serait une reproduction du Christ d'Albert Dürer.**

**Ensuite, on pourra évidemment enfourcher son vélo – ou chausser ses skis en hiver – pour apprécier pleinement les richesses du site.**

Infos pratiques : de St-Michel-Valloire (la gare est nommée St-Michel-de-Maurienne sur le site de réservation) prendre le bus de la ligne S40 - horaires et réservation recommandée sur www.altibus.com - AR 18 €. Ces navettes peuvent prendre des vélos (en nombre limité cependant, se rens.). En hiver, confirmation souvent demandée 48h avant le voyage.

Office de tourisme - 210 r. des Grandes-Alpes, à Valloire - ✆ 04 79 59 03 96 - www.valloire.net.

**Pour le pique-nique.** Voici l'occasion de goûter les fromages de la vallée des Arves et de Maurienne. En premier lieu, craquez pour le beaufort, au lait de vache cru, non écrémé et non pasteurisé, et particulièrement pour le beaufort d'été, élaboré avec le lait produit en estive. Sa pâte est plus jaune, plus grasse et plus fruitée. Ensuite, testez les tommes fermières de vache et de brebis, le bleu de Bonneval et le bleu de Termignon, fabriqué à la belle saison par uniquement quatre producteurs. Enfin quelques produits locaux et régionaux compléteront votre panier comme des vins de Savoie, du miel et un peu de charcuterie.

*La Fromagerie Coopérative - 12 r. du Gén.-Ferrié - ✆ 04 79 05 04 83 - 9h-12h30, 16h-19h - fermé dim.-lun.*

**Pour la nuit.** À 11mn à pied de la gare. Il suffit de descendre la Grand-Rue vers le sud pour rejoindre cet hôtel que vous reconnaîtrez sans peine à sa façade jaune et ses loggias striées de bois. Une vingtaine de chambres sobres et colorées, avec plancher et têtes de lit en bois y ont été aménagées. Certaines peuvent accueillir quatre à cinq personnes. Petit-déjeuner buffet.

*Le Marintan - 1 r. de la Provalière - ✆ 04 79 59 16 91 - le-marintan.com - 21 ch. 75/100 € - ☕ 10 €.*

## 7 MODANE

**➔La gare donne sur la route principale qui dessert Fourneaux et traverse une partie de Modane avant de rejoindre le cœur du village, à 20mn à pied de la gare. Toutes nos adresses se situent autour de la gare.**

**➔Selon la date de votre séjour, certaines liaisons entre St-Michel-Valloire et Modane seront peut-être assurées en car SNCF. Suite à un éboulement en août 2023 en Maurienne, des travaux réguliers sont opérés sur la ligne (se rens.).**

**Terminus, tout le monde descend !** L'arrivée à Modane n'est pas des plus engageantes en raison de la route principale de la vallée, avec son lot de camions qui traversent la partie commerçante du village. En revanche, le vieux bourg et l'église N.-D.-de-l'Assomption, un peu à l'écart, révèlent leur charme désuet à l'occasion d'une promenade tandis que quantité de lieux racontent l'histoire

Modane, station de ski de Valfréjus.
P. Jacques/hemis.fr

de cette ville frontière, reliée à l'Italie par les tunnels routier et ferroviaire du Fréjus. Le patrimoine de Modane reflète aussi son riche passé avec des édifices traditionnels savoyards et des vestiges historiques comme le fort du Replaton, perché à à 1210 m d'altitude et accessible en 30mn à pied de la gare. Terminé en 1891 pour protéger le territoire en cas d'agression ennemie, il offre un point de vue dégagé sur l'entrée du tunnel. L'accès à l'intérieur est interdit mais il demeure impressionnant de l'extérieur.

*Office de tourisme - Maison cantonale - 9 pl. Sommeiller - ✆ 04 79 05 26 67 - www.cchaute maurienne.com.*

**Gare à la gare !** Au passage, prenez aussi le temps de découvrir la gare, labellisée « Patrimoine du 20e s. », construite en 1870. Ses murs extérieurs sont en moellons de granit de la carrière de Peleiry (Modane-La Praz). Le site a été bombardé en 1943 par les Anglo-Américains, mais la gare fut ensuite reconstruite et agrandie entre 1952 et 1953 par l'architecte des bâtiments civils et des palais nationaux, Jacques Warnery. En 1995, le vestibule et le service clientèle ont fait l'objet d'une restructuration par l'architecte de Chambéry Laurent Louis.

**Un peu d'histoire.** Au son des pianos mécaniques, le Muséobar conte la naissance d'une ville frontière alpine à la fin du 19e s., époque du rattachement de la Savoie à la France et du percement du premier tunnel ferroviaire dans la montagne. Au gré de vidéos et témoignages audios, vous croisez chasseurs alpins, douaniers, contrebandiers, cheminots, immigrants...

*Muséobar - musée de la Frontière - 42 r. de la République - ✆ 04 79 59 64 23 - www.modane.org/museobar2 - 10h-12h, 15h-19h - fermé dim. - 4,50 € (2 € le sam.).*

**À table !** L'Italie comme si vous y étiez. Ce restaurant familial situé à Fourneaux jouit d'une réputation qui va bien au-delà de la ville. Allez-y les yeux fermés pour vous régaler d'une pizza généreuse ou d'un repas complet dans la tradition gastronomique transalpine.

*Pulcinella - R. de la Concorde, à Fourneaux - ✆ 04 79 83 42 66 - www.pizzeriapulcinella.fr - fermé jeu. soir et dim. - pâtes et pizzas 5/10 € - plats 10/15 €.*

## FILER À BESSANS

**À 35 km de Modane et accessible en navette, Bessans mérite une visite. Sans l'incendie de 1944, Bessans aurait conservé son habitat traditionnel du 19e s. Implanté à 1 700 m d'altitude, le village occupe un plateau dégagé cerné par les sommets de la Vanoise. Il demeure ici une vive tradition agropastorale et l'héritage de plusieurs siècles des lignées d'artisans qui ont fait sa renommée. Les diables à quatre cornes ne constituent pas l'unique production des sculpteurs bessanais : en se promenant dans le village, on peut voir des poutres sculptées au faîte des maisons et des croix de la Passion.**

**La station a développé un important domaine de ski de fond constitué de 133 km de pistes balisées et de biathlon, ouvert dès le mois d'octobre, pour recevoir les athlètes de haut niveau. Son enneigement abondant, à une altitude moyenne de 1 700 m, favorise les superbes randonnées une grande partie de la saison.**

**En été, vous pouvez randonner sur le sentier du Petit Bonheur vers Bonneval. Au départ de Bessans, il croise la chapelle du Villaron (17e s.) puis le rocher du Château (1h de marche). Ce site, datant du néolithique, témoigne d'une présence ancienne dans la vallée.**

Infos pratiques : de Modane (arrêt Gare routière), prendre le bus de la ligne S53 vers Bessans - horaires et réservation recommandée sur www.altibus.com - AR 12 €. Ces navettes peuvent prendre des vélos (en nombre limité cependant, se rens.).

Office de tourisme – R. de la Maison-Morte - ✆ 04 79 05 99 06 - www.haute-maurienne-vanoise.com.

Bessans, hameau Le Villaron.
P. Jacques/hemis.fr

**À table ou en pique-nique.** Le magasin Biocoop de Modane a eu la bonne idée d'ouvrir un espace restauration au 1er étage. Là, Isabelle et Emma concoctent une cuisine à base de produits bios et locaux, adaptée aussi aux vegans. Vous la savourez sur place, dans la salle claire au mobilier en bois où l'on oublie vite le bruit de la rue, ou à l'occasion d'un pique-nique.

*Biocoop - 22 av. Jean-Jaurès - 04 79 05 42 78 - page Facebook - tlj sf dim.-lun. pour le déj., 9h-19h à emporter - carte 15/18 €.*

**Pour la nuit.** Bien pratique, cet hôtel, situé presque en face de la gare, pour poser sa valise rapidement. Moquette au sol, murs dans les tons beiges... les chambres restent simples mais correctes. Préférez celles donnant sur la rivière et le fort du Replaton pour plus de tranquillité.

*Hôtel Le Commerce - 20 pl. Sommeiller - 04 79 05 20 98 - www.hotel-le-commerce.net - 18 ch. 76 € - 11 €.*

**Échappée en Vanoise.** Tracé sur les contreforts du massif de la Vanoise, le sentier découverte de l'Orgère est réputé pour ses marmottes. Il fait le tour du vallon éponyme, jadis dévolu à la culture de l'orge, en traversant des milieux naturels très variés (prairies, sous-bois et alpages). Il est en outre jalonné de stations d'interprétation sonores et visuelles.

Voir aussi **parc national de la Vanoise** *page 196.*

*Dép. du parking du refuge de l'Orgère (16 km de Modane) accessible en juillet-août par navette sur demande au 04 79 05 99 06 : deux liaisons par jour - 1h30 - 200 m de dénivelé.*

# CHAMBÉRY - BOURG-ST-MAURICE

**Le train quitte Chambéry et offre un premier voyage spectaculaire aux abords du parc naturel régional du Massif des Bauges. À partir de la gare d'Albertville, on tutoie ensuite d'autres cimes. À Moûtiers, on devine la station chic de Courchevel. Le train longe alors la vallée de la Tarentaise, avec d'autres vues sur des sommets enneigés et villages alpins traditionnels. Terminus : tout le monde descend à Bourg-St-Maurice, point de départ vers Les Arcs, Tignes ou Val d'Isère parmi les plus grandes stations des Alpes françaises.**

## DE CHAMBÉRY À BOURG-ST-MAURICE - 8 JOURS

- Pour rejoindre Chambéry au départ de Lyon-Part-Dieu : une vingtaine de TER directs chaque jour (1h30)
- Trajet sans escale : 1h
- Fréquence : 16/j (en car SNCF ou TER + car)
- Horaires : www.sncf-connect.com/train/horaires/chambery/bourg-saint-maurice
- Tarif à titre indicatif sans escale : 22,50 €
- Services à bord : transport des vélos autorisé
- Pour le retour à Lyon-Part-Dieu, correspondance à Chambéry-Challes-Les-Eaux

Où se placer pour admirer le paysage ? À droite dans le sens de la marche.

Albertville.
P. Jacques/hemis.fr



## 1 CHAMBÉRY - CHALLES-LES-EAUX

**→Selon les horaires, certaines portions de cet itinéraire sont aussi assurées par des cars SNCF.**

Pour **Chambéry** *voir page 48.*

## 2 MONTMÉLIAN

Pour **Montmélian** *voir page 126.*

## 3 SAINT-PIERRE D'ALBIGNY

Pour **St-Pierre-d'Albigny** *voir page 127.*

## 4 GRÉSY-SUR-ISÈRE

**→Cette étape à la journée se justifie surtout pour la visite du village-musée de la Combe de Savoie.**

**→La petite gare de Grésy-sur-Isère est à 1,5 km du village-musée de la Combe de Savoie, soit 20/25mn de marche.**

**Un écomusée bien vivant.** Sur les coteaux du bourg, un circuit pédestre de 350 m protégé par la végétation vous présente une riche collection de plus de 7 000 objets relatifs à la vie et aux métiers ruraux d'autrefois. Le long de votre déambulation, vous pourrez ainsi découvrir plus de vingt maisons construites sur le site grâce aux matériaux extraits directement dans le coteau. Dans un chemin en lacis, vous croisez la reconstitution d'une salle d'école du début du 20e s., des ateliers d'artisans, une minoterie et une maison dont chacune des pièces est attribuée à une époque (du 17e au 20e s.). Une grande halle ronde réunit du matériel et des véhicules de sapeurs-pompiers, du Premier Empire à nos jours. Voyez aussi une collection d'une centaine de moteurs et une imposante machine à vapeur Weyher & Richemont (1904). Selon les saisons, divers fruits et légumes poussent dans les jardins.

*Village-musée de la Combe de Savoie - 530 chem. des Carrières-du-Salin - ✆ 04 79 37 94 36 - lescoteauxdusalin.fr - juil.-août : 10h-17h ; reste de l'année : 14h-17h - 10 € - jeu-énigme enf. (5 €) - aire de pique-nique.*

## 5 ALBERTVILLE

**Louer un vélo. 4 VAE sont disponibles place de la gare. 2 autres sont proposés à la Maison du tourisme du Pays d'Albertville, à la Halle olympique.**
**Point Info Vélos - Pl. de la gare - ✆ 04 79 89 77 32 - www.tra-mobilite.com/services-mobilites/la-velo-station - 5 €/h ou 15 €/j. Caution demandée.**

**Cité médiévale de Conflans.** Au carrefour des vallées alpines de la Tarentaise, du Beaufortain et du val d'Arly, la cité des Jeux olympiques d'hiver de 1992 ouvre la voie vers les plus grands domaines skiables de France. Largement étirée jusque sur les contreforts du massif des Bauges à l'ouest, la ville neuve rejoint le parc olympique quand le quartier du 18e s. aligne ses rues rectilignes teintées de couleurs piémontaises aux abords de l'église. Mais il faut lever les yeux pour découvrir, de l'autre côté de l'Isère, la cité médiévale de Conflans.

*Office de tourisme - 15 av. de Winnenden - Halle Olympique - ✆ 04 79 32 04 22 - www.pays-albertville.com.*

*Cité médiévale de Conflans - 1 km depuis le centre (100 m de dénivelé) - audioguide disponible au musée d'Art et d'Histoire : 5 €.*

**À table et au lit !** À 17mn à pied de la gare, à l'Auberge de Costaroche, une terrasse accueille les convives aux beaux jours, avec vue sur le jardin. La carte a l'accent local, avec tartiflette, ravioles, reblochon et « matouille » d'Albertville (tome fondue).
Il faut marcher 30mn de la gare (ou idéalement avoir un vélo) pour atteindre un nouveau complexe flambant neuf, le Base Camp Lodge, ouvert en octobre 2024. Il remplace l'ancien hôtel-restaurant Le Roma mais conserve des chambres élégantes et lumineuses avec vue sur la montagne. Et le restaurant prend ses marques autour de la piscine aux beaux jours.

*Auberge de Costaroche - 1 chem. de la Pierre-du-Roy - ✆ 04 79 32 02 02 - aubergecostaroche.wixsite.com/costaroche - ✕ ouv. tlj dès 17h - plats 15/21 € - 20 ch. 69/85 € - ☕ 12,50 €.*

*Base Camp Lodge - 85 chem. du Pont-Albertin - ✆ 04 79 10 33 30 - www.basecamp-albertville.com - 🏊 - 115 ch. 95/120 € - ☕ 14 €.*

## 6 MOÛTIERS

**→Comme son nom l'indique, la gare de Moûtiers-Salins-Brides-les-Bains dessert plusieurs sites et stations.**

**→Sa gare routière permet de rayonner dans la région vers les stations voisines de Brides-les-Bains, Courchevel, Salins-les-Thermes, Les Ménuires, Val Thorens, St-Martin-de-Belleville (horaires et vente de billets sur vente.cars-region-savoie.fr).**

**Haut-perché.** Moûtiers occupe un site de toute beauté ceint par les coteaux de Hautecour, la pointe du Quermoz, au nord, et le roc du Diable, magnifique belvédère perché à plus de 2500 m d'altitude, à l'est. À la sortie sud de la ville, la station thermale de Salins nous rappelle que l'économie locale a reposé pendant plusieurs siècles sur la production du sel, l'or blanc de Moûtiers, tandis que la télécabine de Brides-les-Bains offre l'occasion de profiter de la neige, l'or blanc des 3 Vallées, l'un des plus grands domaines skiables au monde.

*Office de tourisme - ✆ 04 79 04 29 05 - www.coeurdetarentaise-tourisme.com.*

**À table !** Un charmant petit restaurant à Moûtiers proposant une belle cuisine familiale (bavettes, burgers revisités...) dans un lieu vintage et authentique. Petite terrasse aux beaux jours.

*La Petite Fabrique - 83 Grande Rue - ✆ 04 79 41 52 98 - fermé dim.-lun. et le soir - burger au reblochon 17 €.*

**Pour la nuit.** Très bien situé, à 1mn de la gare de Moûtiers, cet hôtel offre un très bon rapport qualité-prix. Les chambres sont agréables et le petit-déjeuner, sous forme de buffet, est copieux.

*Hôtel Terminus des 3 Vallées - 138 av. de la Gare - ✆ 04 79 24 11 33 - www.hotelterminus-moutiers.com - 25 ch. 55/65 € - ☕ 8,50 €.*

**Cure à Salins-les-Thermes...** Les eaux salées stimulantes de Salins – dont on extrayait jusqu'à 1000 t de sel par an au 18e s. – sont indiquées pour bien des traitements : affections gynécologiques, états anémiques, lymphatiques ou ganglionnaires, rachitisme chez l'enfant, et séquelles de fractures. L'établissement thermal dispose également d'une vaste piscine en plein air, très fréquentée en saison.

*Office de tourisme - 2 pl. des Salines - ✆ 03 84 73 01 34.*

## CHIC, ON VA À COURCHEVEL

**À 25 km de Moûtiers, l'échappée vers Courchevel est belle et tentante. Née en 1946, la ville s'affirme encore comme une des stations de sports d'hiver les plus prestigieuses du monde. Mais même si elle concentre hôtels et boutiques de luxe, restaurants gastronomiques et chalets fastueux, la proximité du parc de la Vanoise invite à la découverte d'une montagne plus sauvage. En hiver, cinq stations s'étagent entre 1 300 et 1 850 m sur le versant du Doron de Bozel, dit « vallée de St-Bon », dont les replats d'alpages et les versants boisés se déploient face à un horizon de montagnes dégagé. En été, Courchevel constitue une excellente base de randonnées pédestres. Un plan des sentiers balisés est publié par l'office de tourisme.**

Infos pratiques : de Moûtiers (arrêt Gare-routière), prendre le bus de la ligne S65 vers Courchevel - horaires et réservation recommandée sur www.altibus.com - AR 20 €. Ces navettes peuvent prendre des vélos (en nombre limité cependant, se rens.).

En hiver et en été, en journée et en soirée, un service de bus gratuits dessert tous les villages de Courchevel ainsi que les hameaux et les villages voisins (www.mairie-courchevel.com/services-et-infos-pratiques/transports-stationnement).

Office de tourisme - Cœur de Courchevel - ✆ 04 79 08 00 29 - www.courchevel.com.

**...Ou à Brides-les-Bains.** Les thermes de Brides sont spécialisés dans le traitement de l'obésité et des troubles circulatoires. La station est reliée par navette à Salins-les-Thermes et par télécabine à Méribel. Les cures de boisson (ingestion d'eau minérale, une ou plusieurs fois par jour), et de balnéation (immersion à des fins thérapeutiques) de Brides-les-Bains et de Salins-les-Thermes présentent la particularité de pouvoir être jumelées. Une complémentarité bien commode pour les curistes.

*Office de tourisme - 2 pl. du Centenaire - ✆ 04 79 55 20 64 - www.brides-les-bains.com.*

**Cap sur les Trois Vallées.** S'étendant sur plus de 400 km², les vallées de St-Bon (Courchevel, La Tania), des Allues (Méribel) et de Belleville (St-Martin-de-Belleville, Les Menuires et Val Thorens) forment le plus grand domaine skiable du monde. Tout aussi prisée que Courchevel, mais beaucoup plus discrète, Méribel n'est qu'à 18 km de Moûtiers. L'été, la station propose un immense réseau de pistes pour la pratique du VTT. Implantée dans la secrète vallée des Allues, elle est plébiscitée pour son unité architecturale. Dans cet îlot de la Tarentaise, les hameaux et leurs chapelles bordent les sentiers de randonnée. À 20 km de Moûtiers et perché à 1400 m, St-Martin-de-Belleville est à la fois un vieux et charmant village riche en histoire, et une coquette station de ski au décor très agréable. À 27 km, la station des Menuires, constituée de cinq quartiers, s'étire sur 2 km entre 1780 et 1950 m d'altitude. Enfin, à 37 km de la gare de Moûtiers, Val Thorens, la plus haute station d'Europe (2 300 m), interdite aux voitures, est implantée dans un cirque grandiose : au pied de l'aiguille de Péclet (3 561 m) et encerclée par trois glaciers délimitant les frontières du parc national de la Vanoise.

*Navettes assurées de Moûtiers vers toutes ces stations - rens. et réserv. sur vente.cars-region-savoie.fr.*

## 7 AIME - LA PLAGNE

**➔ La Plagne se trouve à environ 18 km de la gare d'Aime-La Plagne. Comptez environ 30 à 40mn en bus.**

**Aime comme montagne.** Aime fut baptisée Axima par l'empereur Auguste Axima, en référence au dieu romain Aximus, protecteur des sources. Capitale prospère de la province romaine des Alpes Graies, elle fut aussi, au Moyen Âge, la résidence des vicomtes de Tarentaise, sires de Montmayeur. La ville conserve un fort cachet régional avec les façades de ses rues commerçantes aux badigeons clairs. L'église St-Sigismond (1678) abrite quelques éléments baroques d'intérêt.

*Office de tourisme - 1139 av. de Tarentaise - ✆ 04 79 55 67 00 - www.la-plagne.com.*

**La Plagne, bon plan.** En pays de montagne, *plagne* désigne une petite plaine d'altitude. Depuis

1961, la station s'est développée autour de sept sites d'altitude et quatre villages. Elle abrite une magnifique cembraie sur gypse (forêt de pins) de plusieurs hectares, réserve écologique unique au monde. La dissolution du gypse a créé un relief karstique où se succèdent dolines, puits à neige et canyons, à découvrir le long des sentiers thématiques. La Grande Plagne, qui s'étend sur 10 000 ha, est l'un des plus grands domaines skiables du monde bénéficiant d'un relief varié. L'été, les amateurs de randonnées pédestres ne manqueront pas de se rendre au mont Jovet avec sa très belle vue sur les Alpes *(guide des sentiers pédestres à l'office de tourisme).*

*Office de tourisme - 1355 rte d'Aime - Les Provagnes - ✆ 04 79 09 02 01 - www.la-plagne.com.*

**À table et au lit !** À 7mn à pied de la gare, voilà un établissement bien situé et reposant. Chambres confortables à l'esprit montagnard, idéales pour rayonner dans les stations alentour. Cuisine paysanne, terrasse aux beaux jours et spa.

*Hôtel-restaurant La Tourmaline - 175 rte de la Fortune - ✆ 04 79 55 62 93 - hotel-tourmaline.com - 29 ch. 100/130 € - ☕ 16,50 € - ✕ plats 24/30 €.*

## 8 BOURG-SAINT-MAURICE

**➔La gare routière de Bourg-St-Maurice permet de rayonner vers les stations de la vallée : Ste-Foy-Tarentaise, Tignes et Val d'Isère (horaires et vente de billets sur vente.cars-region-savoie.fr).**

**Bourg-St-Maurice.** Au pied du col du Petit-St-Bernard, autrefois lien stratégique entre la Savoie et le Val d'Aoste, Bourg-St-Maurice commande les vallées de la haute Tarentaise, qui s'élève jusqu'aux immenses champs de ski des Arcs, de Tignes et de Val d'Isère. La ville était célèbre pour ses foires agricoles et demeure aujourd'hui un bourg commercial accueillant.

*Office de tourisme - 105 pl. de la Gare - ✆ 04 79 07 12 57 - www.lesarcs.com.*

**À table et au lit !** L'Angival est l'établissement le plus proche de la gare, à 5mn à pied. Mais les 4 sites des Arcs (1600, 1800, 1950 et 2000) ainsi que les villages environnants disposent d'un choix intéressant de formules d'hébergement.

*Hôtel-restaurant Angival - 90 r. Jean-Moulin - ✆ 04 79 07 27 97 - www.angival.com - 14 ch. 65/100 € - ☕ 14 € - ✕ fermé dim.-lun.*

Les Arcs 1950.
P. Jacques/hemis.fr

**Cap sur Les Arcs.** De Bourg-St-Maurice, le funiculaire vous transporte en 7mn à Arc 1600. Cette station, fondée par une équipe d'architectes modernistes des années 1960, est devenue l'un des plus grands domaines skiables des Alpes. Elle concrétise les réflexions esthétiques et architecturales de cette époque. L'intégration au paysage détermine en particulier les lignes saccadées des bâtiments. Charlotte Perriand a conçu ici, dans un souci démocratique, des appartements bénéficiant tous du soleil, d'une vue sur la montagne et d'un intérieur bien agencé. Le plan d'urbanisme des Arcs a reçu le label Patrimoine architectural du 20e s. Arc 1600, l'un des quatre niveaux de la station, est apprécié pour son ambiance familiale et ses épicéas. De ses abords, on découvre une belle vue sur Bourg-St-Maurice et le Beaufortain, en face, et sur le massif du Mont-Blanc, au nord.

*Funiculaire - Av. Arc-en-Ciel - ☏ 04 79 04 25 03 - www.lesarcs.com/funiculaire - juil.-août : 8h30-19h30 ; reste de l'année : se rens. - 9 € AS ; navettes gratuites disponibles pour relier les autres parties des Arcs depuis Arc 1600.*

*Bus depuis la gare routière de Bourg-St-Maurice pour accéder aux stations de la vallée : horaires et vente de billets sur vente.cars-region-savoie.fr).*

**Ste-Foy-Tarentaise.** Maisons de pierre aux toits couverts de lauzes, percées de fenêtres étroites et cernées de prairies, ce village et les hameaux de la commune ont su garder leur authenticité. Parmi eux, le Miroir, site protégé, est connu pour ses maisons à colonnes importées de la vallée d'Aoste. Ces piliers supportent l'avancée du toit et forment un espace de circulation abrité. On retrouve cette particularité à la Mazure, à Montalbert, au Baptieu, à la Thuile et à Bonconseil. L'église renferme un beau retable baroque. En amont de Ste-Foy, la vallée s'élargit un peu de la Raie au pont des Balmes. Les glaciers du mont Pourri, dont les torrents de fonte des neiges tombent en cascade, frangent le versant opposé et jouent, selon l'heure et la saison, avec les éclats du soleil. La courbe saisissante du barrage de Tignes clôture le fond de vallée...

*Office de tourisme - Rte de Guersaz, La Bataillette - ☏ 04 79 06 95 19 - www.saintefoy-tarentaise.com.*

**Tignes et Val d'Isère.** Ces deux stations sont à environ 30 km de la gare et accessibles de Bourg-St-Maurice. Ensemble, elles composent le fabuleux domaine skiable Tignes-Val d'Isère, l'un des plus beaux et plus vastes du monde, dans un cadre de haute montagne, dénué de végétation.

Figurant parmi les plus grandes stations de ski françaises, Tignes occupe le site magique des alpages du lac. Situé entre 1550 m d'altitude et 3 456 m, le domaine développe environ 300 km de pistes. L'excellence de la neige toute l'année permet d'y skier au printemps, puis quelques semaines au début de l'été sur le glacier de la Grande Motte, accessible par le funiculaire en 7mn. Ce glacier, l'un des plus célèbres du parc national de la Vanoise, ravit randonneurs et skieurs toute l'année. Le funiculaire Perce-Neige partant de Val-Claret (accessible de Bourg-St-Maurice en descendant à l'arrêt Tignes-Val Claret) permet d'accéder, après un trajet souterrain de 3 480 m (7mn), au niveau de la terrasse du « Panoramic » (alt. 3 032 m). Vue sur le glacier, et à sa droite sur la Grande Casse et l'aiguille de l'Épena. De là, un téléphérique géant de 125 places atteint 3 456 m d'altitude, près du sommet de la Grande Motte (3 656 m). Superbe panorama à l'ouest sur le sommet de Bellecôte, au nord sur la station et sur le lac de Tignes ainsi que le lac du Chevril dominés, de gauche à droite, par le mont Pourri, le dôme de la Sache, le Mont Blanc, les Grandes Jorasses et le Grand Combin. Au nord-est se dressent la Grande Sassière et la Tsanteleina. Enfin, à l'est, juste en contrebas, la vallée de la Leisse dominée par la majestueuse pointe de la Sana, puis en arrière-plan les nombreux et hauts sommets de la frontière Maurienne-Italie. Pour les plus téméraires, le toit du téléphérique est accessible en été (avec suppl.), pour effectuer soit la montée, soit la descente, cheveux au vent !

*Office de tourisme - ☏ 04 79 40 04 40 - www.tignes.net.*

*Bus depuis la gare routière de Bourg-St-Maurice pour accéder aux stations de la vallée : horaires et vente de billets sur vente.cars-region-savoie.fr).*

Via Allier - Voie verte à Cournon, près de Clermont-Ferrand.
O. Octobre/Auvergne-Rhône-Alpes Tourisme

# Balades à vélo

Gare TER de Royat-Chamalières dans le Puy-de-Dôme.
G. Reynard/Auvergne-Rhône-Alpes Tourisme

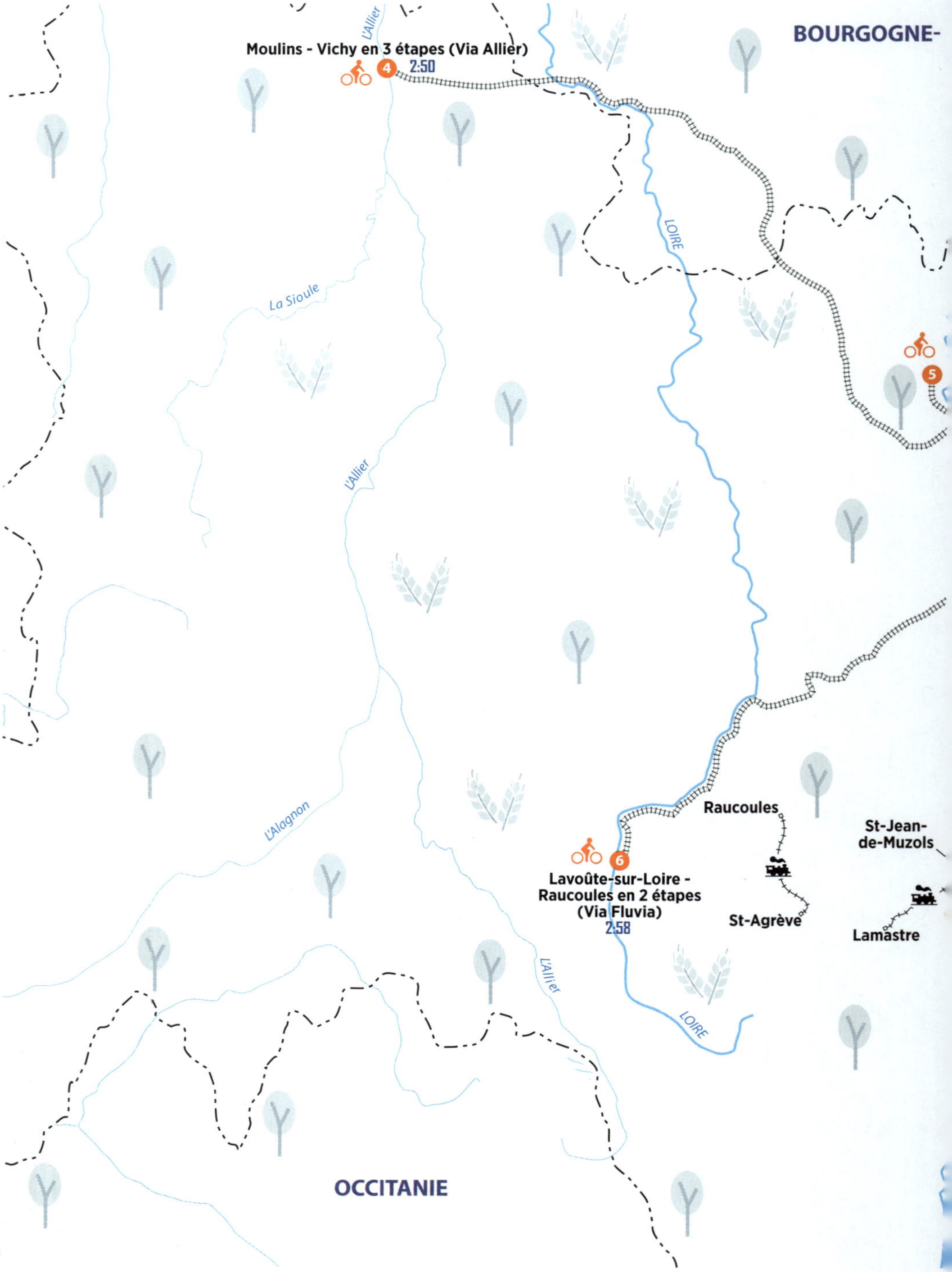
BOURGOGNE-
L'Allier
Moulins - Vichy en 3 étapes (Via Allier)
4
2:50
LOIRE
La Sioule
5
L'Allier
L'Alagnon
Raucoules
St-Jean-
de-Muzols
6
Lavoûte-sur-Loire -
Raucoules en 2 étapes
(Via Fluvia)
2:58
St-Agrève
Lamastre
L'Allier
LOIRE
OCCITANIE

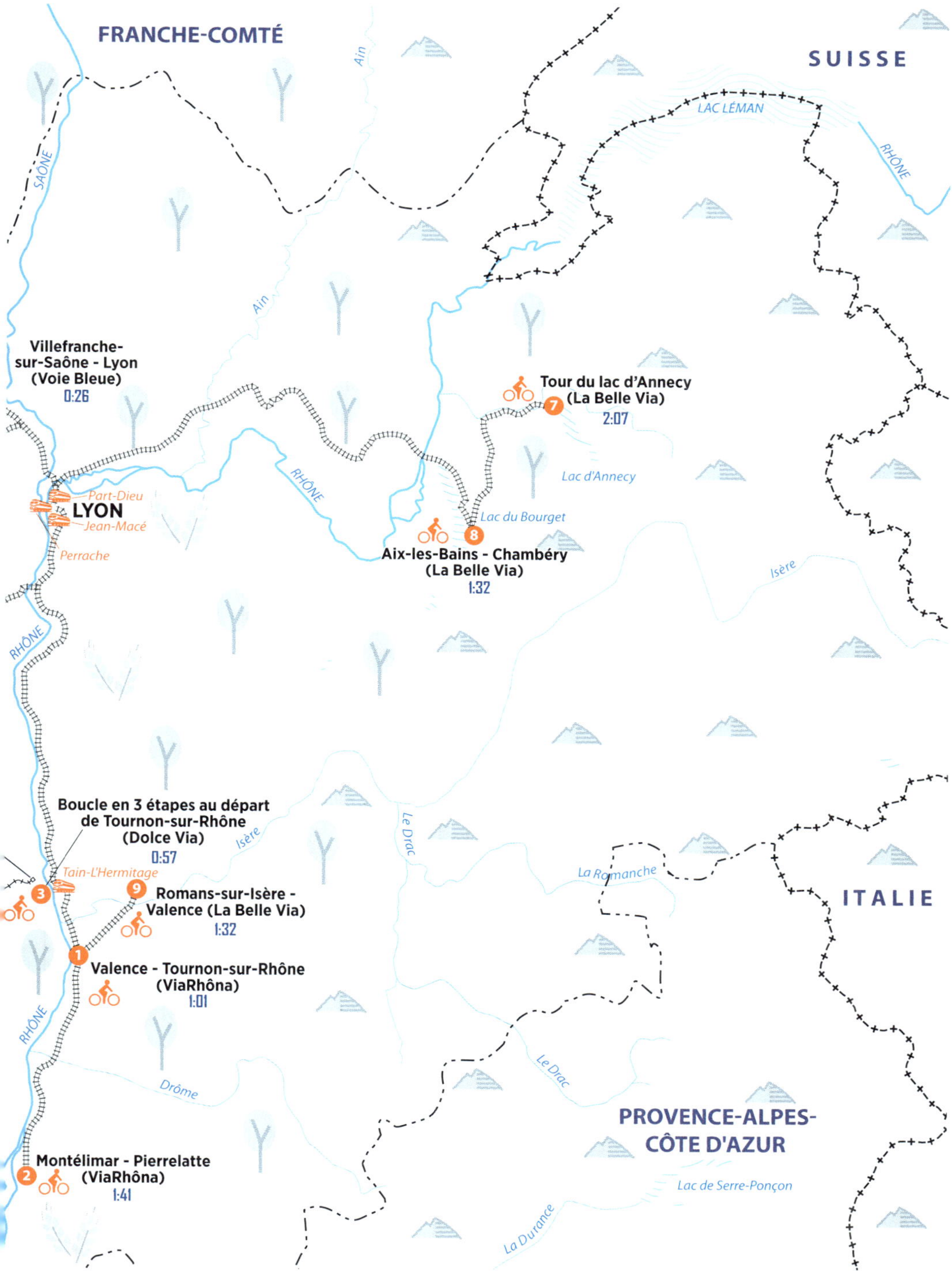
FRANCHE-COMTÉ
SUISSE
LAC LÉMAN
RHÔNE
Ain
SAÔNE
Ain
Villefranche-sur-Saône - Lyon (Voie Bleue)
0:26
Tour du lac d'Annecy (La Belle Via)
7
2:07
Lac d'Annecy
RHÔNE
Part-Dieu
LYON
Jean-Macé
Perrache
Lac du Bourget
8
Aix-les-Bains - Chambéry (La Belle Via)
1:32
Isère
RHÔNE
Boucle en 3 étapes au départ de Tournon-sur-Rhône (Dolce Via)
0:57
Isère
Le Drac
Tain-L'Hermitage
3
9
Romans-sur-Isère - Valence (La Belle Via)
1:32
La Romanche
ITALIE
1
Valence - Tournon-sur-Rhône (ViaRhôna)
1:01
RHÔNE
Drôme
Le Drac
PROVENCE-ALPES-CÔTE D'AZUR
Montélimar - Pierrelatte (ViaRhôna)
2
1:41
Lac de Serre-Ponçon
La Durance

# VIARHÔNA : LE RHÔNE ENTRE DRÔME ET ARDÈCHE

**Tandis que vous filez, nez au vent, sur ViaRhôna, le fleuve trace son sillon plein sud. Vous vous surprendrez à faire la course avec ses flots impétueux, ne vous arrêtant que pour découvrir la richesse patrimoniale de la région le long du Rhône : villages de caractère, cathédrales et abbayes, châteaux et sites naturels. Un itinéraire au plus près de l'eau, entre Drôme et Ardèche, à l'avant-goût de Provence toute proche. En selle pour deux balades faciles à faire en famille !**

ViaRhôna (EV17) relie le lac Léman à la Méditerranée sur 815 km. Nous vous en suggérons ici deux tronçons aisément accessibles depuis Lyon et faciles à pratiquer.
*Infos : www.viarhona.com.*

## 1 DE VALENCE À TOURNON-SUR-RHÔNE - 25 KM

**➔Le TER Lyon-Marseille dessert les gares de Valence-Ville, Montélimar et Pierrelatte.**

**➔La gare SNCF de Valence-Ville est reliée à la gare Valence-TGV (à 10 km au nord-est du centre-ville) par un TER.**

**➔Transport des vélos : consultez la rubrique « Trajets porte à porte » sur le site Internet du TER. www.ter.sncf.com/auvergne-rhone-alpes. Voir également les informations p. 14.**

**Louer un vélo à Valence.**
**Carbone Zéro – Sur le parvis de la gare, 24 r. Denis-Papin - 04 75 56 99 06 - www.carbone-zero.fr - fermé dim. et lun. matin. VTC adaptés à des portions du parcours non goudronnées (22 €/j., 59 €/3 j.) et VTC électriques (119 €/3 j.) notamment.**

Cet itinéraire assez court est une bonne façon de se mettre en jambes sans forcer. En plus, il vous laissera le temps de visiter la belle Valence.
Pour **Valence** *voir pages 42 et 92.*

En sortant de Valence, l'itinéraire passe par de petites routes du centre-ville de Bourg-lès-Valence avant de traverser le parc de l'Ile Girodet. Ensuite, sur plus de 21 km, vous pédalerez sur une voie verte asphaltée le long du Rhône, ponctuée de nombreux aménagements de confort dont des tables de pique-nique. À partir du barrage de La Roche-de-Glun, filez plein nord, sur la rive droite, pour rejoindre **Glun**, puis Tournon-sur-Rhône. Une petite côte raide (20 m de dénivelé) vous attend au km 5. Ça muscle ! L'arrivée sur Tournon se termine de nouveau – assez brièvement – sur une voie partagée.

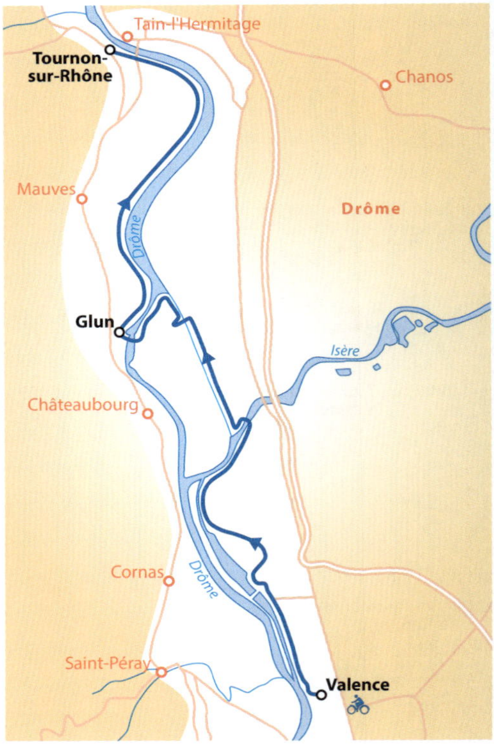

Pause vélo le long du Rhône à la Roche-de-Glun.
Ch. Martelet/Auvergne-Rhône-Alpes Tourisme



**Tournon-sur-Rhône : perle du Rhône.** Située au pied de superbes coteaux granitiques, Tournon est une ville commerçante animée. Des quais ombragés, les terrasses d'un vieux château et des ruines perchées composent un paysage rhodanien caractéristique. Un pont routier et une passerelle relient cette ville à Tain-l'Hermitage, situé de l'autre côté du Rhône.

À Tournon-sur-Rhône, ViaRhôna rejoint la Dolce Via par le **train touristique de l'Ardèche** *(voir page 152)*.

**À table !** Cette péniche sur le Rhône à Tournon invite à y prendre son temps : boire un café, grignoter à l'apéritif, siroter un cocktail et manger à midi des plats simples avec des produits locaux.

*La Péniche - 2 prom. Léon-Perrier, Tournon-sur-Rhône - ✆ 04 65 84 02 73 - www.lapeniche.biz - fermé lun. - plats 15/25 €.*

**Pour la nuit.** L'Hôtel Les Amandiers à Tournon est un pavillon moderne aux chambres climatisées, bien insonorisées et équipées de grandes salles de bains. Une étape fonctionnelle avec un garage. Le Château affiche aussi le label Accueil Vélo. Recouvert de vigne vierge et situé juste en face de la passerelle qui conduit à Tain-l'Hermitage, cet hôtel est un classique de la ville. Son petit-déjeuner très copieux et son emplacement central constituent ses principaux atouts.

*Hôtel Les Amandiers - 13 av. de Nîmes - ✆ 04 75 07 24 10 - www.hotel-amandiers.com - 25 ch. 91 € - ☕ 12 €.*

*Le Château - 12 quai Marc-Seguin - ✆ 04 75 07 66 94 - www.hotel-le-chateau.fr - 20 ch. 88/110 - ☕ 12 €.*

## À DEUX COUPS DE PÉDALE

**Tain-l'Hermitage se situe en face de Tournon, de l'autre côté du Rhône via la passerelle Marc-Seguin, réservée aux piétons et cyclistes. C'est une étape gourmande, réputée autant pour ses vins que pour son chocolat *(voir page 90)*. L'hermitage rouge est un vin corsé, délicat, de couleur rubis foncé ; le blanc est doré et sec. Le chocolat est fabriqué chez Valrhona.**

La Cité du Chocolat - 12 av. du Prés.-Roosevelt - ✆ 04 75 09 27 27 - www.citeduchocolat.com.

**➔La gare SNCF la plus proche de Tournon-sur-Rhône est celle de Tain-l'Hermitage-Tournon, de l'autre côté du Rhône, à environ 2 km du centre de Tournon, via la passerelle Marc-Seguin réservée aux piétons et cyclistes.**

*Si vous faites l'itinéraire dans l'autre sens, de Tournon à Valence, et que vous souhaitez louer un vélo à Tournon, voir page 150.*

## 2 DE MONTÉLIMAR À PIERRELATTE - 35 KM

Cap à l'ouest pour sortir de Montélimar, rejoindre le canal de dérivation de Montélimar et retrouver la voie verte qui descend jusqu'à Châteauneuf-du-Rhône. Longeant les lônes, ces bras secondaires du fleuve, vous atteignez le pont de Viviers, qu'il vous faudra traverser. ViaRhôna file ensuite plein sud pour rejoindre le pont du Robinet, d'où s'offre un premier point de vue sur le défilé de Donzère. Elle continue enfin à travers les lônes pour rejoindre Bourg-St-Andéol. Excepté sur un court tronçon après Viviers, l'essentiel de la randonnée se fait sur voie verte pour le plus grand bonheur des cyclistes.
Pour **Montélimar** *voir page 92.*

**Viviers : un balcon sur le Rhône.** Cette pittoresque cité médiévale doit à son site, resserré entre la colline de la Joannade et le piton rocheux qui porte la cathédrale, d'avoir échappé au développement industriel. Posez un temps vos vélos pour arpenter les ruelles étroites et escarpées du centre ancien et apprécier le contraste entre la ville basse et la ville ecclésiastique massée autour de sa cathédrale – la plus petite encore en activité en France –, dominant l'entrée du Rhône dans le défilé de Donzère.

**Défilé de Donzère : aux portes de la Provence.** Le Rhône s'engouffre dans la brèche ouverte par ce très beau passage encaissé : admirez le contraste des falaises et les pitons détachés au milieu de la trouée. Le plus aigu porte à son sommet une statue de saint Michel, protecteur de ce défilé jadis redouté des mariniers. Les eaux, divisées en amont par la dérivation, se rejoignent ici ; leur masse et le « souffle » de la course sont impressionnants. Les ponts qui franchissent le Rhône, à l'amont et à l'aval, offrent de beaux points de vue.

**St-Montan : cité médiévale de caractère.** Les ruines de la forteresse féodale réputée imprenable dominent le village, construit sur le flanc de la montagne. Ses maisons s'accrochent à la roche et ses ruelles tortueuses coupées d'escaliers et de passages voûtés se perdent entre les murs de pierre. Depuis 1969, le village a été restauré avec les matériaux et les techniques d'autrefois par l'association Les Amis de St-Montan, aidée par près de 10 000 bénévoles, qui travaillent aussi à la reconstruction du château.

*Château de St-Montan - ✆ 06 07 63 27 50 - chateausaintmontan.com - juil.-août : 10h-12h30, 16h-20h ; avr.-juin et sept.-oct. : se rens. - à partir de 5 €.*

**Bourg-St-Andéol : ville épiscopale.** Dominé par la flèche de son église, Bourg-St-Andéol constitue une étape plaisante sur la rive droite du Rhône. La mairie est installée dans le couvent des Ursulines (17e s.). N'hésitez pas à flâner au cœur de la vieille ville qui a conservé de beaux hôtels particuliers, un palais épiscopal, des couvents restaurés et de nombreuses fontaines, dont la monumentale fontaine de Dona Vierna, sur la place du Champ-de-Mars. Elle est surmontée d'une grande statue en marbre de Carrare représentant le personnage légendaire de Dame Vierne de Balazuc, bienfaitrice de la ville.

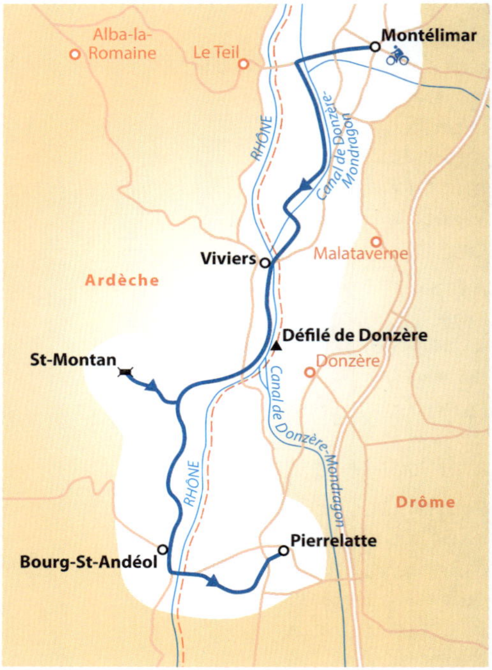

Le village de Saint-Montan.
Julia700702/Getty Images Plus

**→La gare la plus proche de Bourg-St-Andéol est celle de Pierrelatte, de l'autre côté du Rhône (6 km).**

**À table !** Le P'tit Bistro, à St-Montan, offre une cuisine simple et authentique, qui fleure bon le terroir : caillette ardéchoise, tartare au pesto à l'ail des ours, picodon, mousse de châtaigne... Les produits locaux figurent toujours en bonne place sur la carte, qui change au gré des saisons. Agréable terrasse ombragée et accueil très sympathique.
Cuisine aux accents du Sud à Bourg-St-Andéol : des saveurs simples, des produits de qualité bien travaillés, et une carte des vins réalisée avec le caviste voisin. Installée dans une maison ancienne, la partie hôtel abrite des chambres modernes, fonctionnelles et colorées.

*Le P'tit Bistro - Village de St-Montan - ✆ 04 75 00 15 79 - fermé lun. et nov.-janv. - menu 25 €.*

*Le Clos des Oliviers - Pl. du Champ-de-Mars, Bourg-St-Andéol - ✆ 04 75 54 50 12 - www.hotel-ardeche-sud.com - fermé dim. soir et lun. midi - formules déj. 11,50/13,50 €, menus 17,50/27 € - 24 ch. 55/70 € - ☕ 7,50 €.*

**Pour la nuit.** Ambiance terroir à Viviers. Accueil charmant et soigné dans cet établissement familial installé dans la ville basse. Les chambres, spacieuses, sont décorées avec de douces couleurs naturelles. Salle à manger rustique et agréable terrasse dressée sous les saules et les tilleuls. Cuisine raffinée qui fleure bon le terroir.
Vue sur le Rhône à Bourg-St-Andéol. Sur les quais du fleuve, ce prieuré converti en hôtel-restaurant porte en lui l'héritage de 900 ans d'histoire. Ses chambres possèdent chacune un décor différent et sa cuisine raffinée vous fera oublier votre régime...

*Le Relais du Vivarais - 31 fbg des Sautelles (D 86), Viviers - ✆ 04 75 52 60 41 - www.relaisduvivarais.fr - 🏊 - 6 ch. 88/105 € - ☕ 10 € - ✕ fermé dim. soir et lun. midi - formules déj. 18/22 €, menus 29/32 €.*

*Hôtel Le Prieuré - 1 quai Fabry, Bourg-St-Andéol - ✆ 04 75 54 62 99 - www.hotel-restaurant-leprieure.com - 15 ch. 69/84 € - ☕ 10 € - ✕ fermé sam. midi tte l'année, dim. soir en basse saison - menu 28,50 €.*

# LA DOLCE VIA : L'ARDÈCHE EN DOUCEUR

**Cet itinéraire emprunte la Dolce Via, la voie verte pénétrant au cœur de la vallée de l'Eyrieux, puis la ViaRhôna, autre voie verte aménagée le long du Rhône. En prime, vous embarquerez dans le train à vapeur de l'Ardèche, aménagé pour le transport des vélos. À bord, vous admirerez les gorges du Doux, inaccessibles autrement. D'une escale à l'autre, vous louerez un canoë, déjeunerez en terrasse, découvrirez des villages médiévaux, ponts et viaducs... La dolce vita sur la Dolce Via.**

La Dolce Via, c'est 90 km de voies vertes à travers les paysages sauvages de l'Ardèche. Elle rejoint la ViaRhôna au sud de Valence, à La Voulte-sur-Rhône.
*Infos : www.dolce-via.com/fr.*

## 3 DU RHÔNE AU CŒUR DE L'ARDÈCHE (115 KM)

**➔La gare SNCF la plus proche de Tournon-sur-Rhône est celle de Tain-l'Hermitage-Tournon (voir page 90).**

**Louer un vélo à Tournon-sur-Rhône.** *Tournon Cycles - 57 av. du Maréchal-Foch, à 1,4 km de la gare de Tain-l'Hermitage - 09 86 41 37 00 - www.tournon-cycles.fr - VTT à partir de 16 €/j.*

**Côté logistique, il y a des réparateurs et des loueurs de vélos tout le long de la Dolce Via. Entre Tournon et Lamastre, le train touristique de l'Ardèche ne fonctionne qu'en saison et pas forcément tous les jours.**

**On peut aussi transporter son vélo jusqu'à Lamastre, en bus ou taxi avec porte-vélos : www.dolce-via.com/fr/pratique/transports.**

**ÉTAPE 1**

**De Tournon-sur-Rhône à Lamastre - 28 km.**
Pour **Tournon** *voir page 147.*
Pour rejoindre Lamastre, montez à bord du **train touristique de l'Ardèche** *(voir encadré page 152).* Il part de la gare de Tournon-St-Jean-de-Muzols (à 3 km de Tournon), reconstruite à partir de photographies anciennes. Vous voyagez à bord de voitures panoramiques qui laissent tout loisir d'admirer la nature sauvage, les gorges du Doux, les vergers et châtaigneraies. Départ habituel à 10h15 (avec arrivée à Lamastre vers 12h). Pile-poil pour le déjeuner !

**Lamastre : tout le monde descend !** Le train à vapeur s'y arrête le mardi, jour de marché, qui attire la foule des habitants du coin. L'ancienne ville haute est dominée par le château de Peychelard (table d'orientation et parcours d'interprétation), tandis que sur les bords du Doux se développe la ville basse, le Savel.

Pont roman près de Lamastre.
N. Eisele-Hein/imageBROKER/age fotostock

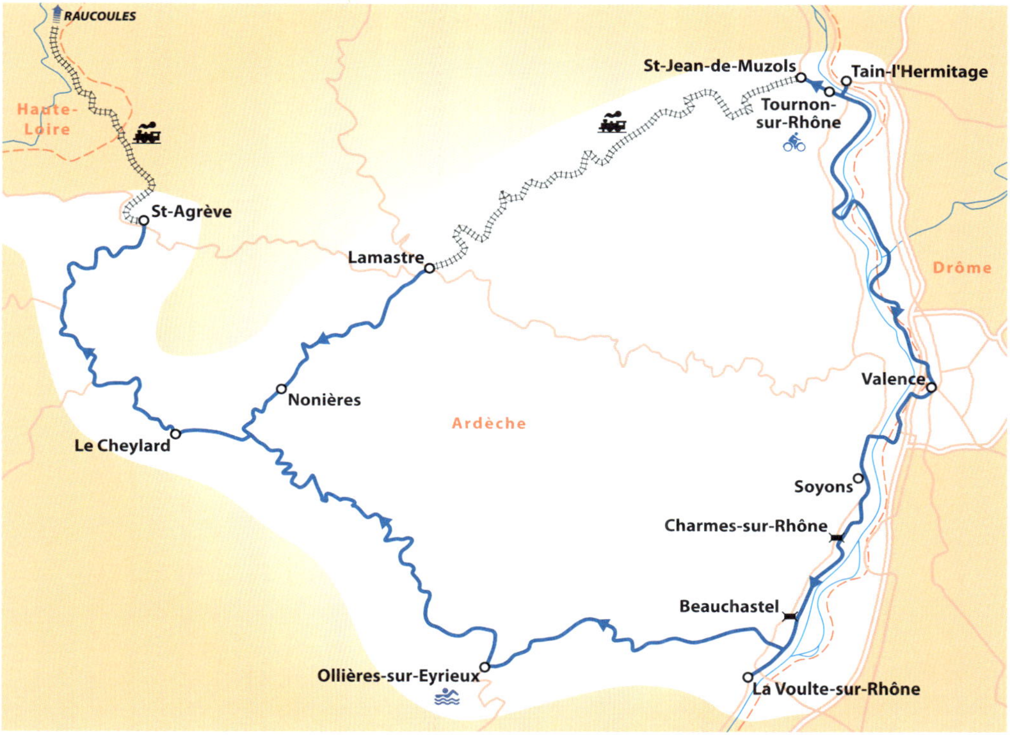


*Marché de Lamastre - Mar. matin, centre-ville et pl. Pradon. Marché du terroir sam. matin pl. Seignobos.*

**À table et au lit !** Cuisine ardéchoise à Lamastre. Quel plaisir de s'attabler sur cette terrasse fleurie ! Mais le bonheur est aussi dans l'assiette pour qui veut découvrir la gastronomie ardéchoise à des prix très abordables. Vous y trouverez également des chambres propres et bien entretenues, avec un garage fermé gratuit pour les vélos.

*Les Négociants - 14 pl. Rampon - Lamastre - ✆ 04 75 06 12 20 - www.hotel-negociants-ardeche.com - fermé déc.-janv. - plat du jour 13,50 €, menu 17,50 € - 13 ch. 80/112 € - ☕ 9,80 € - 1/2 P possible.*

**ÉTAPE 2**

**De Lamastre aux Ollières-sur-Eyrieux - 40 km.** Pour ce deuxième tronçon, vous empruntez la Dolce Via. C'est probablement la partie la plus sportive de l'itinéraire puisque vous commencez par une grande montée sur une douzaine de kilomètres (250 m de dénivelé...). Les plus aguerris apprécieront. Les autres opteront pour le vélo électrique, transformant cette pente en une balade de santé. Après cet effort, une (très) longue descente vous attend. Vous aurez le temps de découvrir les villages de caractère d'Ardèche et les prouesses techniques nécessaires à la construction de l'ancienne ligne de chemin de fer : murs de soutènement, ponts, viaducs et tunnels, dont celui des **Nonières**, le plus long de La Dolce Via avec ses 320 mètres.

**Aux Ollières-sur-Eyrieux : piquer une tête dans la rivière.** L'Eyrieux a donné son nom à une vallée accueillante qui offre de belles occasions de baignade et de jeux nautiques. Aux Ollières, la plage de la Théoule (sable) est le spot idéal. Aire de pique-nique et surveillance assurée en juillet-août. Pour les plus sportifs, un loueur propose des canoës-kayaks et des paddles.

*Eyrieux Sport - Plage de Théoule, Les Ollières-sur-Eyrieux. Location de vélos et canoës-kayaks - ✆ 06 69 39 86 08 - www.eyrieuxsport.fr - 25 € descente en canoë ou kayak sur 5 km.*

**À table et au lit !** Aux Nonières, cette auberge abrite à la fois un restaurant privilégiant les produits locaux, un bar, une épicerie, un dépôt de pain ainsi que des chambres d'hôtes et un gîte d'étape. Une jolie halte pour les cyclistes et les randonneurs, dans un village qui a servi de décor à des tournages de films.

*L'Art des Chemins - 1 r. de l'Abreuvoir - Les Nonières - ✆ 04 75 30 34 07 - www.lartdeschemins.fr - 4 ch. 65/69 € : - gîte d'étape : 3 dortoirs 15 €/pers. - gîte entier 210 €/nuit - ✗ fermé dim. - menu midi 15 €.*

**Pour la nuit.** Aux Ollières-sur-Eyrieux, situé entre route et rivière, cet ancien relais de diligences abrite des chambres simples. Table d'hôtes sur réservation, possibilité de paniers-repas pour les pique-niques. Garage fermé pour les vélos.

*Chambres d'hôtes Le Pass'Eyrieux - 250 r. du Bas-Pranles, Les Ollières-sur-Eyrieux - ✆ 09 50 60 38 27 - www.lepasseyrieux.fr - réserv. conseillée en hiver - 4 ch. 60 € - table d'hôtes 27 € (sur réserv.).*

ÉTAPE 3

**Des Ollières à Valence - 47 km.** Une troisième étape tout en douceur, car ça descend la majeure partie du trajet. Vous emprunterez d'abord la Dolce Via dans un paysage de vergers et de terres cultivées, jusqu'à La Voulte-sur-Rhône, puis la ViaRhôna. À partir du pont des Lônes, alternance entre voie verte et voie partagée à très faible trafic. L'arrivée sur Valence se déroule sur une voie verte balisée et aménagée.

**La Voulte-sur-Rhône : passé industriel.** Posée sur la rive droite du Rhône, La Voulte a conservé un agréable centre ancien, très animé aux beaux jours, constitué de ruelles bordées de vieilles demeures. Montez jusqu'aux remparts et crapahutez sur le chemin qui fait le tour du château pour admirer de beaux panoramas sur le Rhône et les anciennes fonderies dont les hauts fourneaux témoignent du glorieux passé industriel de la commune.

**Beauchastel : renaissance d'un village.** Abandonné jusque dans les années 1970, ce village de caractère se blottit au pied des ruines de son château. Il faut grimper au milieu d'un dédale de ruelles et de passages couverts pour gagner la terrasse qui offre une très belle vue sur St-Laurent-du-Pape et la vallée où passe la ViaRhôna.

**Charmes-sur-Rhône : « on the rock ».** Bâti à même le roc, ce village a conservé son caractère médiéval. Portes en arcades et ruelles restaurées servent de décor aux ruines du château. Une table d'orientation permet d'admirer un point de vue qui s'étend jusqu'au Vercors.

**Soyons : aux origines de l'homme.** Ce village recèle un important site de peuplement préhistorique et médiéval ayant révélé des informations précieuses sur les périodes d'occupation qui se sont succédé durant 100 000 ans. Un musée présente les produits des fouilles archéologiques réalisées sur les collines alentour, notamment le squelette partiel d'un mammouth. Les grottes découvertes au sud du village, occupées très tôt par les hommes, constituent un site clé pour l'étude de l'homme de Néandertal.

## EMBARQUER À BORD DU PETIT TRAIN DE L'ARDÈCHE

**Il a fallu cinq ans de travaux pour poser des rails sur ce tracé sinueux contre la paroi rocheuse entre Tournon et Lamastre. Depuis 1891, sans faillir, ce train à vapeur, avec ses wagons en bois d'époque, promet aux voyageurs une expérience inoubliable. En 1903, la ligne est prolongée jusqu'à la vallée de l'Eyrieux, au Cheylard, puis monte jusqu'à St-Agrève, à 1 000 m d'altitude. La ligne permet d'admirer certains trésors cachés de l'Ardèche à un rythme d'un autre temps. C'est donc parti pour une balade à travers les paysages enchanteurs des gorges du Doux, offrant des vues panoramiques sur les montagnes, les forêts et les rivières de la région. Cerise sur le gâteau, grâce à un fourgon équipé (bornes de recharges pour les VAE, kits de réparation, etc.), vous embarquez votre vélo (8 € par vélo). Pensez à bien réserver votre emplacement dans le fourgon, les places sont limitées. Ce train est un Site Touristique Emblématique valorisé par la Région Auvergne-Rhône-Alpes.**

Train de l'Ardèche - ✆ 04 75 06 07 00 - calendrier de circulation : www.trainardeche.fr/mastrou - aller simple 22 €.

Sur le pont de La Voulte-sur-Rhône.
Ch. Martelet/Auvergne-Rhône-Alpes Tourisme

*Musée archéologique - 28 r. de l'Église - ✆ 04 75 60 88 86 - www.grottes-musee-soyons.fr - juil.-août : 10h30-18h30 ; avr.-juin et sept.-oct. : merc.-dim. 14h-18h - 4 € ; billet combiné avec les grottes 8 €.*

*Pour Valence voir page 42.*

**Ou filer vers la Via Fluvia...** Pour les amateurs, la Dolce Via propose une étape entre **Le Cheylard** et **St-Agrève**. Ce parcours à vélo se fait sans effort sur 25 km et permet d'embarquer avec son vélo à bord du Velay Express, le train à vapeur le plus haut de France. Ce tracé de 27 km conduit à Raucoules (gare d'Oumey) où l'on rejoint la Via Fluvia *(voir l'itinéraire page 163)*.

**À table !** À Valence *(voir pages 43 et 92)*.
À Beauchastel : cuisine et ambiance familiales. Des assiettes généreuses élaborées avec des produits frais, propres à combler les estomacs affamés. Gardez quand même de la place pour le dessert : le tiramisu à la châtaigne a son petit succès ! Excellent rapport qualité-prix et accueil chaleureux.

*Le Patio - À Beauchastel, sur la D 86 - ✆ 09 83 34 34 78 - lun.-sam. 8h-15h - plat 10,50 €.*

**Pour la nuit.** À Valence, dans le centre, l'hôtel Les Négociants et L'Atrium affichent le label Accueil Vélo *(voir page 43)*.
À Beauchastel, la chambre d'hôtes La Fontaine du Chat bénéficie aussi de ce label. Salon de jardin pour la détente, table d'hôte sur réservation et pique-nique sur demande.

*La Fontaine du Chat - 11 r. de la Fontaine-du-Chat, à Beauchastel - ✆ 04 75 62 02 51 ou 06 34 18 84 93 - www.chambres-hotes.fr - 2 ch. 60 € : - ✕ 25 €.*

Train touristique au pont des Etroits.
J. Knott/age fotostock

# LA VIA ALLIER : AUTOUR DE VICHY

**Départ de Moulins en direction du bassin de Vichy où, de St-Yorre au sud jusqu'à Billy au nord, se déroule, le long de l'Allier, une superbe voie verte exclusivement réservée aux cyclistes et aux piétons. Vous pédalerez selon vos envies en pleine nature dans un cadre magnifique à la découverte de la dernière rivière sauvage d'Europe. Tous ces chemins mènent à Vichy, attachante cité thermale inscrite au patrimoine mondial de l'Unesco, qui invite le cycliste à la découverte et à la flânerie.**

La Via Allier se déploie sur 455 km le long de la rivière Allier, depuis sa confluence avec la Loire jusqu'à Langogne, en Lozère. Elle traverse l'Auvergne du nord au sud, ses plaines alluviales et céréalières, ses volcans et son patrimoine exceptionnel. Notre premier itinéraire couvre son tronçon le mieux aménagé entre Billy et Vichy, mais avec une première partie plus difficile partant de Moulins réservée à des cyclistes confirmés. Si on est débutant ou que l'on voyage en famille, on privilégiera plutôt la voie verte à partir de Vichy. *Infos : www.via-allier.com.*

## 4 DE MOULINS À VICHY - 78 KM

➔TER Moulins-Vichy, en provenance de Clermont-Ferrand, Lyon et Paris. La gare de Moulins se trouve sur la rive opposée à la Via Allier, à environ 1,8 km du départ de l'itinéraire, au niveau de la Maison de la rivière Allier.

Louer un vélo à **Moulins**.
*Maison de la rivière Allier - 4 rte de Clermont - ✆ 04 63 83 34 11 - VTT ou VTC à partir de 7,20 €/j (VAE 12 €/j.) - vélos et sièges enfant également.*

➔Attention, pas de gare à St-Pourçain.

➔La gare de Vichy est 10mn à vélo à peine des rives de l'Allier et de la voie verte.

Louer un vélo à **Vichy**, voir page 33.

Transport des vélos : consultez la rubrique « Trajets porte à porte » sur le site Internet du TER : www.ter.sncf.com/auvergne-rhone-alpes. Voir également les informations en début de guide p. 14

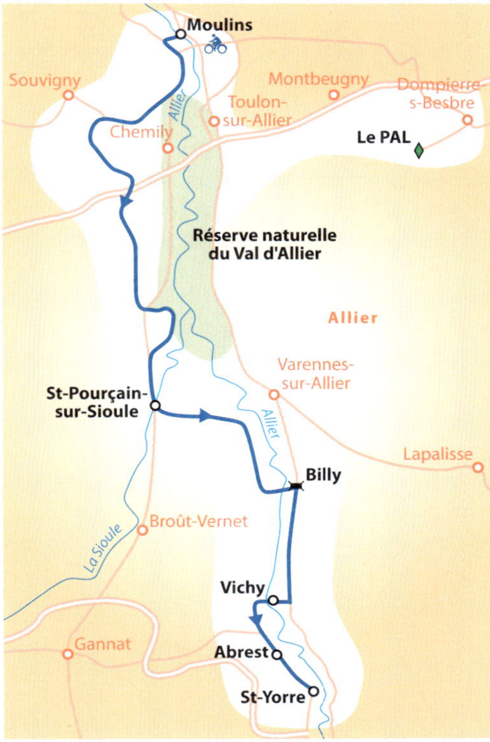

ÉTAPE 1

**De Moulins à St-Pourçain-sur-Sioule - 44 km.** Attention : cela commence - un peu - dur. L'itinéraire débute par une partie en route partagée avec du dénivelé sportif (+ 291 m) vers la **Réserve naturelle nationale du Val d'Allier** (fermée au public). Il faudra rester vigilant sur la RD 2009 avant de tourner à droite vers Bressolles. Puis, la grimpette continue jusqu'à la superbe forêt de chênes de Moladier, autrefois propriété des ducs de Bourbon (et aujourd'hui traversée par un tronçon du chemin de St-Jacques-de-Compostelle). Le parcours se prolonge ensuite dans le bocage bourbonnais. Après une nouvelle belle côte au niveau de Besson, vous dépasserez le château de Fourchaud. Ça y est : les premières vignes du St-Pourcinois sont en vue ! Après Bresnay, l'itinéraire devient plus tranquille sur la RD 34. On traverse des vignobles avant la traversée sous la RD 2009 par un boviduc (passage aménagé pour le passage des bovins). Poursuivez sur la RD 232, empruntez brièvement la RD 532 et donnez un dernier coup de pédale au milieu des vignes avant l'arrivée à **St-Pourçain-sur-Sioule**. Couronné de succès, vous aurez bien mérité de goûter ici à ses vins servis à la table des rois de France !

**Moulins : dans de beaux drapés.** La capitale du Bourbonnais abrite des musées originaux et uniques en France comme le Centre national du costume et de la scène. Au rez-de-chaussée, une exposition permanente est consacrée au danseur Rudolf Noureev (1938-1993). Ce centre, à la programmation riche et sans cesse renouvelée, abrite près de 10 000 costumes, provenant notamment de l'Opéra national de Paris. Les plus anciens datent de la seconde moitié du 19e s.

*Centre national du costume et de la scène (CNCS) - Quartier Villars (traversez l'Allier par le pont Régemortes en direction de Souvigny), rte de Montilly - ✆ 04 70 20 76 20 - cncs.fr - 10h-18h (mai : 14h-18h) - 9 €.*

Pour **Moulins**, *voir aussi page 35*. De Moulins, vous pourrez aussi rejoindre le **parc Le PAL** à vélo (compter 1h30) ou en navette *(voir page 33)*.

**À table !** Construit en 1899, ce café est inscrit à l'Inventaire des Monuments historiques. Une fresque grandiose à la gloire de Gambrinus, le roi de la Bière, entoure le buveur tandis que d'immenses miroirs renvoient son image à l'infini. C'est ici que Gabrielle Chasnel aurait acquis son surnom de Coco Chanel en chantant « Qui qu'a vu Coco au Trocadéro ? » du haut du balcon. Au menu : planches de charcuterie et entrecôte de bœuf charolais.

*Le Grand Café - 49 pl. d'Allier, Moulins - ✆ 04 70 44 00 05 - legrandcafe-moulins.fr - formules midi 13,50/17,50 €.*

**Pour la nuit.** À Saulcet, ce gîte est labellisé Accueil vélo sur un terrain arboré de 5 000 m². Vous profiterez en saison de sa terrasse et de son spa.

*La Pause Verte - 16 r. de Berchère, Saulcet - ✆ 04 82 75 68 55 - www.gites-de-france-allier.com - 285 €/nuit pour 6 pers.*

## LE VIGNOBLE ST-POURCINOIS

**Il est classé AOC depuis 2009. La tradition fait apparaître la vigne sur les coteaux ensoleillés de la Bouble, de la Sioule et de l'Allier un peu avant le début de l'ère chrétienne. Les sols pierreux de cette région convenaient particulièrement à cette culture, qui se développa rapidement grâce à la présence romaine, puis à la demande des monastères et seigneurs locaux. À la fin du 18e s., la superficie cultivée était de 8 000 ha. Au 19e s., cultures céréalières et fourragères gagnèrent du terrain, mais, en 1892, le phylloxéra ruina le vignoble. Réimplanté, il occupe à présent 600 ha. Vous pourrez donc apprécier les vins de la région, particulièrement le blanc sec et fruité issu des cépages tressallier (variété locale), chardonnay et sauvignon.**

Union des Vignerons - 3 r. de laRonde - ✆ 04 70 45 42 82 - cave-saintpourcain.fr - 8h30-12h30, 13h30-18h - fermé dim.

ÉTAPE 2

**De St-Pourçain-sur-Sioule à Vichy - 34 km.** Depuis St-Pourçain-sur-Sioule, suivez l'itinéraire cyclable indiqué vers Vichy qui traverse une passerelle aménagée sur la Sioule. Attention à la voie partagée : au niveau de la RD 46, dirigez-vous vers Paray-sous-Briailles, puis Marcenat par la RD 142.

Moulins, la ville vue depuis la rive gauche de l'Allier et le pont Régemortes.
F. Guiziou/hemis.fr

C'est après avoir tourné vers Billy que commence vraiment la voie verte. Une balade tranquille et beaucoup plus paisible vous mène alors le long de la rivière jusqu'à Vichy. Rappelons ici que, par sécurité, les familles et cyclistes débutants peuvent adapter cet itinéraire en boucle au départ de Vichy en passant par Billy. Vous pourrez faire une halte à la base de loisirs de St-Germain-des-Fossés (plan d'eau Jalicot). Arrivé près de **Vichy**, au niveau du pont de l'Europe, posez votre vélo pour observer les poissons migrateurs. Restez sur la même rive, où vous longerez l'esplanade du lac, jalonnée d'équipements ludiques et sportifs, de bars et de guinguettes. Vous passerez ensuite devant la Rotonde et le superbe parc à l'anglaise d'époque Napoléon III.

**St-Pourçain-sur-Sioule : saveurs labellisées.** À la rencontre des domaines d'oïl et d'oc, cette jolie bourgade des bords de la Sioule doit son nom à un moine qui défendit l'Auvergne des ravages du roi Thierry, fils de Clovis. Ses maisons médiévales et les vestiges de fortifications témoignent aujourd'hui du glorieux passé de la cité qui accueillit jadis l'un des huit ateliers monétaires du royaume au 14e s. St-Pourçain est apprécié à la fois des amoureux du patrimoine, des pêcheurs de truites, des randonneurs et des amateurs de bons vins de St-Pourçain, labellisés AOC depuis 2009.

**Billy : forteresse et village médiéval.** Probablement située à l'emplacement d'un ancien oppidum gaulois, cette forteresse militaire du 12e s., réputée imprenable avec ses trois enceintes, était administrée par un capitaine châtelain pour le compte des seigneurs de Bourbon. Un important travail de restauration a permis de consolider les ruines et de remonter les étages du donjon. Vous admirerez la vue panoramique sur la vallée de l'Allier depuis les remparts. Blotti autour de la forteresse, le bourg est plein de charme.

*Château de Billy - R. du Château - ✆ 04 70 43 51 51 (office de tourisme) - www.allier-auvergne-tourisme.com - accessible uniquement en visite guidée (1h) à heure fixe en été ; reste de l'année : se rens. - 7,50 €.*

**À table !** Pour se régaler à Billy face à l'Allier, les fidèles se pressent dans cette auberge, en quête d'une cuisine du marché goûteuse, réalisée par un chef plein d'entrain. Si le temps le permet, installez-vous sur la terrasse ombragée, qui surplombe l'Allier... Une définition du bonheur.

*Auberge du Pont - 1 rte de Marcenat, Billy - ✆ 04 70 43 50 09 -*

*www.auberge-du-pont-billy.fr - fermé dim. soir-lun. soir - formule déj. 22 €, menus 35/70 €.*

**Pour la nuit.** Voir **Vichy** *page 35.*

**ÉTAPE 3**

**Boucle au départ de Vichy par St-Yorre - 22 km.** Du centre de Vichy, enjambez l'Allier par le pont de Bellerive (espace cyclable), puis tournez à gauche vers la rivière et prenez la direction du sud. Suivez la piste (partagée avec les piétons) très bien aménagée (aires de pique-nique). Plusieurs bars et guinguettes installées au bord de l'eau animent le début du tracé. Au niveau d'Abrest, le pont du chemin de fer sur l'Allier permet d'avoir une belle perspective sur la rivière. Revenez sur la même rive et poursuivez dans une nature verdoyante jusqu'à St-Yorre, autre ville célèbre pour son eau minérale. Au retour, pour varier les plaisirs et les points de vue, empruntez cette fois la voie verte qui longe la rive droite de l'Allier, un peu plus étroite mais aussi bien aménagée dans un cadre magnifique. On longe au début l'usine d'embouteillage *(ne se visite pas)*. Juste avant d'arriver à Vichy, vous pourrez vous arrêter plage des Célestins pour piquer une tête dans le lac d'Allier ou troquer votre vélo contre un autre vélo, sur l'eau celui-ci !

**Abrest : prendre de la hauteur.** À environ 2,5 km de la voie verte, un petit effort sera nécessaire pour gravir la colline (432 m) et rejoindre le site des Hurlevents. Vous serez récompensé par la belle vue sur la vallée de l'Allier, les monts Dôme et les Bois Noirs (table d'orientation).

**Vichy : un air de bord de mer.** Aux beaux jours, faites un plouf avant de descendre de vélo. Outre la vaste plage de sable fin sur l'Allier, vous trouverez ici un bassin de baignade, un couloir de nage, un ponton, une pataugeoire, des jeux d'eau et des activités diverses (beach-volley, etc.). Tout y est !

*Plage des Célestins - Juil.-août, baignade surveillée 11h-19h - accès libre - guinguette, tables de pique-nique, cabines, douche extérieure.*

**À table !** Voir **Vichy** page 33.

**Pour la nuit.** À Vichy, l'hôtel Les Nations affiche le label Accueil Vélo. *Voir page 35.*

Vous pourrez aussi pédaler 3 km jusqu'à Bellerive-sur-Allier et camper au bord de la rivière. Emplacements délimités et, pour ceux qui n'ont pas de tente, une offre variée d'hébergements.

*Camping Beaurivage - R. Claude-Decloître, Bellerive-sur-Allier - ✆ 04 70 32 26 85 - www.camping-beaurivage.com - avr.-oct. - empl., mobile homes, tentes lodges, tentes sur pilotis - location à la sem. en été 126 (empl.)/980 € (mobile home)/sem. - ☕ 25 €.*

Château de Billy, ancien château fort du 12e s.
H. Lenain/hemis.fr

La voie verte à Vichy
D. Grudet/Auvergne-Rhône-Alpes Tourisme

# LA VOIE BLEUE : DE LA SAÔNE AU RHÔNE

**Après avoir quitté Villefranche-sur-Saône et rejoint la voie verte, les derniers méandres de la Saône invitent à une promenade nonchalante et à la pause dans ses guinguettes estivales. Sur la deuxième moitié de l'itinéraire, dès que l'on aborde la partie urbaine de Lyon, il devient plaisant d'admirer les œuvres d'art installées en plein air le long des quais, comme ce belvédère habillé de perles par Jean-Michel Othoniel. Tout cela avant de s'échapper, si on le souhaite, sur ViaRhôna.**

La Voie Bleue est sans doute la plus européenne des véloroutes. Elle se déploie sur 700 km, du Luxembourg à Lycn, le long des rives de la Moselle et de la Saône. Le tronçon ci-dessous offre une arrivée sur Lyon et une traversée de la ville d'une scénographie spectaculaire. C'est également là que s'opère la jonction avec la ViaRhôna.
*Infos : www.lavoiebleue.com.*

## 5 DE VILLEFRANCHE-SUR-SAÔNE À LYON - 38 KM

**→Villefranche-sur-Saône se trouve sur la ligne TER Dijon-Mâcon-Lyon.**

**Attention : pas de loueur dans le centre de Villefranche. Il faudra venir avec votre vélo ou le louer à Lyon ou Mâcon (transport autorisé dans le TER).**

Pour rejoindre la Voie Bleue, il faut traverser la Saône et prendre le chemin de halage en direction de Lyon. Prudence, d'abord, en traversant la D 904. Mais ensuite, jusqu'à Fontaine-sur-Saône, l'itinéraire passe entièrement sur voie verte. Après Trévoux et son riche patrimoine, les derniers méandres de la Saône se fraient un chemin entre des versants escarpés. Ils s'animent aussi de belvédères, espaces de loisirs et guinguettes estivales. Vous croiserez Neuville-sur-Saône, installée à un coude de la rivière puis Rochetaillée-sur-Saône, St-Rambert et la bucolique île Barbe. À Fontaines-sur-Saône, passez sur la rive droite. La zone urbaine lyonnaise en piste cyclable s'interrompt sur 1,3 km aux abords de l'île Barbe. Ensuite,

Maisons de la rue Nationale à Villefranche-sur-Saône.
F. Guiziou/hemis.fr

une piste cyclable longe le vieux Lyon jusqu'au pont Kitchener-Marchand, que l'on traverse pour gagner les quais aménagés de la Presqu'île. En chemin, ne manquez pas les 23 œuvres installées sur les quais dans le cadre du projet paysager et artistique « Rives de Saône », réalisées par de grands artistes contemporains (Tadashi Kawamata, Jean-Michel Othoniel...). Notre itinéraire s'arrête à la Confluence où la Saône rejoint le Rhône... et l'itinéraire de la ViaRhôna !

Pour **Villefranche-sur-Saône** *voir page 87.*

**Trévoux : ville capitale !** Un parlement à Trévoux ? Absolument : la ville est en effet l'ancienne capitale de la principauté de Dombes, indépendante jusqu'en 1762. Le parlement (qui se visite) y siégea de 1697 à 1771. Le duc du Maine ayant imposé à ses magistrats l'obligation de résidence, Trévoux fut aussi dotée au 18e s. de quelques hôtels parlementaires, bordant les ruelles des vieux quartiers.

**Neuville-sur-Saône**. La ville est joliment située à un coude de la Saône. Neuville, qui s'appelait jadis Vimy, fut, sous l'Ancien Régime, la capitale du Franc-Lyonnais. Alentour, à la belle saison, les « guinguettes » et les « clos », autrefois pléthoriques sur les bords du fleuve, proposent de retrouver une ambiance festive en dégustant une friture arrosée de beaujolais.

**Rochetaillée-sur-Saône : sur les chapeaux de roues**. Dans ce château restauré du 15e s., acquis par la ville de Lyon, et dans son parc en terrasses au-dessus de la Saône, sont réunies de remarquables collections d'automobiles (1890 à 1986), cycles (1818 à 1960), motocycles (1904 à 1964) et véhicules de transports en commun (1886 à 1935).

*Musée de l'Automobile Henri-Malartre - 645 r. du Musée - ✆ 04 78 22 18 80 - www.musee-malartre.com - fév.-déc. : merc.-dim. 10h30-18h ; janv. : w.-end 10h30-18h - 6 €.*

**L'île Barbe : un coin de verdure au milieu de la Saône.** *Voir dans la partie « City breaks », p. 26.*

Pour **Lyon** *voir page 20.*

**À table !** Sur les bords du Rhône, en face du parc de la Tête d'Or à Lyon, hommage à la Fanny des boulistes, dans ce restaurant aux allures de guinguette et sur sa terrasse ombragée de platanes.

*La Terrasse St-Clair - 2 Grande-Rue-St-Clair - Caluire - ✆ 04 72 27 37 37 - www.terrasse-saint-clair.com - fermé w.-end - menu 33,50 €.*

**Pour la nuit.** Sur la colline de Fourvière, à deux pas du théâtre antique, cet hôtel a investi l'ancien couvent de la Visitation (19e s.) : réception dans la magnifique chapelle tandis que chambres et restaurant s'articulent autour du cloître. Une expérience quasi mystique frappée du label Accueil Vélo.

*Fourvière Hôtel - 123 r. Roger Radisson - ✆ 04 74 70 07 00 - www.fourviere-hotel.com - 75 ch. 149/250 € - ☕ 25 €.*

Ravin de Corboeuf, Rosières.
L. Olivier/Auvergne-Rhône-Alpes Tourisme

# LA VIA FLUVIA : ENTRE LOIRE ET RHÔNE

**Joli trait d'union entre la Loire et le Rhône, la Via Fluvia épouse une ancienne voie ferrée. Elle est ponctuée de panoramas aux noms exotiques comme ce « Colorado auvergnat » au ravin de Corbœuf ou la « passerelle himalayenne des gorges du Lignon ». Mais le patrimoine ferroviaire n'est jamais loin avec, à l'arrivée de l'itinéraire à Raucoules, une autre échappée belle possible à bord du « Velay-Express », où le plus haut train à vapeur de France file rejoindre la Dolce Via...**

La Via Fluvia traverse sur plus de 90 km la Loire, la Haute-Loire et l'Ardèche. Une expérience 100 % nature au contact de paysages de toute beauté. La véloroute, aménagée sur une ancienne voie ferrée, vise à terme à relier la Loire au Rhône.
*Infos : www.viafluvia.fr.*

## 6 DE LAVOÛTE-SUR-LOIRE À RAUCOULES - 44 KM

**→Ligne Lyon-St-Étienne-Le-Puy-en-Velay. Accès en 20mn depuis Le Puy-en-Velay. La gare de Lavoûte-sur-Loire est à côté du parking d'où part la Via Fluvia.**

**Attention : pas de loueur dans le centre de Lavoûte-sur-Loire. Il faudra venir avec votre vélo ou le louer à Lyon ou St-Étienne (transport autorisé dans le TER).**

### ÉTAPE 1

**De Lavoûte-sur-Loire à Yssingeaux - 23 km.** De Lavoûte-sur-Loire s'élance la véloroute aménagée sur une ancienne voie ferrée permettant de relier la Loire au Rhône. Après avoir exploré son château et ses ruelles, on quitte le village. La Via Fluvia longe d'abord la Loire avant de s'en éloigner pour entrer dans les terres. La voie verte s'élève doucement vers les plateaux volcaniques typiques de la région. Régulièrement, les vues panoramiques sur les paysages de l'Emblavez invitent à la pause et à la contemplation. Vous slalomez ici entre les « sucs », un cortège de dômes et de pitons volcaniques endormis. Au niveau de **Rosières**, filez voir une vraie curiosité géologique, le ravin de Corbœuf, surnommé le « Colorado auvergnat ». La route réserve ensuite une belle vue sur l'église perchée de Glavenas se détachant sur un étrange paysage. Attention toutefois : cette véloroute est constituée (à peu près pour moitié) de voies partagées avec des véhicules motorisés, dont des poids lourds en semaine.

**Château de Lavoûte-sur-Loire.** *Voir page 71*.

**Ravin de Corbœuf.** Ce canyon creusé de petits ravins et hérissé de fines crêtes résulte des effets de l'érosion sur des dépôts sédimentaires argileux au fond du lac qui occupait le bassin de l'Emblavez.

*Accès : au niveau du parking de la gendarmerie de Rosières, suivez le chemin de la voie ferrée : sentier de la Galoche jusqu'à un viaduc puis empruntez le chemin fléché sur la gauche. Mais vous pouvez également prendre la petite route qui mène à Chastel pour admirer le ravin d'en haut.*

**Chapelle de Glavenas.** Seul édifice à subsister de l'ancien château fort qui dominait la vallée, cette chapelle médiévale, couverte d'un beau toit de lauzes, se dresse sur un éperon rocheux. Magnifique panorama depuis la table d'orientation en pierre volcanique.

**À table !** *voir page 72*.

À Yssingeaux, proche du centre-ville, c'est dans une ancienne grange que les repas sont servis. Cuisine du terroir et formule économique en font une adresse très courue à l'heure du déjeuner.

*La Ferme de Lavée - Lavée - ✆ 04 71 59 00 00 - www.fermedelavee.com - ouv. le midi seult, en sem. - formules midi 11,90/14,90 €, menus 23,50/29,80 €.*

**Pour la nuit.** À Yssingeaux, arrêt possible dans une auberge traditionnelle aux intérieurs chatoyants. Ici, chaque chambre, baptisée d'un nom de fleur, offre un confort douillet. Côté restauration, une carte alléchante fait la part belle aux producteurs auvergnats et célèbre le gibier en saison. Garage à vélo gratuit et fermé.

*Hôtel Le Bourbon - 5 pl. de la Victoire, Yssingeaux - ✆ 04 71 59 06 54 - www.le-bourbon.com - 11 ch. 81/99 - ☕ 12 € - menus 31/59 €.*

## ÉTAPE 2

**D'Yssingeaux à Raucoules - 21 km.** Avec moins de 10 % du trajet en voie partagée, cet itinéraire épouse le tracé d'une ancienne voie ferrée en toute quiétude. Soyez simplement prudents lors de la traversée de la D 105, mais des panneaux vous le rappelleront. En sortant d'Yssingeaux, prenez à gauche sur la route de Montfaucon/D 105 pour faire un détour par la vertigineuse passerelle himalayenne des gorges du Lignon (à 7,5 km). Pour le reste, avec un revêtement en enrobé sur la totalité du tracé, la route demeure agréable et permet de se concentrer sur les paysages entre deux aires de pique-nique et autres curiosités. Un coup de pédale un peu plus énergique en montant vers le village de **Grazac** (188 m de dénivelé positif) sera néanmoins nécessaire. Un peu plus loin, au niveau de Lapte, le « balcon du Velay » porte bien son nom et réserve de superbes panoramas. Ensuite, un détour de 5 km par le lac de Lavalette permet de se rafraîchir. Terminus à Raucoules ? À moins d'embarquer sur le *Velay-Express* pour la Dolce Vi (t) a !

**Yssingeaux : top départ !** Au cœur d'une région dont les paysages originaux sont hérissés de sucs volcaniques et de monts boisés, Yssingeaux, dominé par le massif du Meygal, est le point de départ de nombreuses excursions et randonnées. Son église St-Pierre, vaste édifice néoclassique, renferme des tableaux de maîtres du 19e s. De la colline St-Roch, à 900 m d'altitude, on jouit d'un beau panorama sur les sucs alentour, aidé de deux tables d'orientation.

**Passerelle himalayenne des gorges du Lignon : gare au vertige !** Amateurs de randonnées et de sensations fortes, cette passerelle est faite pour vous ! Il faut compter entre 30 et 45mn de marche (vélo à la main), selon la rive d'où l'on part, pour se retrouver perché à 78 m au-dessus des gorges du Lignon, d'où la vue est impressionnante ! Le long des 268 m, ça tangue un peu… Du côté de St-Maurice-de-Lignon, un belvédère à 7 m au-dessus des gorges permet de s'avancer en surplomb du site.

Passerelle himalayenne des gorges du Lignon.
Florian Augustin/Shutterstock

**Lapte : le « Balcon du Velay ».** On l'appelle ainsi car le clocher de l'église, avec ses 51 m (accessible en été), est le plus haut belvédère de Haute-Loire. Il offre un panorama à 360°. Dans l'église a été installé un pendule de Foucault afin de renforcer la verticalité déjà impressionnante de l'édifice. À La Chapelette, la chapelle votive Notre-Dame-de-Bon-Secours, édifiée en 1854, est classée Monument historique.

**Baignade au barrage de Lavalette.** Établi sur le Lignon, il offre un vaste plan d'eau dans un décor boisé. Le lac bénéficie du label Respirando qui distingue, en Haute-Loire, des lieux structurés où l'on pratique des activités de pleine nature : baignade surveillée, pêche, activités nautiques (paddle, canoë, pédalo, planche à voile), tour du lac à VTT.

**À table et au lit !** À 7mn à vélo de Raucoules, posez-vous avec votre monture dans cet îlot de verdure, chez ces hôteliers restaurateurs de père en fils.

*Les Platanes-Maison Vachon - 21 av. Les Maisonnettes, Montfaucon-en-Velay - 04 71 59 92 44 - www.lesplatanes.eu - 9 ch. 75/80 € - 9 € - menu du lun. au sam. soir et le dim. midi 25 €, paniers pique-nique à emporter 14 €.*

## VERS LA DOLCE VIA AVEC LE « VELAY-EXPRESS »

**Ce train à vapeur – le plus haut de France – permet de rejoindre la Dolce Via à partir de la Via Fluvia. Un parcours de 27 km vous conduira, vous et votre vélo (gratuitement), de Raucoules à St-Agrève en 2h15, « au rythme lent des trains d'autrefois ». En route, le train s'arrête aussi en gares de Tence et du Chambon-sur-Lignon. Par la fenêtre : les gorges du Lignon et le pays de St-Agrève, au pied des mythiques monts Mézenc et Gerbier-de-Jonc. Réservation obligatoire.**

Velay-Express - Dép. de la gare d'Oumey à 2,5 km de Raucoules (suivez les panneaux « Chemin de fer touristique », la gare est située sur la Via Fluvia) - 04 71 59 68 06 - velay-express.fr - calendrier de circulation (juil.-août : merc., jeu. et dim. ; mai-oct. : dim.) - réserv. plusieurs jours à l'avance en utilisant le formulaire de « Contact » sur le site velay-express.fr. Aller jusqu'à Raucoules : 21,50 €. Trains à thèmes (marché, Pâques, Halloween, Noël...) à guetter sur le site.

# LA BELLE VIA : DES GRANDS LACS AU RHÔNE

**La Belle Via n'usurpe pas son nom, c'est vraiment l'une des plus belles routes cyclables de France à travers la Haute-Savoie, la Savoie, l'Isère et la Drôme. C'est un panorama en cinémascope qui se déroule sous vos yeux, entre lacs et montagnes, avec en arrière-fond le Mont Blanc, les Bauges, la Chartreuse, Belledonne et le Vercors. Si le relief des Alpes peut en effrayer certains, les trois itinéraires suivants ne présentent pas de difficulté et se pratiquent aisément en famille, en toute sécurité.**

La Belle Via est la nouvelle appellation des véloroutes V 62/V 63. Elle se déploie sur 270 km en direction de la Drôme et est reliée à la ViaRhôna. *Infos : www.francevelotourisme.com/itineraire/la-belle-via.*

## 7 TOUR DU LAC D'ANNECY - 40 KM

**➔2h06 au départ de Lyon en TER. Gare TGV/TER à 5mn à pied du lac. 19 trains/j. Consignes à vélo (www.velonecy.com/fr/velonecy-box).**

**Transport des vélos : consultez la rubrique « Trajets porte à porte » sur les sites des TER. www.ter.sncf.com/auvergne-rhone-alpes. Les lignes de bus sont gratuites en été, idéal pour faire le tour du lac.**

**Louer un vélo. À Annecy, voir page 53.**
**Bon à savoir : attention au vent, prévoir un coupe-vent même l'été et prenez un maillot de bain, il y a neuf plages en route !**
**Pour en savoir plus : www.lac-annecy.com.**

**L'un des plus beaux circuits à vélo de France.** Avec ses majestueuses montagnes, ses beaux villages et ses eaux sereines, le tour du lac en met plein la vue. Et les deux-roues sont chouchoutés : ateliers de réparation, snacks en bord de route, pistes cyclables protégées...

**Le tour du lac.** Moyennant 3h d'efforts et 100 m de dénivelé, cette promenade déroule ses magnifiques paysages alpins au bord de l'eau, le long d'un parcours protégé sur une grande partie (sur la rive ouest). Dans quel sens démarrer au départ d'Annecy ? Nous avons choisi de partir dans le sens des aiguilles d'une montre pour profiter de belles vues ; mais le sens inverse évite la montée de Talloires (1,5 km à 6,5 %) et des portions de route fréquentée. Dans le sens des aiguilles d'une montre, à partir de Talloires, la piste serre le lac au plus près. Quant à la rive est, son aménagement est désormais terminé et il n'y a plus que les traversées de Veyrier-du- Lac, Menthon-St-Bernard et Talloires en voies partagées, mais en zone 30.

Pour le **vieil Annecy** *voir page 53.*

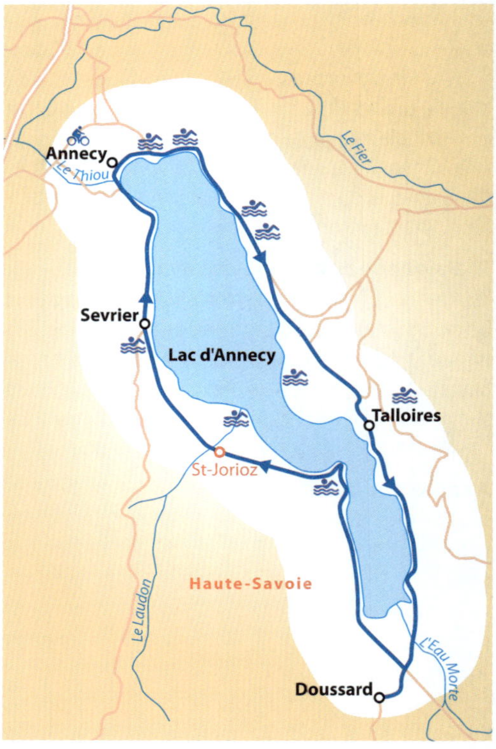

Voie verte autour du Lac d'Annecy depuis Duingt.
B. Becker/Auvergne-Rhône-Alpes Tourisme

**Talloires : plonger dans la carte postale.** Le village, enchâssé dans son site remarquable, avec ses maisons cossues au pied des collines velues, vous fera mettre pied à terre pour mieux l'admirer. Vous êtes ici au bord du « petit lac » d'Annecy (un resserrement du lac, plus sauvage et plus abrupt), face à la splendide pointe de Duingt.
Autre raison d'un arrêt à Talloires : sa plage qui est l'une des plus agréables du lac. Il y a des jeux pour les bambins et de l'ombre. En prime, comme partout autour du lac, les eaux les plus pures d'Europe et une faune en excellente santé. Les poissons, dont la féra et l'omble chevalier, abondent. Pour en apercevoir, pensez à mettre vos lunettes de piscine dans le sac à dos.

*Plage de Talloires - Rte du Port - ✆ 04 50 32 26 60 - www.talloires-lac-annecy.com - de fin juin à fin août : plage surveillée : 10h-19h - gratuit ; de déb. sept. à fin juin : gratuite mais non surveillée.*

**Doussard : castor junior.** Cette réserve naturelle est l'un des rares espaces encore préservé du bord du lac d'Annecy. Un sentier pédagogique permet l'accès à la roselière. En chemin, une tour médiévale (15e s.) sert d'observatoire, d'où contempler les oiseaux et une colonie de castors (ces derniers sont visibles plutôt de bon matin). La réserve est aussi accessible au départ de la plage de Doussard.

*Réserve naturelle du Bout-du-Lac - ✆ 04 50 66 47 51 - reserves-naturelles.org/reserves/bout-du-lac-dannecy - accès fléché à l'entrée de Doussard.*

**Sevrier : faites sonnez !** On ne vous parle pas ici de votre avertisseur de vélos, mais d'énormes cloches en fonte, dont l'une des plus grosses (la « Savoyarde ») orne le Sacré-Cœur de Montmartre depuis 1891. Comme tant d'autres, elle a été fabriquée ici par la vénérable fonderie Paccard, maison elle-même fondée en 1796. Dans ce musée rénové, outre les processus de fabrication, vous découvrez « l'art campanaire », illustré par des cloches de différents pays (14e-19e s.). En prime, un joli salon de thé pour prolonger la visite.

*Musée Paccard - 215 rte de Piron (D 1508, à la sortie sud de Sevrier) - ✆ 04 50 52 47 11 - www.musee-paccard.com - 10h-12h, 14h-18h, dim. 14h-18h - 9,50 €.*

Abbaye d'Hautecombe.
Pierrick Lemaret/Getty Images Plus

**À table !** Ce restaurant, à Doussard, témoigne de l'histoire d'une famille depuis le début du 20e s., mais il a su évoluer en décoration comme en cuisine. Cette dernière s'oriente vers le lac, comme sa terrasse les pieds dans l'eau et son ponton d'amarrage.

*Chez ma Cousine - Rte d'Annecy - Le Bout du Lac, Doussard - ✆ 04 50 32 38 83 - www.chezmacousine.fr - fermé de déb. nov. à fin mars - plats 24/38 €.*

**Pour la nuit.** Avec une vue spectaculaire sur les canaux et le château médiéval, des chambres au design contemporain avec label Accueil Vélo, cet établissement a tout bon !

*Hôtel du palais de l'Isle - 13 r. Perrière, Annecy - ✆ 04 50 45 86 87 - www.palaisannecy.com - 33 ch. 150/170 € - ☕ 14 €.*

## 8 D'AIX-LES-BAINS À CHAMBÉRY - 20 KM

**→La gare. Aix-les-Bains est facilement accessible de Lyon en TER (1h10 ou 1h30, 20 trains/j.). Le retour à Lyon de Chambéry est tout aussi aisé (1h30, 25 trains/j.).**

**Louer un vélo. À Aix-les-Bains, voir page 51, et Chambéry, voir page 48.**

Nous vous suggérons de débuter votre itinéraire un peu en amont de la Belle Via, au port de plaisance de Chanaz. Ce point de départ permet de commencer par une petite croisière en bateau-vélo. Autre option : longer le lac du Bourget sur 10 km pour atteindre l'abbaye de Hautecombe, où une autre navette fluviale vous permettra de gagner le grand port d'Aix-les-Bains, de l'autre côté du plus grand lac naturel de France. À peine débarqués, empruntez la Belle Via (V 63) en récitant en bord de lac des vers de Lamartine (ou pas), qui fut séduit par le cadre *(voir ci-contre)*. Prenez votre temps : la véloroute, jusqu'au Bourget-du-Lac sur la rive sud, est ponctuée de plages et de guinguettes ! Suivez ensuite la rivière de l'Hyères, en direction de Chambéry.

*Navette vélo-bateau, de l'abbaye d'Hautecombe à Aix-les-Bains - ✆ 04 79 54 58 80 - www.bateaux-aixlesbains.com - à partir de 15 €.*

**Lac du Bourget : un peu de poésie**. Voilà le plus grand lac naturel de France, vaste et beau. Eaux claires et bleu d'azur, eaux profondes aux teintes verdoyantes... On comprend vite comment la poésie du lieu inspira notre Lamartine, jadis, puis autant de randonneurs et de cyclistes aujourd'hui ! À l'origine, le lac s'appelait Châtillon, du nom du château installé sur sa rive nord, mais il fut rebaptisé lorsque l'on édifia le prieuré de St-Maurice-du-Bourget. *Voir aussi l'encadré et l'itinéraire pages 49 et 52.*

**Chanaz : embarquement immédiat.** En bordure du canal de Savières, cette ancienne ville-frontière était une étape très fréquentée à l'époque de la navigation commerciale. Des auberges de mariniers ont renoué avec la tradition depuis l'ouverture du canal aux plaisanciers. Un petit musée gallo-romain expose les objets trouvés lors des fouilles du site de Portout, implanté au nord du lac. Il est intéressant pour sa collection de poteries, dont Portout était sans doute l'un des centres de production les plus importants de la région.

**Abbaye de Hautecombe : escale souveraine.** C'est dans ce lieu romantique que les souverains de la maison de Savoie ont choisi d'être inhumés. Hautecombe est pour cette famille, au destin si exceptionnel, ce que la basilique de St-Denis au nord de Paris fut aux rois de France. C'est donc aux 42 princes et princesses du duché de Savoie que vous rendrez visite, ainsi qu'au dernier roi d'Italie, Umberto II, qui a choisi de rejoindre ici ses ancêtres. Un magnifique lieu de recueillement dans un cadre inoubliable. Magnifiquement restaurée dans le style gothique troubadour par des artistes piémontais, l'église se signale par l'exubérance de sa décoration. À gauche de la façade, vous verrez une porte du 16e s. À l'intérieur, marbres et stucs sont dispensés à profusion. Des peintures de Gonin et Vacca habillent les voûtes, 300 statues en marbre, en pierre, en bois doré prennent place dans l'église tandis que des figures de pleureuses et des bas-reliefs ornent la trentaine de tombeaux ou de monuments élevés à la mémoire des princes de Savoie qui y sont inhumés.

*3700 rte de l'Abbaye - ✆ 04 79 54 58 80 - hautecombe.chemin-neuf.fr - visite audioguidée (30mn) de l'église : tlj sf mar. 10h-11h15, 14h30-17h - 4,50 €.*

Pour **Aix-les-Bains** *voir page 51.*
Pour **Chambéry** *voir page 48*

**À table !** L'atout principal de cette brasserie, pile sur notre itinéraire, est sa grande terrasse avec vue sur le lac. Huîtres, coquillages, plateaux de fruits de mer et plats de poisson figurent en belle place sur la carte. Mais elle séduit aussi de nouveaux clients grâce à sa cuisine créative.

*Brasserie Le Skiff - Le Grand Port - pl. Édouard- Herriot - ✆ 04 79 63 41 00 - www.beaurivagehotel.fr - plats 15/25 €, menu du port 42 €.*

**Pour la nuit.** Le Mercure Chambéry Centre et l'Hôtel des Princes, tous deux près de la gare, affichent le label Accueil Vélo *(voir page 49).*

Canal de Savières à Chanaz.
T. Garcia/Auvergne-Rhône-Alpes Tourisme

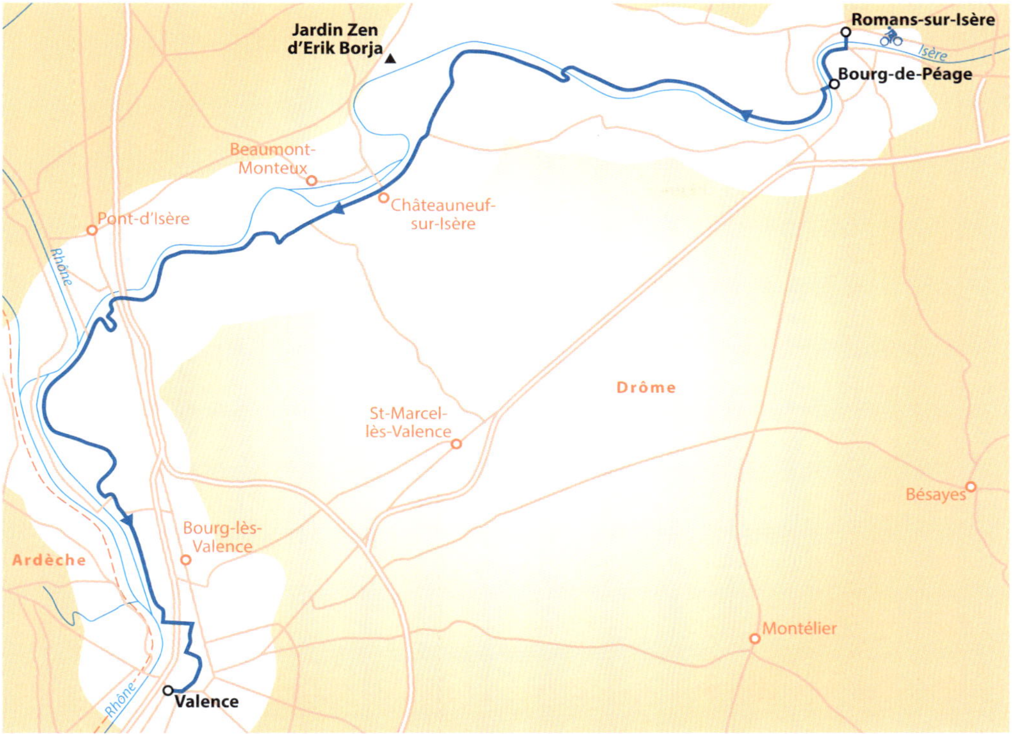


Il est aussi possible de s'éloigner de Chambéry, à 30mn de vélo, pour une petite folie dans le joli château de Challes-les-Eaux, du 15e s., au sein d'un parc planté d'arbres centenaires. Les chambres, actuelles ou aux beaux meubles anciens, sont pour la plupart rénovées. Une cheminée de 1650 trône dans la salle de restaurant. Cuisine inventive et label Accueil Vélo.

*Château des Comtes de Challes - 247 montée du Château - Challes-les-Eaux (à 8 km au sud-est de Chambéry) - ✆ 04 79 72 72 72 - www.chateaudescomtesdechalles.com - piscine chauffée - 58 ch. 84/168 € - petit-déjeuner 15 € - ✕ formules midi 25/36 € - menus 40/70 €.*

## 9 DE ROMANS-SUR-ISÈRE À VALENCE - 31 KM

**→La gare de Romans-sur-Isère s'appelle Romans-Bourg-de-Péage et se situe sur la ligne Valence-Moirans.**

**Louer un vélo. Borne en libre-service à la gare. Romans-sur-Isère fait partie du dispositif Libélo : 350 cycles à disposition dans la région, Valence compris. Voir page 42.**

En quittant Romans-sur-Isère, on passe d'une rive à l'autre de l'Isère pour rejoindre Bourg-de-Péage. La voie verte alterne avec des voies partagées mais à faible circulation et toujours agréables. Vous pourrez lever les yeux en toute quiétude et admirer les carrières de molasse et des grottes troglodytes creusées à même les falaises aux alentours de Châteauneuf-sur-Isère. C'est aussi à ce niveau que vous pouvez faire un petit détour vers le superbe Jardin Zen d'Erik Borja. Cap plein sud ensuite, au niveau de Pont-de-l'Isère, point de confluence avec le Rhône. La jonction est bien indiquée et notre Belle Via est ici reliée à la ViaRhôna pour descendre vers Valence, en plein cœur de la ville, et terminer son parcours dans les senteurs de Provence.

**Romans-sur-Isère : du bon pied.** Sur la route de la Drôme des collines, à deux pas de l'Isère, Romans fut longtemps la capitale de la... chaussure. Ce dont la ville tire encore sa fierté et une vraie tradition commerciale. On découvre ce savoir-faire grâce à la Cité de la chaussure et à un étonnant et passionnant musée. Mais Romans-sur-Isère possède aussi d'autres attraits : sa vieille ville aux ruelles pittoresques. Au passage, les gourmets apprécieront aussi les pognes, brioches parfumées à la fleur d'oranger et les saint-genix (brioches aux pralines).

*Musée de la Chaussure - Portail Roger-Vivier, r. Bistour - ✆ 04 75 05 51 81 - www.museedelachaussure.fr - 7,50 €.*

*Cité de la chaussure - 36 pl. Jean-Jaurès - ✆ 04 75 48 41 58 - www.citedelachaussure.fr - visite guidée en groupe 6 €.*

**Bourg-de-Péage : dans la vieille ville.** Partez de la place du Pont. Derrière vous, situé juste au débouché du vieux pont qui la relie à la collégiale St-Barnard de Romans, se trouve Bourg-de-Péage. Cette ville a gardé son nom de l'ancien droit de passage prélevé par le chapitre de la collégiale. Un lacis de ruelles pittoresques s'enroule autour de la collégiale St-Barnard et, à mi-pente, entre la collégiale, la place de la Presle et la place Jacquemart.

**Jardin Zen d'Erik Borja : à méditer.** Un peu à l'écart de notre itinéraire, ce site mérite quelques coups de pédale de côté. Dessiné en 1973 selon les principes du *feng shui*, ce jardin d'inspiration japonaise et méditerranéenne invite à une tranquille déambulation et à la contemplation. Son entrée est marquée par un *torii* – portique traditionnel japonais – et trois monolithes de marbre rouge. Il se décline ensuite en plusieurs espaces aux noms évocateurs comme le jardin d'Accueil, le jardin du Thé ou le vallon du Dragon. Le jardin de méditation s'organise, pour sa part, autour d'un étang et d'un petit ruisseau. Il évoque un paysage de montagne.

*Jardin Zen d'Erik Borja - Beaumont-Monteux (traverser l'Isère au niveau de Châteauneuf-sur-Isère et parcourir 4,2 km, soit 13mn à vélo - ✆ 04 75 07 32 27 - www.erikborja.fr - 12 €.*

Pour **Valence** *voir page 42.*

**À table !** Mandrin, le célèbre contrebandier, aurait trouvé refuge dans cette maison de Romans-sur-Isère datant de 1754. Sol en terre cuite, poutres, colombages et galets roulés donnent une atmosphère moyenâgeuse à la salle de restaurant. Un patio et une terrasse offrent l'occasion de profiter des extérieurs. Carte traditionnelle.

À Valence, voir « Bistrot des Clercs » et « La Cachette » *page 43.*

*Mandrin - 70 r. St-Nicolas, Romans-sur-Isère - ✆ 04 75 02 93 55 - www.lemandrin.com - fermé dim. soir-lun. - menus 28/36 €.*

**Pour la nuit.** À Valence, dans le centre, l'hôtel Les Négociants et L'Atrium affichent le label Accueil Vélo *(voir page 43).*

Musée international de la chaussure, installé dans l'ancien Couvent de la Visitation, à Romans-sur-Isère.
A. Brusini/hemis.fr

Pour ceux qui voudraient se mettre au vert, cette ferme familiale en dehors de la ville constitue une autre option pour permettre aux cyclistes d'apprécier le charme de la campagne drômoise. Coquettes chambres dotées de meubles fabriqués « maison ». Au petit-déjeuner, gourmand, confitures concoctées avec les fruits du jardin et pâtisseries maison.

*Chambre d'hôte La Mare - 3480 rte de Montmeyran - Étoile-sur-Rhône (11 km au sud de Valence) - ✆ 04 75 59 33 79/06 66 39 62 98 - la.mare.free.fr - 2 ch. 80 € : ou gîte pour 6 pers. - abri pour deux-roues.*

Panoramique des Dômes.
J. Damase/Auvergne-Rhône-Alpes Tourisme

# Parcs naturels régionaux et nationaux

Falaises du balcon Est du Vercors.
P. Jayet/Auvergne-Rhône-Alpes Tourisme

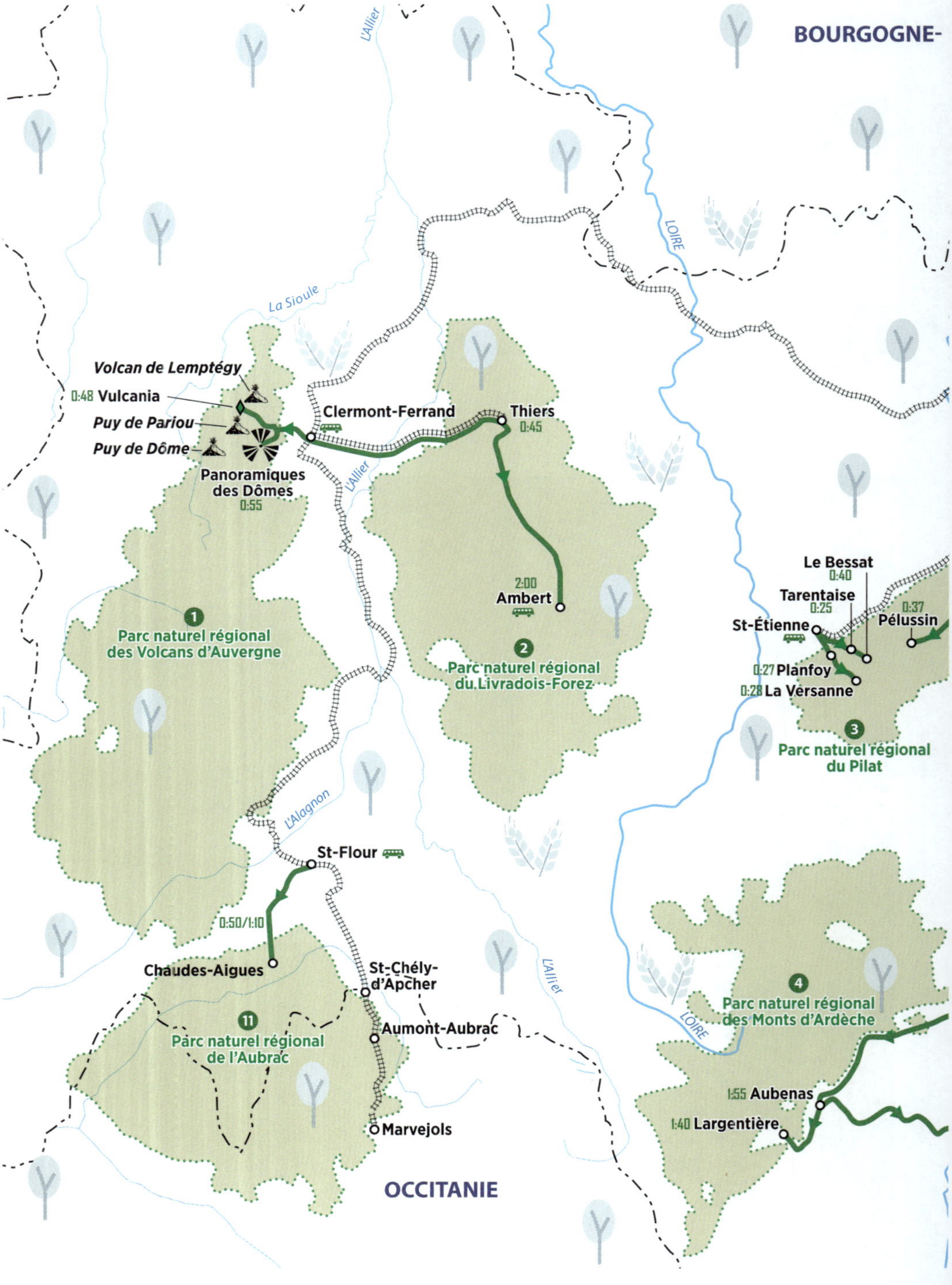
BOURGOGNE-
L'Allier
LOIRE
La Sioule
Volcan de Lemptégy
0:48 Vulcania
Puy de Pariou
Puy de Dôme
Panoramiques des Dômes
0:55
Clermont-Ferrand
Thiers
0:45
L'Allier
2:00
Ambert
1
Parc naturel régional des Volcans d'Auvergne
2
Parc naturel régional du Livradois-Forez
Le Bessat
0:40
Tarentaise
0:25
0:37
Pélussin
St-Étienne
0:27 Planfoy
0:28 La Versanne
3
Parc naturel régional du Pilat
L'Alagnon
St-Flour
0:50/1:10
Chaudes-Aigues
St-Chély-d'Apcher
Aumont-Aubrac
11
Parc naturel régional de l'Aubrac
Marvejols
L'Allier
4
Parc naturel régional des Monts d'Ardèche
LOIRE
1:55 Aubenas
1:40 Largentière
OCCITANIE

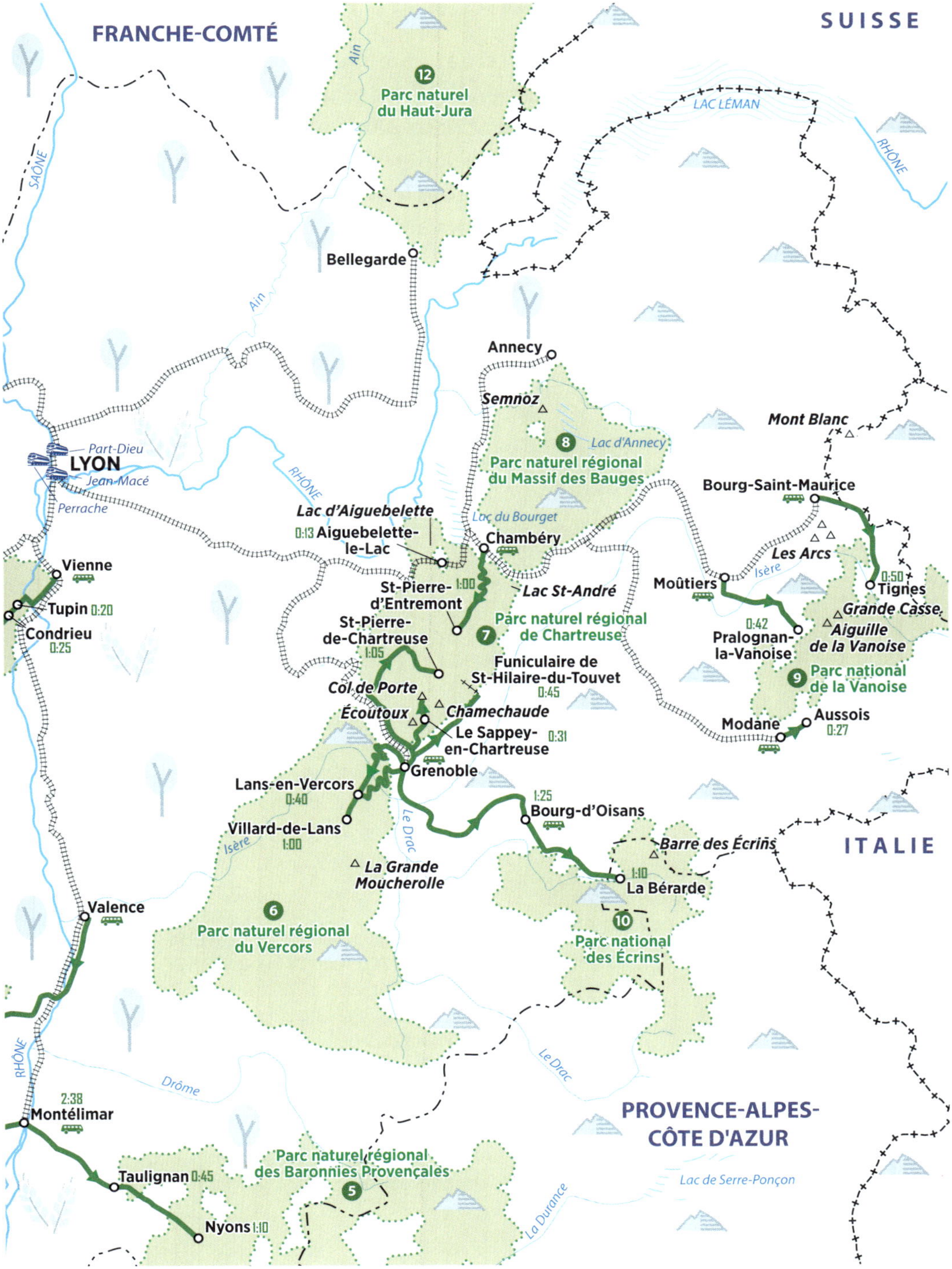
FRANCHE-COMTÉ
SUISSE
Ain
Parc naturel du Haut-Jura
LAC LÉMAN
RHÔNE
SAÔNE
Bellegarde
Ain
Annecy
Semnoz
Lac d'Annecy
Parc naturel régional du Massif des Bauges
Mont Blanc
Part-Dieu
LYON
Jean-Macé
Perrache
RHÔNE
Lac d'Aiguebelette
0:13 Aiguebelette-le-Lac
Lac du Bourget
Chambéry
Bourg-Saint-Maurice
Les Arcs
Vienne
Tupin 0:20
Condrieu 0:25
St-Pierre-d'Entremont
1:00
Lac St-André
Parc naturel régional de Chartreuse
Moûtiers
Isère
0:50
Tignes
Grande Casse
Aiguille de la Vanoise
0:42
Pralognan-la-Vanoise
Parc national de la Vanoise
St-Pierre-de-Chartreuse
1:05
Funiculaire de St-Hilaire-du-Touvet
0:45
Col de Porte
Écoutoux
Chamechaude
Le Sappey-en-Chartreuse
0:31
Modane
Aussois
0:27
Grenoble
Lans-en-Vercors
0:40
Villard-de-Lans
1:00
Isère
Le Drac
1:25
Bourg-d'Oisans
Barre des Écrins
ITALIE
La Grande Moucherolle
1:10
La Bérarde
Valence
Parc naturel régional du Vercors
Parc national des Écrins
RHÔNE
Le Drac
Drôme
2:38
Montélimar
PROVENCE-ALPES-CÔTE D'AZUR
Parc naturel régional des Baronnies Provençales
Taulignan 0:45
Lac de Serre-Ponçon
La Durance
Nyons 1:10

# PARCS NATURELS RÉGIONAUX ET NATIONAUX

**C'est en Auvergne-Rhône-Alpes que fut créé le premier parc national en France : celui de la Vanoise, inauguré en 1963. La région compte aujourd'hui dix parcs naturels régionaux et deux parcs nationaux, la Vanoise et les Écrins. Soit plus de 25 % de la superficie de la région. Autant de possibilités de se mettre au vert pour les randonneurs... ou au blanc pour les amateurs de ski et d'alpinisme.**

## 1 PARC NATUREL RÉGIONAL DES VOLCANS D'AUVERGNE

À cheval sur les départements du Cantal et du Puy-de-Dôme, le Parc naturel régional des Volcans d'Auvergne forme une mosaïque de paysages composée de cinq régions naturelles, entités singulières et complémentaires : l'Artense, le Cézallier, les monts du Cantal, les monts Dômes et les monts Dore. Préservé, façonné et habité par l'Homme, ce territoire possède de multiples richesses : volcans, crêtes, estives, lacs, forêts... mais aussi une faune et une flore exceptionnelles, une culture et des savoir-faire vivants. Un patrimoine naturel et humain d'exception à découvrir. *Infos : www.parcdesvolcans.fr. Le parc naturel des volcans d'Auvergne est également accessible en train depuis Murat et le Lioran.*

### Puy de Dôme

**➔Au départ de la gare SNCF de Clermont-Ferrand, une navette dessert le Panoramique des Dômes, de déb. avr. à déb. nov., en 45mn.**

**Infos : www.t2c.fr - 2 €.** **Voir aussi pages 29 et 62.**

Pour découvrir des cratères et des paysages de lave durcie, nul besoin d'aller au bout du monde : quelque 80 volcans éteints vous attendent juste à l'ouest de Clermont-Ferrand, entre les gorges de la Sioule et la grande Limagne. Sur une quarantaine de kilomètres environ, vous pourrez observer l'alignement incomparable de la chaîne des puys, dont le Puy de Dôme, premier site naturel en France inscrit au patrimoine mondial de l'Unesco en 2018. Le Puy de Dôme est le volcan le plus élevé (alt. 1465 m) et le plus célèbre de la chaîne des Puys, dont il occupe le centre. Le panorama qu'il réserve est inoubliable.

Pour le **Panoramique des Dômes** *voir encadré page 29.*

**Chemin des Muletiers (versant sud).** *Parcours d'1h30 au départ du parking de la maison de site du Puy de Dôme (Panoramique des Dômes. suivre le « tour du Puy de Dôme » en direction du col de Ceyssat (3 km), puis rejoindre le chemin des Muletiers.* C'est beau mais raide, avec des pentes de 35 à 40 % ! C'est par cette ancienne voie romaine en lacet que montèrent les chars, tirés par cinq à huit chevaux, qui transportaient les matériaux destinés à la construction du temple de Mercure et, au 19e s., à celle de l'observatoire.

**Chemin des Chèvres (versant nord).** *Parcours d'env. 1h30 aller au départ du parking de la maison de site du Puy de Dôme (Panoramique des Dômes).* Un chemin un peu moins éprouvant avec des marches sur une partie du parcours.

*Itinéraire sur www.visorando.com.*

### Vulcania

**➔Durant les vac. scol., une navette Vulcania (T2C) relie tlj la gare SNCF de Clermont-Ferrand à Vulcania en 50mn env. Le bus marque plusieurs arrêts, dont le parking des Goules, point de départ de plusieurs randonnées. Le dernier arrêt de la navette permet aussi de rejoindre le volcan de Lemptégy, juste en face.**

**Infos : www.vulcania.com/navettes-clermont-ferrand-vulcania - 3,20 € AR.** **Voir aussi page 29.**

Vulcania est né du rêve des volcanologues Katia et Maurice Krafft, celui d'un lieu qui regroupe toutes les connaissances en volcanologie. Pari réussi

L'Auvergne vue d'en haut....
B. Jaubert/imageBROKER/age fotostock

pour ce parc de 57 ha qui invite à découvrir les mystères du centre de la Terre, les phénomènes naturels ou la Terre vue de l'espace, grâce à des contenus à la fois scientifiques et ludiques. À bord d'une nacelle, dans la peau d'un aigle royal, vous survolerez par exemple le paysage de la chaîne des Puys grâce à des images projetées sur un écran à 180°. Un espace interactif est consacré à la planète Terre et au volcanisme dans le système solaire. Ou vivez l'aventure volcano-sidérale dans un vaisseau spatial pour un voyage spectaculaire aux confins du système solaire. Vulcania est un Site Touristique Emblématique valorisé par la Région Auvergne-Rhône-Alpes.

*Rte de Mazaye - ✆ 04 73 19 70 00 - www.vulcania.com - ouv. vac. de Pâques aux vac. d'oct.-nov. : 10h-18h (19h en été et certains soirs 22h) ; sept.-oct. (hors vac. scol.) : tlj sf lun.-mar. - 27/32 €.*

**Puy de Pariou.** *Parcours de 6,5 km (2h30 AR), de difficulté moyenne, avec un dénivelé positif de 197 m et négatif de 195 m, au départ du parking des Goules.* On franchit d'abord la paroi du premier cratère, d'où est sortie la coulée, très visible, qui traverse la route aux abords d'Orcines. Le second cratère est le plus connu avec son superbe entonnoir régulier, de 950 m de circonférence et d'une profondeur de 96 m. Du bord de ce cratère (alt. 1209 m), belle vue sur les monts Dômes.

*Itinéraire sur www.visorando.com.*

**Puy des Goules.** *Parcours de 4 km (1h30 AR), de difficulté moyenne, au départ du parking des Goules.*
Ce volcan, recouvert de pâturages, est lui aussi facile d'accès, avec un dénivelé de 190 m raisonnable. À l'arrivée, vue dégagée sur le Pariou et le Puy de Dôme.

*Itinéraire sur chainedespuysenrando.fr.*

**Volcan de Lemptégy**. Ancienne carrière de pouzzolane (scories) creusée dans un cône volcanique, le puy du Lemptégy (alt. 1018 m) offre l'occasion unique de pénétrer au cœur d'un volcan à ciel ouvert afin d'en découvrir l'anatomie. Il se visite en train ou à pied (boucle de 2h30 facile). À pied, vous aurez la satisfaction de l'effort accompli ! Vous cheminerez sur un sentier de découverte : scories, cheminées et bombes volcaniques n'auront plus de secrets pour vous. Le volcan de Lemptégy est un Site Touristique Emblématique valorisé par la Région Auvergne-Rhône-Alpes.

*31 rte des Puys (volcan desservi par la navette vers Vulcania) - ✆ 04 73 62 23 25 -*

La Chaîne des Puys, le puy de Pariou en premier plan.
F. Cormon/hemis.fr

*www.auvergne-volcan.com - ouv. de déb. avr. à déb. nov. et qques j. hors saison (se rens.) - à pied 13,50 €, en train 17 €.*

## 2 PARC NATUREL RÉGIONAL DU LIVRADOIS-FOREZ

Avec ses 288 000 ha, ce vaste parc naturel régional protège la totalité du Livradois et les monts du Forez, mais s'étend bien au-delà, des Bois Noirs, à la Limagne des Varennes, à la Comté et aux plateaux granitiques du nord Velay. Ce pays rude, d'une grande beauté, se compose notamment de la vallée de la Dore qui s'écoule entre les monts du Livradois et les Hautes-Chaumes du Forez, domaine du jas et de la fourme d'Ambert. Il couvre 163 communes et 4 communes associées, dont Thiers. Autant de terrains de jeux pour tous les amoureux de la nature et des sports de plein air.

*Bureau d'informations : vacances-livradois-forez.fr.*

### Thiers

**➔Au départ de Clermont-Ferrand - train TER, avec transport gratuit des vélos, en 45mn.**
**➔À partir de la gare de Thiers, un bon réseau de cars : www.bus-smtut.com.**

La réputation du couteau de Thiers n'est plus à faire. Son processus de fabrication, transmis de génération en génération, se déploie dans son intéressant musée de la Coutellerie et ses ateliers dans la vieille ville. Mais, avec ses quartiers anciens perchés à flanc de colline, Thiers surplombe la nature alentour. La terrasse du Rempart, magnifique au coucher du soleil, offre ainsi un panorama sur la Limagne, les monts Dore et les monts Dôme. Sa belle table d'orientation en lave émaillée vous donnera quelques pistes d'échappées belles !

**Vallée des usines.** *Circuit de 1h au départ du musée de la Coutellerie. De la gare SNCF, prendre la ligne 4 jusqu'à l'arrêt Musée. Retour possible par le bus.* Aménagé le long de la Durolle, cet itinéraire invite à replonger dans l'histoire des anciennes papeteries, tanneries, ateliers d'émouture, etc., qui ont fait la renommée des savoir-faire de Thiers. Descendez par la rue du 4-Septembre vers le Creux de l'Enfer (parcours fléché). L'église St-Jean (15e s.) occupe un site surplombant la Durolle et son cimetière voisin offre une belle vue sur la plaine et les monts d'Auvergne. Direction : le Centre contemporain du Creux de l'Enfer où la Durolle cascade dans la vallée des Usines, bordée de bâtiments désaffectés. Longez la Durolle, dont les écluses successives actionnaient de nombreuses coutelleries. Continuez jusqu'à la place du Navire pour voir le pont éponyme, classé Monument historique.

*Itinéraire sur livradois-forez-rando.fr.*

**Vallée des Rouets.** *Deux parcours faciles d'1 km et 2,5 km (1h-1h30) au départ de la gare SNCF. Prendre la ligne 1, changer à l'arrêt Médiathèque pour la 14 et descendre à l'arrêt Château-Gaillard. En été, navettes depuis le centre-ville, place Antonin-Chastel. Site accessible tte l'année.* C'est l'un des endroits les plus spectaculaires de la région, en plein air, à 3 km de Thiers. Au pays de la coutellerie, un ***rouet*** est un moulin. Les différents sentiers utilisés autrefois par les émouleurs et les polisseurs ont été réaménagés et balisés. Les deux parcours permettent de voir des vestiges de rouets abandonnés avec l'avènement de l'électricité, mais aussi ponts et biefs, tout cela en côtoyant les gorges de la Durolle et les beaux espaces forestiers des Margerides.

*Château-Gaillard - ☎ 04 73 80 50 86 - ville-thiers.fr/la-vallee-des-rouets - juil.-août : 12h-18h15 ; juin et sept. : 14h-18h - visite guidée du rouet Chez Lyonnet, le seul en activité : 4,50 €.*

**Plan d'eau d'Iloa.** *À 10 km au nord-ouest de Thiers, site desservi par la navette ILOA en saison. Correspondance à l'arrêt Chambon depuis la gare SNCF et la ligne 1.*
Ce parc de loisirs au bord de la Dore permet de se promener dans un site verdoyant. Deux lacs, sentiers de randonnée, camping, animations, pétanque...

*☎ 04 73 80 92 35 - accès libre, activités avr.- oct. - baignade surveillée (merc.-dim. 13h30-19h) en juil.-août. Label pavillon bleu.*

**Base de loisirs de St-Rémy-sur-Durolle.** *À 10 km au nord-est de Thiers et desservie par la ligne 11. Correspondance à l'arrêt Médiathèque depuis la gare SNCF et la ligne 1.* Cette agréable base de loisirs de 14 ha invite à la baignade (label pavillon bleu), à la voile ou au canotage. Location de canoës, pédalos, paddles et VTT. Piscine extérieure et hébergement possible en camping ou chalets.

*04 73 94 31 30 - accès libre, baignade surveillée sur deux plages (12h-19h) juil.-août.*

## Ambert

**→Au départ de Clermont-Ferrand - autocar ligne P02 (env. 1h40), ou P01 et P03 (env. 2h); au départ de Vichy - autocar ligne P03 (env. 2h).**

**Louer un vélo. Des VTT sont disponibles toute l'année près de la gare.**
**Granit Bike - pl. Jean-Berne - 06 64 39 31 32 - www.granitbike.com - VTT classique à partir de 13 € la 1/2 j. (45 € le VTTAE, VTT à assistance électrique).**

**Train touristique Agrivap.** En saison, la baladeuse et l'autorail panoramique relient Ambert à La Chaise-Dieu en passant par Arlanc, pour une découverte insolite du Livradois-Forez. Ils se faufilent à travers les gorges entaillées de la Dore, empruntant tunnels et viaducs, et font découvrir, au gré des étapes, les paysages caractéristiques et le patrimoine du parc naturel régional.

*Départ de la gare - pl. Jean-Berne - 04 73 82 43 88 - www.agrivap.fr - d'avr. à déb. nov. : horaires, se rens. - à partir de 20 € AR - trains thématiques avec animations : patrimoine, feu d'artifice, etc. - tarif variable selon les trajets, réserv. par téléphone ou Internet.*

**Vélorail d'Ambert**. Si vous êtes au moins deux personnes capables de pédaler, en couple ou en famille, vous pouvez tester cette balade insolite à bord du vélorail accroché à la voie ferrée le long de la Dore ou à travers des tunnels dans le parc.

*Départ de la gare - pl. Jean-Berne - 04 73 82 43 88 - www.agrivap.fr - d'avr. à déb. nov. : w.-end, fêtes et vac. scol. - 3 parcours au choix : découverte (1h AR, 29 € 2 à 5 pers.), nature (1h45 AR, 39 € 2 à 5 pers.) ou tunnels (46 €, 2h AR).*

**Randonnées à VTT.** Entre ses chemins sablonneux assurant un confort de roulage et la beauté des paysages, on dit ici en plaisantant que les dieux de la géologie ont façonné le paysage en pensant aux vététistes ! Rien qu'autour d'Ambert, on recense au moins 13 circuits de difficultés variables, entre 9 et 36 km, et d'un dénivelé allant de 83 à 1040 m. La Communauté de communes Ambert Livradois Forez (ALF) a également fait éditer de nouveaux plans détaillant les pistes et itinéraires à emprunter seul ou en sortie organisée.

*Centre VTT du Pays d'Ambert - Gare d'Ambert - 04 73 82 00 04 - www.ambertvtt.fr.*

# 3 PARC NATUREL RÉGIONAL DU PILAT

Les paysages y sont beaux et variés : au bord du Rhône, des vergers et des vignobles (comme ceux, fameux, de Côte-Rôtie, Condrieu ou St-Joseph) qui font place, sur les plateaux, aux herbages, puis en altitude à des forêts de hêtres et de sapins. La fraîcheur des sapinières, des eaux vives et des hauts pâturages, contrastant avec les vallées industrieuses de l'Ondaine, du Janon et du Gier, font du Pilat un lieu apprécié des randonneurs et de tous ceux qui rêvent de « se mettre au vert ». Outre la randonnée à pied et à vélo, le Pilat se prête à de nombreuses activités sportives de pleine nature : parcours acrobatiques dans les arbres, ski de fond, raquettes, téléski nautique, etc.

*Infos : www.parc-naturel-pilat.fr.*

**→En bus au départ de St-Étienne : la ligne L12 St-Étienne-Le Bessat-Bourg-Argental part de la gare de St-Étienne-Bellevue et dessert plusieurs communes du parc naturel régional.**

## Tarentaise

**→L12 : descendre à l'arrêt Tarentaise-Bourg.**

**Randonnée pédestre des Crêts et Creux de Tarentaise.** *Boucle facile (220 m de dénivelé) de 7 km (2h) au départ du bourg, à droite de l'école du village.* Ce sentier présente une grande diversité à travers bois et prairies et offre une perspective inédite sur le plateau de la Barbanche.

**Sentier d'interprétation des planètes.** *Randonnée facile de 5 km (1h30) et 100 m de dénivelé, au départ en face de la mairie.* Ce sentier pédestre présente le système solaire à l'aide de panneaux explicatifs et de reproductions des planètes. Une agréable balade.

*Itinéraire sur www.altituderando.com.*

## Le Bessat

**→L12 : descendre à l'arrêt Le Bessat-Bourg. De St-Étienne-Bellevue, la ligne L12 dessert l'arrêt Croix-de-Chaubouret au pied des pistes.**

Randonnée sur les Crêts, PNR du Pilat.
B. Becker/Auvergne-Rhône-Alpes Tourisme



**Ski de fond et raquettes.** Située à 1170 m d'altitude, cette commune est la plus élevée du département de la Loire. Avec son altitude comparable à celle de certaines stations alpines et ses 850 ha de forêt, Le Bessat est réputé pour ses pistes de ski de fond et abrite l'Espace nordique des monts du Pilat.

## Planfoy

**➔Les lignes L14 et L17 (au départ de la gare de St-Étienne-Bellevue) s'arrêtent à Planfoy.**

**Pôle d'activités verticales.** Les sportifs aguerris trouveront ici deux vias ferratas et deux parcours montagne, pour enfants et pour adultes, ainsi qu'un site d'escalade. De Planfoy, la marche d'approche, en descente à l'aller (45mn), grimpe beaucoup au retour (40mn) et peut se révéler difficile pour les enfants après plusieurs heures d'activité.

*Départ au gouffre d'Enfer - location de matériel de via ferrata au café Chez Marmiton à côté de l'église de Planfoy ou chez Cabesto Montagne, place Chavanel à St-Étienne.*

## La Versanne

**➔L17 au départ de la gare de St-Étienne-Bellevue : descendre à l'arrêt La Versanne-Le-Grand-Bois :**

**Accrobranche.** Voilà le plus grand parc de la région, pour tous les âges. Niché en pleine nature, c'est l'endroit idéal pour une journée de divertissement et de défis en famille ou entre amis : ponts suspendus, escalade et une tyrolienne de 130 m.

*Les Acrobois - Les-Trois-Croix - 04 82 29 80 01 - pilat.acrobois.fr - juil.-août 10h-19h ; reste de l'année : se rens. - fermé oct.-déb. avr. - 24 €.*

## Tupin-et-Semons

**➔En bus au départ de Vienne (4 arrêts dans la ville), prendre la ligne L40 et descendre à l'arrêt Tupin.**

**Biodiversité, faune et flore.** Pensez à prendre vos jumelles ! Le sentier d'observation de l'île du Beurre permet de découvrir plus de 70 espèces d'oiseaux, dont le héron cendré, mais aussi des castors, des papillons, des renards, des sangliers, des chevreuils... qui occupent ce territoire protégé. Expositions et aquariums.

*Centre d'observation de la nature de l'île du Beurre - 1 rte de Lyon - 04 74 56 62 62 - www.iledubeurre.org.*

Cascade du Ray-Pic.
Jorris GUILHOT/Getty Images Plus

## Condrieu

**➔De Vienne, emprunter la passerelle pour rejoindre Ste-Colombe. Prendre la ligne 134 à Ste-Colombe-Mairie et descendre à Condrieu.**

**Base de loisirs de Condrieu.** Située au bord du Rhône, dans un cadre verdoyant surplombé par les célèbres coteaux de Condrieu, cette base de loisirs offre une multitude d'activités nautiques : paddle, canoë-kayak, watergame... Elle est surtout réputée pour son téléski nautique. Le site dispose aussi d'une plage de sable aménagée, de zones de baignade surveillées, de terrains de sport et d'aires de pique-nique.

*1 allée de la Presqu'île - ✆ 04 80 81 95 91 - www.wampark.fr/lyon-condrieu.*

## Pélussin

**➔En bus au départ de Vienne, prendre la Ligne L40 et descendre à Pélussin.**

**Randonnée pédestre : Le Régrillon - Pélussin n° 2.** *Boucle facile de 6,6 km (2h30) au départ du parking de la place du 8-Mai.* Cette balade permet de découvrir les abords du ruisseau et les recoins de cette vallée encaissée, jadis destinée au travail de la soie. D'ailleurs, on croisera d'anciennes usines de tissage en chemin. Ce parcours mène jusqu'au ruisseau du Régrillon que l'on traverse à gué, avant de retourner dans le bois.

*Itinéraire sur pilat-rando.fr.*

### POUR LES SPORTIFS : GR 7 ET GR 42

**Dans le massif du Pilat, le GR 7 suit, au plus près, la ligne de partage des eaux entre l'océan Atlantique et la Méditerranée. Le GR 42 domine en corniche la vallée du Rhône, découvrant d'amples panoramas. Il est possible de combiner ces deux itinéraires au départ de la gare de St-Étienne-Châteaucreux d'où part directement le GR 42 pour monter au Bessat en passant par le village suspendu de Rochetaillé et le plateau de la Barbanche. L'occasion de découvrir les magnifiques paysages du massif du Pilat. Retour par le GR 7 pour rejoindre la gare de St-Chamond.**

St-Étienne-Le Bessat : 16 km, 828 m de dénivelé, difficile.

Le Bessat-St-Chamond : 1400 m de dénivelé, difficile.

# 4 PARC NATUREL RÉGIONAL DES MONTS D'ARDÈCHE

Ce joyau s'étend sur plus de 230000 ha et offre une diversité de paysages, entre les majestueux volcans endormis du mont Gerbier de Jonc et du Mézenc, et les plateaux calcaires du Coiron. On pourra explorer les gorges de la Besorgues et admirer les spectaculaires cascades du Ray-Pic. Ce parc naturel régional (PNR) est également réputé pour ses châtaigneraies, notamment dans la région du Tanargue, et ses pittoresques villages comme Antraïgues-sur-Volane, célèbre pour ses artistes. Tout aussi séduisantes, Largentière et Aubenas présentent un riche patrimoine médiéval.

*Infos : www.parc-monts-ardeche.fr.*

## Aubenas

**➔Liaison en train Lyon-Valence. À partir des gares SNCF de Valence-Ville ou Valence-TGV, liaisons en bus X73 vers Privas et Aubenas (à 2h de Valence).**
**➔Liaison en train Lyon-Montélimar. À partir de la gare SNCF de Montélimar, liaisons en bus X74 vers Aubenas (1h).**

**Louer un vélo. On trouve des VAE à 10mn de la gare routière.**
**Cycles magasin - 52 rte de Montélimar - ✆ 04 28 91 11 55 - cyclesmagasin.fr - 30 € la 1/2 j.**

Une acropole en Ardèche ? Rien à voir avec les célèbres cités grecques, mais la vieille ville a fière allure sur son large éperon rocheux qui domine la région ! Les robustes silhouettes du château et du dôme St-Benoît se dressent toujours au-dessus des remparts, immuables témoins du riche passé de la ville. De son promontoire rocheux, cette ville médiévale offre une vue panoramique sur la vallée de l'Ardèche. Les échappées belles ne sont jamais loin, notamment sur la Via Ardèche.

**Via Ardèche, du Teil aux portes du Gard.** Empruntant notamment l'ancienne ligne de chemin de fer entre Le Teil et Alès, ce tracé de 53 km se partage en deux tronçons : le premier entre Uzer et Grospierres, le second entre Beaulieu et St-Paul-le-Jeune. Un tout nouveau tronçon de voie verte relie St-Paul-le-Jeune aux portes du Gard, via un tunnel long de 910 m, sécurisé et éclairé. Depuis septembre 2024, la partie sud de la Via Ardèche est reliée à Aubenas : cette nouvelle voie douce, au revêtement impeccable, permet de rouler ou de marcher entre Aubenas et St-Sernin ou Vogüé.

*Infos : via-ardeche.fr.*

### Largentière

**➔Liaison en train Lyon-Montélimar. À partir de la gare SNCF de Montélimar, liaison possible en bus X74 vers Aubenas (1/j.).**

**Louer un vélo. On trouve des VAE à 1mn de l'arrêt de bus Largentière-Les-Vergnades. Carrefour Contact - 76 av. de la République - 04 75 39 83 83 - 29 €/j.**

Même sans ses mines d'argent désormais fermées, la ville a su préserver le cadre de la cité médiévale, encore dominée par son puissant château. Sur les hauteurs du bourg médiéval, la demeure des barons de Largentière (15e s.) domine la rivière et la vieille ville avec ses splendides belvédères. De l'autre côté de la rivière (la Ligne), le palais de justice en surplomb fut construit au milieu du 19e s. sur le modèle d'un temple grec. Ce riche patrimoine s'intègre avec bonheur dans la séduisante communauté de communes du Val de Ligne dont elle est le principal atout. Ce village est aussi une excellente base : depuis 2024, ici aussi, un nouveau tronçon de Via Ardèche a été inauguré entre Uzer et Largentière. Les possibilités de balades à pied sont aussi nombreuses.

**Les chemins de ronde.** Cette boucle de 7 km (2h30) de difficulté moyenne vous emmène à la découverte des hauteurs de Largentière.

**En longeant le Roubreau.** Plus difficile, cette boucle ombragée de 13,9 km (5h30) vous plonge au cœur de la diversité préservée de la vallée du Roubreau. Attention au dénivelé (543 m).

*Itinéraires sur www.tourisme-valdeligne.fr/sejourner/randonner/les-randonnees-a-pieds.*

**Via Ardèche, d'Uzer à Largentière.** Le nouveau tronçon de la Via Ardèche qui, depuis mai 2024, relie Uzer à Ginestet, à l'entrée sud de Largentière, est idéal pour des balades à vélo, la course à pied ou juste une promenade en famille dans les magnifiques paysages du sud de l'Ardèche, en toute sécurité et tranquillité.

*Infos : via-ardeche.fr.*

## 5 PARC NATUREL RÉGIONAL DES BARONNIES PROVENÇALES

Créé en 2015, ce parc s'étend sur 181790 ha, de Nyons, à l'ouest, à Serres, à l'est, à cheval sur les départements de la Drôme et des Hautes-Alpes en région Sud. Les paysages d'altitude – 700 à 1200 m en moyenne –, couverts à 70 % par la forêt et la lande, se conjuguent avec les terrasses en pierres sèches, les villages perchés et l'agriculture tournée vers l'élevage, l'arboriculture et les plantes aromatiques. Les ambassadeurs de la gastronomie locale sont les vins, l'olive et l'huile d'olive de Nyons, le tilleul, le picodon, l'abricot, la cerise, l'agneau, et les herbes de Provence. Le parc valorise ces produits avec deux spécialités : la fougasse des Baronnies, qui contient des olives noires de Nyons, du picodon et des noix, et le baronnies des 4 saisons, un sablé à base de petit épeautre et poudre d'amandes dont la garniture de fruits évolue au fil des saisons. Autre emblème de la région, la lavande dont les champs sont un éblouissement.

*Infos : www.baronnies-provencales.fr.*

### Nyons

**➔À partir de la gare SNCF de Montélimar, liaisons en bus X71 ou D36 vers Taulignan (45mn) et Nyons (1h10).**

**Louer un vélo. Location à 6mn de l'arrêt de bus de l'office du tourisme. Le Coin du Vélo - 52 av. Henri-Rochier - 04 75 28 40 68 - lecoinduvelo.fr - VTT/VTC à partir de 20 € la 1/2 j., VAE 45 €.**

« Nyons me paraît être le paradis terrestre » : en expert des cieux provençaux, l'écrivain Jean Giono ne se trompe pas. Nyons est un paradis, et pas seulement pour les oliviers qui en sont devenus le fleuron. Bâtie au débouché de la vallée de l'Eygues,

Champs de lavande en Drôme Provençale.
P. Blanc/Auvergne-Rhône-Alpes Tourisme

la cité protégée par son cirque de montagnes jouit du chaud soleil d'été et d'hivers empreints de douceur. Nul doute que, derrière les façades colorées, la quiétude des lieux tout comme l'intérêt du terroir et des savoir-faire sauront vous captiver.

**L'« or vert » de la région.** Les olives (surtout la variété noire de Nyons, dite « tanche ») et l'huile font la réputation de la ville. Ce centre assez richement doté présente le monde de l'olive dans la région. En saison, il est possible de s'inscrire à des ateliers culinaires, créatifs et cosmétiques.

*Maison des Huiles d'olive et Olives de France - 40 pl. de la Libération - ✆ 04 75 26 90 90 - maisondeshuilesetolives.fr - juin-sept : lun. 10h-12h30, mar.-sam. 10h-12h30, 14h30-19h ; reste de l'année : se rens. - fermé dim. - 4 €.*

**Sentier des Oliviers.** *Boucle facile de 3,9 km (1h), au départ (balisé) de la Maison des Huiles et Olives de France.* Pour continuer d'honorer le terroir nyonsais et son huile d'olive classée AOC, vous apprécierez cet itinéraire nature ponctué de panneaux informatifs. Balade dans les sous-bois et les oliveraies.

*Itinéraire sur www.ladrometourisme.com.*

**Sentier botanique du Devès.** *Parcours de 3 km (2h) de difficulté moyenne (230 m de dénivelé) au départ du 54 pl. de la Libération.* La ville de Nyons a conçu cet itinéraire qui traverse une Zone naturelle d'intérêt écologique faunistique et floristique (ZNIEFF) avec des espèces de fleurs remarquables et de beaux panoramas sur le Nyonsais.

**Balade et sentiers du vignoble nyonsais.** *Boucle facile de 2,8 km (1h) au départ de l'office de tourisme. Il existe aussi une version plus longue (20 km) pour cyclistes.* Cet itinéraire passe par la mairie et file vers le nord en direction des coteaux de la Mochatte, des Paréjats et des Échirons. Retour par le plateau des Estangs et le sentier du vigneron nyonsais.

**Randonnées à VTT.** Pour toucher du doigt les merveilles du pays, promeneurs et sportifs disposent d'une dizaine de circuits variés à vélo.

*Itinéraires sur www.dromeprovencale.fr.*

**Au fil de l'Eygues.** *Boucle de 23 km (2h) assez facile au départ de l'office de tourisme.* Cette balade vous emmènera jusqu'au village de Curnier en remontant le fil de l'Eygues et en passant par les abords d'Aubres et le village de Pilles.

**L'ancienne voie ferrée de Nyons à Venterol.** *Boucle facile de 14 km (1h30) au départ de l'office de tourisme.* Comme son nom le suggère, cet itinéraire épouse le tracé de l'ancienne voie ferrée entre Nyons et Pierrelatte. Il suit la route des Estangs et la route de Vinsobres vers Novezan. Le long du torrent de la Sauve, on découvre un beau panorama sur le village de Venterol et sur la vallée du Rhône.

*Itinéraire sur ignrando.fr.*

## Taulignan

À la limite du Dauphiné et de la Provence, ce vieux bourg a gardé son enceinte médiévale : circulaire et presque continue, elle conserve onze tours reliées par des courtines, où s'intègrent des habitations. Au nord-est, la porte d'Anguille est la seule porte fortifiée ayant subsisté. Au hasard des ruelles, vous apprécierez les façades anciennes avec leurs portes en accolade et leurs fenêtres à meneaux. Au-delà des murs, place à ses vignes de côtes-du-rhône, ses champs de lavande et ses bois truffiers tout en saveurs !

**Dans la soie.** Au 19e s., la soie était encore une industrie prospère ici. Grâce à une présentation didactique autour de l'outillage et des machines (certaines en état de marche) nécessaires à la confection des tissus, vous découvrirez l'aventure de la soie, qui faisait vivre les magnaneries (bâtiments destinés à l'élevage du ver à soie) de la région au 19e s., et son processus de fabrication : la sériciculture, la filature et le tissage.

*Atelier-musée de la Soie - Pl. du 11-Novembre - 04 75 53 12 96 - www.musee-soie.com - de déb. juil. à fin oct. : 10h-13h, 15h-18h30 (fermé mar. en sept.-oct.) - 8 €.*

**Au fil du chemin de la soie.** *Boucle facile de 4 km (1h) au départ du musée de la Soie.* Après la visite recommandée du musée, un parcours fléché permet de découvrir davantage ce patrimoine naturel et industriel. Deux sites en marge du parcours sont aussi intéressants : l'usine du pont et celle de l'écluse.

*Itinéraire sur www.dromeprovencale.fr.*

**Le chemin des Invasions.** *Boucle facile de 10 km (1h) au départ du parking de la salle des fêtes.* Une autre façon de découvrir le chemin de la soie, l'ancien moulin de Taulignan et les deux usines réhabilitées.

*Itinéraire sur www.grignanvalreas-tourisme.com.*

# 6 PARC NATUREL RÉGIONAL DU VERCORS

Forteresse dressée à cheval sur les départements de la Drôme et de l'Isère, le massif calcaire du Vercors est protégé par le plus grand parc naturel régional des Alpes du Nord. On y accède par des gorges étroites au fond desquelles bouillonnent rivières et torrents bordés de falaises spectaculaires. Sur le plateau, percé de gouffres et de grottes, des paysages ouverts et amples évoquent, au nord, le Canada et ses forêts, au sud, le Midi et ses steppes arides et inhabitées. Autant d'occasions de pratiquer la spéléologie, la randonnée, les sports de glisse ou, tout simplement, de contempler la nature.

*Infos : www.parc-du-vercors.fr.*

## Lans-en-Vercors

**➔De la gare routière de Grenoble, liaisons en bus T64 ou T65 du réseau cars Région qui desservent Lans-en-Vercors et Villard-de-Lans.**

**Louer un vélo. À 3mn de l'office du tourisme, des vélos en été et des skis en hiver. Extrem' Evasion Ski & Bike - 897 av. Léopold-Fabre - 04 76 27 38 67 - extremevasionvercors.fr - VTT à partir de 15 € la 1/2 j., 28 € pour les VAE.**

Ce village de montagne s'étage entre 1000 et 1983 m d'altitude. Labellisée Station Verte et Village de neige, c'est une station organisée et une excellente base pour des activités nature. L'été, elle est propice aux randonnées, canyoning, parapente... En hiver, deux domaines de ski alpin et deux domaines de ski nordique sont ouverts.

**Les Quatre-Montagnes.** Lans-en-Vercors et Villard-de-Lans permettent d'aborder le parc naturel régional du Vercors par sa face nord, dite des « Quatre-Montagnes ». Entre ses monts boisés, ses prairies alpines et ses plateaux calcaires,

Randonnée vers le Pic Saint-Michel du côté de Lans-en-Vercors.
F. Guiziou/hemis.fr

cette région ressemble à une citadelle géologique avec ses 1000 m d'altitude. Ce secteur offre des possibilités infinies pour la randonnée, le VTT ou l'escalade, et, en hiver, le ski de fond et le ski alpin. C'est aussi une réserve naturelle importante, abritant une faune et une flore remarquables, avec des espèces protégées comme le bouquetin des Alpes, le gypaète barbu et l'aigle royal.

**Le plateau des Allières par Les Blancs.** *Boucle de 11 km (3h30) au départ de l'office de tourisme, de difficulté moyenne avec un dénivelé de 400 m.* Parmi les randonnées possibles à partir du centre, celle-ci vous emmènera jusqu'à la plaine de Lans. Vous grimperez ensuite jusqu'au collet du Furon en passant par la Grande Côte, le Canyon, le chemin des Anciens et la Salière.

*Infos : www.vercors-experience.com.*

**Vers St-Nizier-du-Moucherotte sur la ViaVercors.** Ce tronçon de 9 km (3h) sur la ViaVercors *(voir encadré ci-contre)* requiert une bonne condition physique ou un bon vélo électrique en raison de son important dénivelé. Direction : le village le plus élevé du Vercors, perché à 1100 m d'altitude ! On est cependant vite récompensé en chemin par de superbes panoramas et points de vue sur les paysages du plateau : les 3 Pucelles, le plateau de la Molière, le site classé du Bruyant... Pour la petite histoire, St-Nizier accueillit le tremplin olympique des J.O. de 1968. Pour la plus grande, le village, siège de rudes combats pendant la Seconde Guerre mondiale, a été décoré de la médaille de la Résistance.

**SUIVRE LA VIAVERCORS**

**Sur 55 km, cette formidable voie éco-citoyenne, interdite aux véhicules motorisés, permet de circuler dans le PNR grâce à des mobilités douces : à vélo, à cheval, à pied et même avec une poussette. Elle relie de nombreuses communes du plateau, parmi lesquelles Lans-en-Vercors et Villard-de-Lans.**

**Une carte interactive et téléchargeable donne une idée aux visiteurs de la variété des parcours possibles, classés par niveaux de difficulté. En chemin, des établissements partenaires (hébergements, restaurants, artisans, loueurs de vélos...) contribueront à rendre votre trajet exceptionnel.**

**En prolongement de la ViaVercors, la nouvelle Via du Tram relie le Vercors à Grenoble en suivant l'ancienne voie du tramway. Un parcours difficile, mais les panoramas sont exceptionnels !**

Infos pratiques et activité possibles : vercors.fr/fr/tourisme/outdoor/viavercors

**De Lans-en-Vercors à Villard-de-Lans.** *Tronçon facile de 8 km au départ de l'office de tourisme.* Pourquoi prendre le bus quand on peut rouler ou marcher ? Presque entièrement plate, cette voie suit l'ancien tracé du tram entre Grenoble et Villard-de-Lans. Un chemin droit et facile, avec vue sur les crêtes du val de Lans. Il est même possible de se rafraîchir en longeant la Bourne, voire d'y pêcher (si on a la carte).

## Villard-de-Lans

**Louer un vélo. Un point de location est situé à 10mn à pied de l'arrêt Les Geymonds. Location de VAE et de matériel de ski nordique.**
**Altiplan - ZAE Les Geymonds - ✆ 04 76 46 15 81 - www.altiplano-sport.fr - vélos traditionnels à partir de 15 € la 1/2 j., VAE 49 €.**

Ce « village-station » est situé au pied de la Grande Moucherolle et du roc Cornafion. Destination prisée des amateurs de randonnées et d'activités de plein air en été, elle se transforme en une station de ski animée en hiver grâce à son vaste domaine skiable et ses activités de ski nordique, luge et raquettes.

**Dans les profondeurs.** Envie d'explorer ses étendues karstiques ? La spéléologie est naturellement une activité emblématique du massif du Vercors, en partant à la découverte de grottes mystérieuses et de réseaux souterrains.

*Vercors Aventure - 222 r. du Lycée-Polonais (près de l'office du tourisme) - ✆ 06 98 57 54 06 - www.vercors-aventure.com.*

**De Villard-de-Lans à Corrençon-en-Vercors.** Ce tronçon de 8,5 km de la ViaVercors vous emmène sur les hauteurs, vers un village préservé aux portes de la réserve naturelle des Hauts-Plateaux. Parmi les curiosités, l'itinéraire passe à proximité de l'ancienne piste de luge des Jeux olympiques de 1968.

## 7 PARC NATUREL RÉGIONAL DE CHARTREUSE

Créé en 1995 et facilement accessible à partir de Grenoble ou Chambéry, le parc naturel régional de Chartreuse, de 69 000 ha, englobe dans son périmètre 60 communes réparties en Savoie et en Isère sur l'ensemble du massif de la Chartreuse. Il encourage une forme de tourisme « doux », axé sur des sports et des activités respectant l'environnement (randonnée, escalade, vol libre). Les objectifs du parc sont de préserver les zones à forte valeur biologique de l'urbanisation, d'assurer la protection des eaux et des sols par la gestion de projets de rivière, et de conserver le patrimoine naturel de la réserve naturelle des Hauts de Chartreuse (4 450 ha). Sentiers et routes thématiques mêlent connaissance du milieu naturel et découverte du terroir.

*Infos : www.parc-chartreuse.net.*

### Le Sappey-en-Chartreuse

**➔Depuis Grenoble (arrêt Notre-Dame-Musée, à 10mn en tram de la gare), prendre la ligne de bus 62 M réso pour rejoindre Le Sappey-en-Chartreuse et le col de la Porte.**

**Louer un vélo. Dans le centre du village. Quentin Derbier MTB - 2 rte de Praillières - 06 33 48 22 96.**

L'éperon majestueux de Chamechaude domine cette station d'altitude située dans un riant bassin aux flancs boisés. Le marais des Sagnes, dans le parc naturel régional de Chartreuse, se compose d'une mosaïque de milieux : prairies humides à orchidées, roselière et boisements de saules cendrés. Une signalétique précise et un aménagement léger pour l'observation vous guideront dans votre visite. Entre Le Sappey et

Randonnée vers le sommet de l'Ecoutoux, Chamechaude.
F. Guiziou/hemis.fr

Aterrissage dans une prairie de Belledonne avec le sommet de la Chartreuse en arrière-plan.
N. Eisele-Hein/imageBROKER/Shutterstock

le col de Porte, la route suit le bassin du Sappey, puis le vallon de Sarcenas dans l'enfilade duquel se détache, au sud, le Casque de Néron, aux cimes dentelées.

**Station de ski de fond.** En hiver, la station comprend une vingtaine de kilomètres de pistes au départ du village et pour tous les niveaux. Parmi les randonnées possibles en ski de fond, la traversée de Chartreuse (25 km) rejoint le domaine de St-Hugues, en passant par le col de l'Emeindras, avec la possibilité de remonter au col de Porte.

*Foyer de ski de fond du Sappey - www.sappey-mairie.fr/la-station-de-ski-de-fond.*

**Boucle du Belvédère.** *Boucle facile de 5 km (2h) au départ de la place du village, près de l'arrêt de bus Le Sappey-en-Chartreuse-Place.* Cette promenade familiale dans les hameaux alentour ménage de jolis points de vue sur le village et le marais des Sagnes notamment.

*Itinéraire sur www.sappey-mairie.fr/randonnees.*

**L'Écoutoux.** *Parcours de 8 km (2h30) de difficulté modérée au départ de la place du village, près de l'arrêt de bus Le Sappey-en-Chartreuse-Place.* Cette balade offre la satisfaction de gravir un sommet accessible (410 m de dénivelé positif). À l'arrivée, beau panorama sur la Chartreuse.

## St-Pierre-de-Chartreuse

**→Depuis la gare routière de Grenoble, la ligne de bus T40 rejoint St-Pierre-de-Chartreuse.**

**Louer un vélo. Dans le centre du village. Magasin Brun Sports - 241 r. Auguste-Villard - 04 76 88 62 12 - www.brun-sports.com - VTT et VTTAE à partir de 49 € la 1/2 j.**

Ce charmant village, enchâssé au creux du massif de la Chartreuse, offre une belle vue sur la silhouette élégante de Chamechaude (alt. 2 082 m), que la courbe du col de Porte relie au sommet de la Pinéa. La petite station, jumelée avec le Planolet, qui forme le domaine Cœur de Chartreuse, offre des pistes de ski alpin de difficultés variables situées entre 900 et 1789 m dans le secteur de la Scia. Les apprentis fondeurs pourront s'initier au ski de fond sur les 58 km des pistes de St-Hugues. De nombreuses sorties en raquettes sont organisées. En été, avec ses kilomètres de sentiers, les possibilités d'excursions ne manquent pas, comme l'ascension du Grand Som ou de Chamechaude.

**Boucle La Diat-St-Hugues.** *Boucle facile de 4,6 km (3h) au départ du parking de la piscine municipale.* Cette balade permet de rejoindre le hameau de St-Hugues depuis La Diat. Le GR s'élève progressivement en forêt avant d'offrir de superbes panoramas.

*Itinéraire sur www.chartreuse-tourisme.com.*

**Le massif de la Chartreuse en raquettes.** En hiver, la région se prête au ski alpin et au ski de fond. Au départ du village, une dizaine d'itinéraires sont à découvrir avec ou sans accompagnateur.

*Cartusania, bureau montagne de Chartreuse - www.cartusiana.com - 04 38 86 91 31.*

## St-Hilaire-du-Touvet

**→Depuis la gare de Grenoble, prendre le bus C11 M réso vers Lumbin et descendre à l'arrêt Montfort-Funiculaire à Crolles.**

Cette petite station climatique et de sports d'hiver est aussi un centre important de vol libre. Il comprend le spectaculaire site naturel du funiculaire de St-Hilaire. Ce chemin de fer, construit en 1924, est le plus « raide » d'Europe. Suite à un événement climatique fin 2021, ayant causé d'importants dégâts, il est provisoirement fermé *(réouverture prévue en 2027).*

**Vol libre.** Grâce au succès de la Coupe Icare organisée ici tous les ans en septembre, le spot est très fréquenté et compte de nombreuses écoles.

*Stages : funiculaire.fr/a-voir-a-faire/vol-libre.*

**Les Dioux.** *Boucle de difficulté moyenne de 4,9 km (2h) au départ du poteau Gare du Funiculaire.* À terre, sous le ballet des parapentistes dans le ciel, on profite d'autres panoramas sur le massif de Belledonne et on se rafraîchit près de la cascade des Dioux.

## St-Pierre-d'Entremont

**→De la gare routière de Chambéry, prendre la ligne de bus S04 vers St-Pierre-d'Entremont.**

**Louer un vélo. Dans le bourg.**

**Entre Monts Vélos - À l'ancienne mairie, 138 rte du Dauphiné - 04 79 36 01 76 - www.entre-monts-velos.fr - VTT à partir de 35 € la 1/2 j.**

Les randonneurs trouveront ici une multitude de sentiers pour tous les niveaux aux panoramas spectaculaires, comme le tour des Petites Roches. Les amateurs de VTT pourront explorer des pistes boisées et les chemins escarpés. En hiver, St-Pierre-d'Entremont se transforme en terrain de jeu pour les activités nordiques.

**De St-Pierre-d'Entremont à la cascade du cirque de St-Même.** *Boucle de 10,6 km (4h) de difficulté moyenne au départ de l'office de tourisme.* Cette balade permet d'accéder au site naturel du cirque de St-Même, façonné par l'eau et les glaciers.

*Itinéraire sur www.chartreuse-tourisme.com.*

**Etrip sous la Dent de l'Ours.** *Boucle de 13,7 km (3h), de difficulté moyenne (471 m de dénivelé), au départ de l'office de tourisme de St-Pierre-d'Entremont.* L'usage d'un VAE est recommandé pour cette escapade à travers les Entremonts. Certaines montées sont raides mais les panoramas, superbes. L'itinéraire passe par la ferme de Labérou qui vend de bons fromages de chèvre.

*Itinéraire sur www.chartreuse-tourisme.com.*

## Aiguebelette-le-Lac

**➔Depuis Chambéry, le TER dessert les gares d'Aiguebelette-le-Lac et de Lépin-le-Lac.**

Belle émeraude sertie dans le dernier chaînon jurassien, le lac d'Aiguebelette, troisième lac naturel de France, est un site protégé. Des vestiges de palafittes (habitats sur pilotis reliés à la rive par une passerelle), datant du néolithique et de l'âge de bronze, ont été découverts dans ses eaux, préservées de toute pollution industrielle, urbaine ou sonore. Atteignant une profondeur de 71 m, elles sont réputées pour la richesse et la variété des poissons qu'elles hébergent. Ce lac s'étend sur 545 ha. On peut y pratiquer des sports nautiques, la pêche et profiter de ses sept plages.

**Les voies de l'Épine.** *Boucle de 8 km (3h30) au départ de l'église d'Aiguebelette-le-Lac.* Un périple un peu sportif, notamment à proximité de l'escarpement rocheux au lieu-dit Rocher du Corbeau. Mais de beaux points de vue sur le lac, comme au niveau du col du Crucifix.

*Itinéraire sur www.pays-lac-aiguebelette.com.*

**Pêche.** L'association agréée pour la pêche et la protection du milieu aquatique (AAPPMA) fournit toutes les informations pour pêcher carnassier, lavaret, omble chevalier et autres poissons. Initiations pour les jeunes et séances de découverte du lac.

*AAPPMA du lac d'Aiguebelette - Pl. de la Gare, Lépin-le-Lac - 06 81 02 25 83 - www.aappma-aiguebelette.org.*

# 8 PARC NATUREL RÉGIONAL DU MASSIF DES BAUGES

Labellisé Géoparc mondial par l'Unesco, ce massif en impose avec ses hautes falaises calcaires dressées au-dessus de la vallée. Mais il faut le parcourir doucement pour découvrir ses villages, ses paysages boisés traversés par le Chéran, ses alpages parsemés de grangettes coiffées de toits à pans coupés. Situé entre Chambéry, Aix-les-Bains et Annecy, il offre de nombreux points d'entrée en mobilités douces. Sur place ensuite, son dense réseau de sentiers invite à y rester... On est loin d'une époque plus troublée, dont témoigne encore le château de Miolans, forteresse qui a inspiré bien des terreurs et jadis surnommée la « Bastille savoyarde ».

*Infos : parcdesbauges.com.*

## De Chambéry au parc naturel régional du Massif des Bauges

Pour **Chambéry** *voir page 48.*

**Tour des Bauges à vélo.** *Trajet facile de 13,2 km (1h) au départ de la gare SNCF de Chambéry.* Cet itinéraire permet de rejoindre le lac de St-André, dans la commune de Porte-de-Savoie, à l'entrée du PNR, en empruntant la voie verte Avenue Verte Sud. En pédalant, on profite de vues sublimes sur les massifs des Bauges et de la Chartreuse. Les amateurs poursuivront le tour complet du parc, soit 130 km au total.

*Itinéraire sur rando.parcdesbauges.com.*

Le plateau du Semnoz.
G.Lansard/hemis.fr

## D'Annecy au parc naturel régional du Massif des Bauges

Pour **Annecy** *voir page 53.*

**Navettes lacustres.** Il est aussi possible et très agréable d'aborder le parc naturel régional du Massif des Bauges par le lac d'Annecy en embarquant avec son vélo sur l'une de ses navettes. Débarquement possible à Doussard, Duingt, St-Jorioz ou Sevrier.

*Compagnie des bateaux d'Annecy - Quai Bayreuth - 04 50 51 08 40 - www.bateaux-annecy.com - 18 € - vélo 1 €.*

**La boucle de Duingt-St-Jorioz par les sentiers.** *Boucle facile de 12 km (3h30), avec peu de dénivelé, Au départ de l'église de Duingt.* Un parcours très agréable avec de jolis panoramas sur le lac et le village.

*Itinéraire sur www.lac-annecy.com.*

## Le Semnoz

**→Au départ de la gare routière d'Annecy, la ligne S4 , gratuite en été, rejoint la station du Semnoz (transport de vélos possible). En hiver, prendre les lignes S1 ou S2.**

Le Semnoz, longue croupe boisée uniforme pour qui la considère du lac d'Annecy ou de l'Albanais, se révèle du plus haut intérêt touristique : la forêt du Crêt du Maure est fort bien aménagée pour les promenades et le crêt de Châtillon, son point culminant, procure un tour d'horizon de tout premier ordre. En hiver, cette station familiale est prisée pour le ski alpin, le ski de fond, les balades en raquettes ou encore le snowkite, avec des pistes adaptées à tous les niveaux. L'été, elle se transforme en un terrain de jeu pour la randonnée, le VTT ou le parapente. Petits et grands apprécient ses descentes en luge d'été, parcours d'orientation ou biathlon d'été. Incontournable en été, sa télécabine, le Télémix, vous emmène au sommet de la station, à 1704 m d'altitude. Vous profiterez d'un magnifique panorama ou y pratiquerez des activités.

*Infos : www.semnoz.fr.*

**Circuit des Trois Lacs.** *Boucle de 4,7 km (2h), dénivelé de 167 m, au départ de l'arrêt de bus Les Alpages.* Plusieurs chemins balisés, comme ce circuit, permettent de découvrir la station et ses alentours.

Le Crêt de Châtillon. Parcours de 5,5 km (2h), d'un dénivelé de 240 m, au départ de l'arrêt de bus Station-du-Semnoz. Le site est à 1,5 km (30mn à pied). Une haute croix et deux tables d'orientation servent de repères. En arrivant, le panorama à 360°, à 1699 m d'altitude, offre une sélection des sommets les plus fameux des Alpes occidentales : massifs du Haut Faucigny, du Mont Blanc, de la Vanoise, des Écrins, aiguilles d'Arves, mont Viso avec, au premier plan, les montagnes encadrant le lac d'Annecy. La profonde forêt de résineux cesse à la limite du plateau. En chemin : de beaux points de vue sur les massifs de la Tournette et du Parmelan (au nord-est) et sur les Bauges (au sud-est).

*Itinéraires sur www.semnoz.fr/plan-ete.*

**Dévaler les pistes... à VTT** ! En 2024, la station a inauguré une nouvelle activité tournée vers le VTT en été. Le principe : embarquer son vélo sur le Télémix pour emprunter ensuite des pistes adaptées : une verte, une bleue et une rouge.

*www.semnoz.fr/vtt - 13,50 €/4h - location de vélos possible sur place (se rens.).*

# 9 PARC NATIONAL DE LA VANOISE

Ses paysages grandioses et son air pur galvanisent les skieurs, les marcheurs et les alpinistes. Premier parc national créé en France, il a ouvert en 1963, presque un siècle après le premier parc national américain. Ses 53500 ha comprennent l'ensemble du massif de la Vanoise qui s'étend entre la haute vallée de l'Isère, côté Tarentaise, et la vallée de l'Arc, côté Maurienne. Il est situé dans le prolongement du parc italien du Grand Paradis, qui lui est contigu sur 14 km. Ainsi, jumelés depuis 1972, ils couvrent une zone de 1250 km², soit l'espace protégé le plus étendu d'Europe occidentale. Ces paysages grandioses demeurent aussi des écosystèmes fragiles où poussent quelque 2000 espèces de fleurs et où gambadent bouquetins, chamois, marmottes, etc.

*Infos : www.vanoise-parcnational.fr.*

**➔3 villes principales permettent d'accéder au parc : Modane au sud, Bourg-St-Maurice au nord et Moûtiers à l'ouest.**

## En Maurienne

**➔En train, 4 gares desservent la vallée de Maurienne : St-Avre-la-Chambre, St-Jean-de-Maurienne, St-Michel-de-Maurienne et Modane (en bus via St-Michel-de-Maurienne). En bus, du 15 juin au 15 septembre, un réseau de cars permet de se déplacer sur l'ensemble du territoire.**

## Aussois

**➔Depuis Modane ou St-Michel-de-Maurienne, prendre la ligne de bus S52 pour Aussois (transport des vélos gratuit).**

Porte d'entrée du parc national de la Vanoise, au pied du Rateau d'Aussois et de la dent Parrachée, ce petit village aux maisons de pierre semble se blottir sur un coteau baigné de soleil. Aussois est aussi une station familiale accueillante toute l'année. En hiver, son domaine skiable fait le bonheur de tous ; en été, sa large palette d'activités satisfait les amateurs de sports de plein air qui, avec les promeneurs et cyclistes, assurent l'animation des lieux.

**Sur les traces du monolithe de Sardières et du télégraphe Chappe.** *Boucle de 7,6 km (4h) très facile au départ du parking du plan de la Croix.* Ce circuit forestier au départ d'Aussois vous emmène à la découverte d'un patrimoine géologique et historique unique en Vanoise. La promenade est ponctuée par la découverte du monolithe de Sardières, surprenant de verticalité dans ces forêts d'adret, et du télégraphe aérien Chappe, un sémaphore invitant à compléter la multitude de sommets à plus de 3000 m d'altitude formant la chaîne frontalière avec l'Italie. À proximité de cette randonnée se trouve le parc archéologique

Parc National de la Vanoise.
Beboy_ltd/Getty Images Plus



des Lozes qui abrite des gravures rupestres du néolithique et de l'âge de fer.

*Itinéraire sur rando.vanoise.com.*

**Promenade savoyarde de découverte des forts de l'Esseillon.** *Boucle ou parcours facile de 1h à 2h30 selon le chemin balisé choisi.* Progressivement restauré, le plus grand des cinq forts est accessible aux visiteurs, bien que la prudence soit de mise. Ses huit bâtiments, conçus pour abriter 1500 soldats, s'étagent le long d'une falaise vertigineuse.

*À env. 30mn à pied de l'office de tourisme sur la D1006 en direction d'Avrieux - ✆ 04 79 05 99 06 - www.maurienne-tourisme.com - accès libre - promenade-jeu proposée par l'office de tourisme 7 €.*

**Escalade de la via ferrata du Diable.** *Durée des parcours entre 3h à 6h.* Les novices débuteront par le tronçon des Diablotins, avec l'aide d'un professionnel. Dans le cadre envoûtant du pont du Diable, encadré par le fort Victor-Emmanuel et la redoute Marie-Thérèse, cette via ferrata se compose de cinq tronçons indépendants de difficulté graduée (équipement obligatoire).

*43 rte des Barrages, après le fort Victor-Emmanuel - contact de professionnels encadrants auprès de l'office de tourisme - ✆ 04 79 20 30 40.*

## En Tarentaise

**➔Gare SNCF et routière à Moûtiers. En Tarentaise, des lignes régulières au départ de Moûtiers et Bourg-St-Maurice desservent les principales communes du parc national de la Vanoise.**

## Pralognan-la-Vanoise

**➔Depuis la gare de Moûtiers, prendre la ligne de bus S66 pour Pralognan-la-Vanoise.**

Capitale du parc national de la Vanoise, Pralognan se niche au fond d'un imposant cirque glaciaire. Ce village montagnard est une base idéale pour les amateurs de randonnées pédestres et de courses en haute montagne. Le village a su garder son cachet montagnard : pierre, lauzes et

Tour du Vallaisonnay, avec, en arrière-plan, le Grand Bec de Pralognan.
Ch. Martelet/hemis.fr

bois dominent sur ce vaste plateau contre lequel forêts et champs viennent buter. Labellisé Terre d'alpinisme, le territoire de Cœur de Vanoise (Pralognan-la-Vanoise, Champagny-en-Vanoise et Le Planay) est aussi un site d'exception pour l'escalade ou le canyoning.

**Domaine skiable.** Exposé plein sud sur les hauteurs, le domaine s'étend de 1400 à 2350 m d'altitude. De dimension modeste comparée aux autres stations de la Tarentaise, il a toutefois des atouts comme la qualité de neige sur les versants ombragés de Pralognan. Les possibilités de ski de randonnée sont en revanche exceptionnelles.

**Le village de La Croix par la corniche.** *Boucle facile de 4 km (1h30) au départ de la piste forestière, rue de l'Arbellaz.* Cette promenade facile et familiale vous emmène jusqu'au site classé du village de La Croix, à la découverte de l'architecture savoyarde avec ses maisons en tavaillons, mais aussi à la rencontre d'une faune variée (chevreuils et cerfs...).

*Itinéraire sur www.pralognan.com.*

**Tour de l'aiguille de la Vanoise par le col de la Vanoise.** *Boucle difficile de 15,9 km (6h) au départ de la Maison de la Vanoise.* Il faut être un minimum aguerri pour partir à la conquête – ou presque – de ce col adossé au plus haut sommet

de la Savoie, la Grande Casse (3855 m). À découvrir : des vues sublimes sur les glaciers environnants et une faune exceptionnelle (le gypaète barbu). Vous êtes aussi sur les terres du bleu de Termignon, l'un des fromages emblématiques de la Vanoise.

*Itinéraire sur rando.vanoise.com. Possibilité de dormir au refuge des Barmettes ou au refuge du Col de la Vanoise pour parcourir cet itinéraire en 2 jours.*

**Une randonnée glaciaire en hiver.** Col de la Grande Casse, pointe du Dard, dôme de Chasseforêt, entre autres : les échappées ne manquent pas. Pour partir en toute sécurité, le Bureau des guides de Pralognan-la-Vanoise recense 30 guides d'escalade et accompagnateurs en montagne indépendants.

*Bureau des guides de Pralognan-la-Vanoise - 69 rte du Grand-Couloir - ✆ 04 79 08 71 21 - www.guides-pralognan.com - de mi-nov. à mi-avr.*

**Mont Bochor.** De la station supérieure, en téléphérique, gagnez en 3mn le sommet (alt. 2023 m) où se trouve une table d'orientation. La vue plonge sur le bassin de Pralognan et la vallée du Doron de Chavière, fermée par le haut massif de Péclet-Polset. À gauche de ce couloir, on voit un bout de la calotte glaciaire de la Vanoise (terminée au nord par les escarpements de la Réchasse) et la Grande Casse. En 1860, l'alpiniste anglais William Mathews et le guide français Michel Croz, après avoir taillé 1100 marches dont 800 à la hache, parvinrent quasiment à la cime de la Grande Casse, nommée depuis pointe Mathews. Étienne Favre, premier guide du bureau de Pralognan, les assista.

*Téléphérique du Mont-Bochor - tlj en été, montées ttes les 20mn - AR 11 €.*

## Autour de Tignes

**→Depuis la gare de Bourg-St-Maurice, prendre la ligne de bus S83 jusqu'à Tignes.**

**Domaine skiable.** Trois belles stations, Les Arcs, Tignes et Val d'Isère, se trouvent en Tarentaise, aux abords du Cœur de la Vanoise. De Bourg-St-Maurice, un funiculaire vous transporte en 7mn à Arc 1600. La gare routière de Bourg-St-Maurice permet aussi de rayonner vers les stations de Tignes et Val d'Isère.

Pour **Bourg-St-Maurice** et le domaine skiable *voir page 140.*

**Le long de la Grande Casse.** *Itinéraire facile de 30 km au départ de l'arrêt de bus Tignes-Val-Claret. Compter 2 j.* De Tignes à Pralognan, cet itinéraire facile permet de traverser le Cœur de la Vanoise dans un paysage dominé par la Grande Motte et la Grande Casse. En prime : de magnifiques points de vue sur le glacier des Grands Couloirs et l'assurance d'observer chamois et bouquetins.

*Prévoir une nuit au refuge d'Entre-Deux-Eaux et une autre au refuge des Barmettes.*

# 10 PARC NATIONAL DES ÉCRINS

Créé en 1973, le parc national des Écrins s'est vu sacrer Parc européen de la haute montagne par le Conseil de l'Europe. Avec ses presque 92 000 ha (270 000 ha avec l'aire d'adhésion), cet espace très réglementé est le plus vaste parc national français.
Entaillé par de profondes vallées à l'identité forte, ce gigantesque vivier minéral, végétal et animal est la rencontre idyllique des Alpes du Nord et du climat du Sud. Secrets et sauvages, les Écrins attirent les amoureux de la haute montagne dans un cadre naturel époustouflant. Avec 100 km² de glaciers, des sommets aussi mythiques que celui de la Meije et plus de 700 km de sentiers, les Écrins frappent par leur démesure. Précision importante : le dérèglement climatique impacte fortement l'activité du parc. En juin 2024, la fonte des glaces a causé des dégâts et bloqué certains accès. Avant de partir, vérifiez que les liaisons décrites ici fonctionnent bien.

*Infos : www.ecrins-parcnational.fr.*

## Le Bourg-d'Oisans

**➔De la gare de Grenoble, liaisons en bus T75 cars Région vers Le Bourg-d'Oisans (1h25).**

**➔Le bureau des guides de l'Oisans (✆ 04 76 80 42 55 - www.guidesoisans.com) peut aussi véhiculer sa clientèle selon ses besoins.**

**Louer un vélo. À 9 minutes de l'arrêt de bus. Cycles et Sports - R. du Gal-de-Gaulle - ✆ 04 76 79 16 79 - www.huezbikehire.com/location-velos/ - VTT/VTC à partir de 47 €/j., VAE 57 €.**
**Bike Experience 21 - 28 r. Aristide-Briand - ✆ 09 77 46 55 37 ou 07 84 68 60 92 - be21.store - VTT/VTC à louer et organisation de sorties.**

La capitale de l'Oisans s'étend en bout de plaine, adossée à d'impressionnantes parois rocheuses, et marque l'entrée des Écrins, le plus grand mais aussi le plus haut des parcs nationaux. Camp de base pour découvrir les différentes vallées et point de départ des alpinistes, Le Bourg-d'Oisans est également fréquenté par les cyclistes qui se mesurent aux cols prestigieux et à la montée de l'Alpe d'Huez.

**Encore plus haut !** *45 mn AR en prolongeant le chemin d'accès à l'église.* Cette balade donne accès à une vue dégagée sur le bassin du Bourg-d'Oisans, les sommets des Grandes Rousses et les premières cimes du massif au sud du Vénéon. Gagnez la terrasse aménagée au point culminant.

**Descendre la rive tranquillement...** Cette rivière paisible qui traverse le centre du Bourg-d'Oisans se prête bien à une balade en canoë.

*Location de canoë - Neil Wilson - Gite Le Grand Renaud - rte du Stade - ✆ 06 21 65 64 31 - 25 €.*

**... Ou en canyoning.** À 10 mn du Bourg-d'Oisans, venez prendre un bain de fraîcheur au cœur de l'Oisans et découvrir une succession de toboggans et de sauts naturels. Combinaison, chaussons néoprène, baudrier et casque sont fournis mais prévoyez maillot de bain, serviette et une paire de baskets.

*Bureau des guides de l'Oisans - ✆ 04 76 80 42 55 - guidesoisans.com/contact.php - 70 € la 1/2 j.*

### LE GR 54 POUR LES GRANDS SPORTIFS

**Ce chemin ambitieux, également connu sous le nom de « Tour de l'Oisans et des Écrins », est l'un des sentiers de grande randonnée les plus emblématiques des Alpes françaises. Ce parcours exigeant de 180 km, ponctué de refuges chaleureux, fait le tour du massif des Écrins, à la rencontre de la biodiversité du parc national. Avec au passage 14 cols et plus de 12 000 m de dénivelé ! Sportif... mais l'effort sera récompensé par des paysages à couper le souffle : le GR 54 passe notamment par des cols spectaculaires, comme le col de l'Aup Martin et le col du Vallon, qui culminent à plus de 2 500 m d'altitude. Il est possible de se lancer du Bourg-d'Oisans (compter une quinzaine de jours de randonnée) mais aussi d'autres villages traversés par l'itinéraire.**

Infos : www.grand-tour-ecrins.fr.

Rafting sur le Vénéon, près de Saint-Christophe-en-Oisans.
M. Cavalier/hemis.fr

## Vallée du Vénéon

**➔Du Bourg-d'Oisans, la ligne T77 cars Région dessert en principe Venosc, St-Christophe-en-Oisans et La Bérarde (mais les cars ne prennent pas de vélos). Vérifier l'accessibilité de la route auprès de l'office de tourisme de St-Christophe-en-Oisans (✆ 06 76 80 50 01).**

**➔Le bureau des guides de La Bérarde Meije Écrins (✆ 07 67 34 54 39 - www.guidesberarde.com) peut aussi assurer des transports.**

**Venosc.** La rue pavée qui mène à l'église est bordée de boutiques de caractère où artisans d'art, potiers et créateurs aiment partager leur passion avec les visiteurs.

**St-Christophe-en-Oisans.** Cette commune, l'une des plus vastes de France, formée de 15 hameaux, ne compte en hiver qu'une trentaine d'habitants. Son église se détache sur la barre des Écrins. Haut lieu de l'alpinisme, St-Christophe s'est doté d'un bel espace où pratiquer. *Mémoires d'alpinismes - ✆ 04 76 79 52 25 - musee-alpinisme.com.*

**Le miroir des Fétoules.** *Boucle de 4,8 km (3h30) avec 348 m de dénivelé, au départ de l'église de St-Christophe.* D'agréables lacets passent par la Vierge du Collet jusqu'à de sublimes panoramas sur la vallée du Vénéon avant de redescendre vers le miroir des Fétoules et son lac.

**Le refuge de l'Alpe du Pin.** *Sentier de 4,4 km (3h30 AR) avec un dénivelé de 535 m, au départ du hameau des Granges, près de St-Christophe.* Un sentier s'élève de la cascade de la Pisse jusqu'au replat de l'Alpe du Pin, puis jusqu'au refuge *(1h30 depuis les Granges).* À l'arrivée, le refuge de l'Alpe du Pin, tout en pierre, domine la vallée du Vénéon depuis son belvédère.

*Itinéraires sur www.oisans.com.*

**La Bérarde.** Le hameau, en partie détruit par un torrent de pierres en juin 2024, se reconstruit lentement. Entouré de sommets tutoyant les 3 000 et 4 000 m, longtemps restés indomptables, cet ancien hameau de « bérards » (bergers de moutons), bâti au confluent du Vénéon et du torrent des Étançons, est devenu La Mecque de l'alpinisme, le camp de base idéal pour les ascensions les plus recherchées du massif.

*Mémoires d'alpinismes - ✆ 04 76 79 52 25 - www.musee-alpinisme.com.*

## 11 PARC NATUREL RÉGIONAL DE L'AUBRAC

Depuis 2018, l'Aubrac est classé 53e parc naturel régional de France. D'une superficie de 3 000 km² environ, ce haut plateau volcanique et granitique se trouve au centre du Massif Central, aux confins de deux régions (Auvergne-Rhône-Alpes et Occitanie). Il est bordé au nord-ouest par les monts du Cantal, à l'est par la Margeride et au sud par les plateaux calcaires des Grands Causses. Il culmine à 1469 m, au signal de Mailhebiau. C'est une splendide région d'élevage de moyenne montagne, où l'eau est omniprésente, et qui possède un riche patrimoine architectural. Les traditions agropastorales uniques sur cette terre de transhumance sont encore intactes et dans les montagnes d'estive est élevée la vache Aubrac, véritable icône du territoire. La ligne ferroviaire de l'Aubrac, considérée comme l'une des plus belles d'Europe, est le moyen idéal pour accéder à ce parc naturel, royaume des randonneurs.

*Infos : www.parc-naturel-aubrac.fr.*

### OH LA VACHE !

**Les hauts plateaux granitiques de l'Aubrac et de la Margeride se déploient en étendues calmes et couvertes d'herbage. La majesté du paysage laisse prise à la fantaisie des sculptures minérales et au cheminement du bétail. Autrefois, de grands troupeaux de moutons estivaient sur l'Aubrac. Aujourd'hui, les vaches (de nombreuses aubracs, d'un caramel clair, quelques salers chocolat dites « rouges », et de plus communes limousines blanches) occupent seules les herbages, de fin mai à mi-octobre. Le promeneur remarque les « drailles », pistes de transhumance parfois délimitées par de petits murs de pierres sèches. Les traditionnelles fêtes de la transhumance et foires à bestiaux de Laissac et de Nasbinals sont des rassemblements hauts en couleur.**

### Saint-Flour

**➔Au départ de Clermont-Ferrand, accès par un train Intercités et un bus SNCF avec une correspondance à St-Chély-d'Apcher. Arrêt en gare de St-Flour – Chaudes-Aigues.**

**Louer un vélo. Des VTC et VTTAE à 20mn à pied de la gare.**
**Mika Bike - 1 r. du Pré-de-Pâques - ✆ 06 78 61 99 05 - mikabike.ouibike.net - 60 €/j.**

Située à la périphérie du parc naturel, St-Flour forme un trait d'union entre le Cantal et l'Aubrac et constitue assurément une étape idéale pour y rayonner. Perchée sur une table basaltique aux grandes orgues, dominant la vallée de l'Ander, la cité dresse vers le ciel les tours carrées de sa cathédrale, qui veillait autrefois sur la voie menant du Languedoc à l'ancien royaume de France. Cette ville consulaire et épiscopale animée possède beaucoup de charme. Sa situation est idéale, entre la Margeride, les gorges de la Truyère et la Planèze qui s'étend jusqu'au Plomb du Cantal.

**Circuit VAE Le Bout du monde.** *Boucle de 15 km (3h), de difficulté moyenne (255 m de dénivelé), au départ de l'office de tourisme.* Cet itinéraire est idéal pour découvrir de beaux points de vue sur St-Flour et sa cathédrale. De style gothique, l'édifice, en pierre de lave noire de Liozargues, rappelle la vocation de forteresse de la ville.

*Itinéraire sur www.auvergne-destination.com.*

### Chaudes-Aigues

**➔Il faut prendre le bus C07 depuis la gare de St-Flour : Chaudes-Aigues est à 26 km.**

**Louer un vélo. Dans le centre.**
**Truyère Évasion - Parc de la piscine - ✆ 06 83 48 84 61 - truyere-evasion.fr.**
**VTC et VTT à assistance électrique (VTTAE) à partir de 26 € la 1/2 j.**

Cette commune est la porte d'entrée de l'Aubrac cantalien. Nichée dans le ravin du Remontalou, la ville, avec ses maisons aux toits de lauzes, possède les eaux les plus chaudes d'Europe (82 °C).

Pèlerins sur le plateau de l'Aubrac.
Louis-Michel DESERT/Getty Images Plus

Proche à la fois de St-Flour et des gorges de la Truyère, de la vallée du Bès et des monts d'Aubrac, elle bénéficie d'une situation exceptionnelle. Lieu de cure, de séjours de remise en forme et de thermoludisme, cette station déjà méridionale est un point de départ idéal pour la randonnée... dans l'Aubrac.

**Au sous-sol.** Plusieurs sources, déjà exploitées par les Romains, le sont encore aujourd'hui. Elles débitent quotidiennement 15 000 hl d'eau, dont la température s'échelonne de 45 à 82 °C. Derrière la source du Par, le musée européen de la Géothermie et du Thermalisme dévoile les secrets du sous-sol. Sitôt franchi le seuil, une lourde chaleur vous enveloppe. Ce lieu permet de suivre le parcours de l'eau.

*Géothermia, musée européen de la Géothermie et du Thermalisme - 5 quartier du Par - ✆ 04 71 23 58 76 - avr.-nov. : 10h-12h30, 14h-18h30 ; reste de l'année : se rens. - 5 €.*

**Randonnée Les Bécasses.** *Boucle difficile (385 m de dénivelé) de 11,2 km (4h), au départ du parking de l'Enclos, à côté du gymnase.* Ce circuit relativement difficile permet de découvrir les abords du plateau de l'Aubrac et l'agriculture locale basée sur l'élevage des vaches Aubrac.

*Itinéraire sur www.auvergne-destination.com.*

**Circuit de Deux-Verges.** *Boucle de 18 km (2h), de niveau modéré (dénivelé de 463 m), au départ du parking de la piscine.* En raison du relief, ce circuit justifie l'usage d'un VAE. Il vous conduira vers l'Aubrac et le puy de la Tuile, à travers les paysages typiques où paissent les vaches Aubrac.

*Itinéraire sur www.pays-saint-flour.fr.*

## Saint-Chély-d'Apcher

**→De la gare de St-Flour-Chaudes-Aigues, la ligne de l'Aubrac vers Béziers dessert les gares de St-Chély-d'Apcher, d'Aumont-Aubrac et de Marvejols. Depuis St-Flour, la ligne C48 dessert St-Chély-d'Apcher, 3 cars/j.**

**Louer un vélo. Des VTT classiques ou électriques à 18mn de la gare. Passion Vélo Lozère - 8 bis av. de la République - ✆ 04 66 31 18 15 - passion-velo-lozere.fr - à partir de 50 €/j.**

La capitale économique de la Margeride vit essentiellement de l'activité industrielle comme en témoigne son musée de la Métallurgie. Cependant, ses ruelles pavées, ses maisons traditionnelles et son église romane du 12e s. lui confèrent un charme immédiat. Les alentours de St-Chély-d'Apcher sont un autre paradis pour les randonneurs et les amoureux de la nature. De nombreux sentiers balisés traversent des paysages variés, allant des vallées verdoyantes aux plateaux sauvages de l'Aubrac.

**Les contreforts de l'Aubrac.** *Boucle difficile de 37 km (3h30), avec un dénivelé positif de 753 m et négatif de 752 m, au départ du parking du Pontet.* Les VTTistes peuvent suivre cette boucle au départ de St-Chély-d'Apcher. Ce parcours vous mènera sur le plateau volcanique en passant par le village de Termes et l'observatoire du Truc de l'Homme, qui réserve un magnifique panorama à 360°.

*Itinéraire sur margeride-en-gevaudan.com.*

**Grande traversée du Massif Central (GTMC) à VTT : de St-Chély-d'Apcher à Baraque des Bouviers.** *Parcours difficile de 26,86 km (2h45), avec un dénivelé positif de 824 m et négatif de 378 m, au départ de la place du Foirail, dans la partie haute de la ville.* Ce beau parcours emprunte de larges pistes faites de dénivelés successifs, à travers des forêts de pins, de landes, et de prairies. L'occasion de découvrir des paysages typiques de La Margeride où se fait la jonction avec la GTMC, à plus de 1400 m d'altitude.

*Itinéraire sur www.la-gtmc.com.*

## Aumont-Aubrac

**Louer un vélo. Des VTT sont en location à 6mn de la gare.**
**Gévaudan Vélo - 2 rte d'Aubrac - 06 75 71 72 77 - www.gevaudanvelo.com - VTTAE à partir de 40 € la 1/2 j.**

Le village, traversé par le célèbre chemin de St-Jacques-de-Compostelle, est une étape prisée des pèlerins. Au passage, ils s'attardent dans son église St-Étienne, un joyau architectural du 13e s., ainsi que devant la statue de la Bête du Gévaudan, figure locale intrigante s'il en est. Située sur le plateau de l'Aubrac, elle offre des paysages

Lac de Saint Andéol près de Nasbinals.
Aqua Image/hemis.fr

à couper le souffle et autant d'échappées belles pour les amoureux de la nature et les passionnés de randonnées.

**Randonnée Aumont-Aubrac – Nasbinals.** *Itinéraire de 26 km (7h) assez sportif, avec 310 m de dénivelé, au départ de la route de la Margeride.* Il est temps de chausser vos sandales de pèlerin - ou plutôt de très bonnes chaussures – pour rejoindre le chemin de St-Jacques sur le mythique GR 65. Attention cependant : cette vingtième étape du chemin de Compostelle demeure assez difficile.

*Itinéraire sur www.visorando.com.*

**Circuit de Javols.** *Parcours sportif de 36 km (3h), de 95 m de dénivelé, au départ de la place entourant l'église.* Ce superbe itinéraire pour VTT sur le plateau de l'Aubrac traverse ses pâturages très caractéristiques et mène jusqu'au site archéologique romain de Javols.

*Itinéraire sur www.gevaudanvelo.com.*

## Marvejols

**Louer un vélo. Des vélos classiques et à assistance électrique sont en location à 20mn à pied de la gare.**
**Marvejols Cycles and Co - 26 bd de Chambrun - 04 66 48 32 93 - à partir de 20 € la 1/2 j. (VAE à partir de 40 €).**

Au cœur de la Lozère, cette étape séduit à la fois par son riche patrimoine historique et ses paysages environnants. Car au-delà des trois portes de la ville fortifiée, l'ancienne capitale du Gévaudan se niche sereinement dans la jolie vallée de la Colagne, entourée des hauts plateaux de l'Aubrac et du massif granitique de la Margeride. De belles échappées en perspective !

**Randonnée VTT sur le plateau de la Cham.** *Parcours facile de 9 km (1h), avec 158 m de dénivelé, au départ du complexe sportif de Mascoussel (à 1,4 km de la gare).* Cette boucle sur des chemins roulants file entre des murets de pierres sèches. Elle est parsemée d'anciens abris de bergers.

*Itinéraire sur www.lozere-tourisme.com.*

**Les Loups du Gévaudan.** Aménagé à flanc de montagne, dans un cadre forestier, cet exceptionnel parc animalier de 20 ha abrite une centaine de loups, mongols, canadiens, polonais, sibériens et arctiques, qui vivent ici en semi-liberté. Le parcours pédestre (*30mn env.*) permet de se familiariser avec les loups.

*À 9 km de Marvejols - www.loupsdugevaudan.com. En juillet-août, un transfert en bus liO est assuré 3 j./sem. au départ de la gare de Marvejols.*

# 12 PARC NATUREL DU HAUT-JURA

Grâce à des extensions en 1998 et 2003, le parc naturel régional du Haut-Jura, créé en 1986, couvre une superficie de 178 000 ha englobant 122 communes, dont St-Claude et Morez. Son objectif est de promouvoir un développement de qualité (agriculture, tourisme) tout en valorisant le patrimoine naturel et culturel ; l'artisanat, particulièrement riche (pipes, jouets, travail du bois...), y retrouve toute sa place : la route des savoir-faire du Haut-Jura permet leur découverte. Cette zone de moyenne montagne, dont le point culminant est proche du crêt de la Neige (Ain), est propice en hiver à la pratique du ski (alpin et fond) et, en été, aux randonnées pédestres et à VTT.

*Infos : www.parc-haut-jura.fr.*

## Bellegarde-sur-Valserine (commune de Valserhône)

**➔Accès par sa gare SNCF située en ville et permettant un accès direct à nombre d'activités nature. Depuis Lyon-Part-Dieu en TER, compter 1h10 à 1h30, 40mn à partir d'Annecy et 40mn à partir de Genève.**

La ville bénéficie de sa situation au bord de la Valserine qui descend du haut Jura pour se jeter dans le Rhône et rassemble de nombreux cours d'eau. Les paysages de cette vallée s'ouvrent idéalement sur les monts Jura et la Suisse toute proche. La Valserine est un environnement préservé idéal pour les passionnés d'activités de plein air.

**Station des Monts Jura.** En amont de la vallée de la Valserine, les villages de Mijoux et de Lélex, rejoints récemment par celui des Menthières près de Bellegarde, se sont regroupés pour former, avec le col de la Faucille, la station la plus méridionale du Jura. La plus élevée aussi, car son grand domaine skiable atteint une altitude de 1680 m, offrant de spectaculaires panoramas et d'impressionnants dénivelés. Moins connu et plutôt réservé au ski de fond, le domaine skiable de Valserine (900-1080 m) dévoile les charmes d'une belle vallée encore sauvage avec 40 km de pistes damées à la fois pour le pas du patineur et le pas alternatif.

*Liaisons régulières entre la gare de Bellegarde-sur-Valserine et les villages de Mijoux et Lélex - www.paysdegex-montsjura.com.*

**Berges et Pertes de la Valserine.** *Randonnée de 5 km (2h), de difficulté modérée (escaliers et pierres glissantes par temps de pluie), au départ du parking situé derrière le viaduc du chemin de fer (rue Louis-Dumont).* La Valserine longe la ville, mais son cours encaissé a longtemps été difficile d'accès. Un sentier a été aménagé au départ du viaduc. Le site des Pertes est très curieux : la rivière disparaît dans les fentes étroites des rochers. Ce phénomène impressionnant se répète sur 200 m environ. Les profondes marmites de géants, appelées « oulles », ont été creusées par le torrent. Le pont des Oulles est le nom d'un ancien ponceau métallique qui le franchissait. Les chutes de la Valserine se trouvent un peu en amont.

*Itinéraire sur www.terrevalserhone-tourisme.fr.*

**La Voie du Tram.** *Parcours de 13 km AR (1h30), de difficulté moyenne (dénivelé 326 m), au départ du parking du lieu-dit Rougeland à Lancrans, sur la route de Lancrans D 991, à 8mn à vélo de la gare.* Ce parcours épouse l'ancienne voie du tram entre Bellegarde et Chézery. Parmi les traces de son passage subsistent la gare de La Mulaz ou encore le pont du Moulin des Pierres.

*Itinéraire sur www.paysdegex-montsjura.com.*

**La GTJ à VTT.** *Parcours de 17 km (2h15) vers Giron plutôt difficile avec un fort dénivelé (positif : 496 m, négatif : 1130 m), au départ de la gare de Bellegarde.* Ce tronçon de la légendaire GTJ (Grande Traversée du Jura) traverse notamment le plateau de Retord et le passage au crêt du Nu (1350 m). Vos efforts seront récompensés par des panoramas sublimes sur les Alpes.

*Itinéraire sur www.terrevalserhone-tourisme.fr.*

**À VTT et en télécabine.** Le Télécombi du Mont-Rond permet d'accéder à pied et à vélo aux crêtes de la Haute Chaîne du Jura, de 1323 à 1543 m d'altitude. Outre les parcours de randonnée, deux pistes bleues pour la descente à VTT sont aménagées et balisées depuis l'arrivée du Télécombi.

*Télécombi du Mont-Rond - Col de la Faucille - Montée piétons ou VTT 9 €.*

## PÊCHE DANS LA VALSERINE

**La Valserine est le premier cours d'eau labellisé Rivière sauvage de France pour la pureté de ses eaux, très prisées des pêcheurs qui y taquinent la truite Fario. C'est un environnement préservé idéal pour les passionnés d'activités de plein air et de pêche (avec un permis annuel en cours de validité).**

Infos : www.federation-peche-ain.

Pour obtenir une carte de pêche : www.cartedepeche.fr - 16 €/j., 35 €/sem.

**Via ferrata du fort l'Écluse.** *Compter 1h30 d'efforts pour venir à bout de ce parcours assez difficile d'une longueur de 400 m, et de 150 m de dénivelé.* Une expérience réservée aux personnes expérimentées et munies du matériel adéquat. On franchit le fossé par un pont de singe de 15 m.

*Lieu-dit Longeray, rte de Genève à Léaz - accessible en TER (10mn) de Bellegarde-Gare-Routière à Léaz-Longeray, puis marcher 10mn - tte l'année (interdit la nuit et à éviter par mauvais temps) - gratuit - location de matériel auprès de Fort l'Écluse Aventure (voir ci-après).*

**Fort l'Écluse Aventure.** Ce parc d'aventures complet, avec 38 ateliers en intérieur et extérieur, plaira à tous. Saut de singe, escalade, tyroliennes...

*Accessible en TER (10mn) de Bellegarde-Gare-Routière à Léaz-Longeray, puis marcher 30mn - 06 46 73 61 59 - www.fort-lecluse-aventure.com - avr.-oct. - 28 €.*

**Canoë-kayak.** Un circuit thématique de 15 km baptisé « un tour en ville » permet de pagayer sur la rivière Valserine. À découvrir autrement : le pont Carnot, le fort l'Écluse, le pont SNCF, la Tine de Parnant ainsi que les vestiges industriels de la biscuiterie de l'Amandier et de l'usine électrique de Louis Dumont.

*Randovive - 06 83 81 82 41 - www.randovive.com - 70 € la journée.*

Pertes de la Valserine.
Gregory_DUBUS/Getty Images Plus

# NOTES

# INDEX

# O-P



# R



# S



# T



# V



# Y

**AVERTISSEMENT**

Les prix des transports, des sites touristiques, des restaurants et hôtels mentionnés dans ce guide sont indicatifs pour l'année 2025. Ils évoluent chaque année et selon la saisonnalité, il est donc recommandé de vérifier les informations au préalable sur internet.

# LÉGENDE CARTOGRAPHIQUE

Itinéraire en train

Liaison ferroviaire à partir de Lyon

1:10 Temps de trajet en train
(variable en fonction des arrêts. Le nombre de trains, indiqué dans le guide pour chaque destination, peut lui aussi varier en fonction des jours)

Localité d'intérêt/repère

Gares au départ de Lyon

2 2 Gares

1 Parc naturel régional ou national

Itinéraire à vélo

Train touristique

Chemin de fer touristique

Gare touristique

Autobus

Itinéraire en car

0:45 Temps de trajet en car

Volcan

Montagne

Église/Chapelle

Château

Base de loisirs

Randonnée pédestre

Navette en bateau

Baignade

Itinéraire en bateau

Domaine skiable

Etape à la journée

# LEXIQUE

| | |
|---|---|
| **PNR** | Parc naturel régional |
| **VAE** | Vélo à assistance électrique |
| **VTC** | Vélo tout chemin |
| **VTT** | Vélo tout terrain |
| **VTTAE** | VTT à assistance électrique |
| **Gravel bike** | Vélo à caractère sportif polyvalent, permettant de rouler sur route, sentier, piste et chemin |

**Collection sous la direction de Philippe Orain**

**Responsable d'édition et rédacteur en chef du guide :** Éric Boucher

| | |
|---|---|
| **Secrétaire d'édition** | Aude Gandiol |
| **Rédaction** | Céline Chaudeau, Renée Grimaud, Émilie Morin, Emmanuelle Souty, Florence Picquot, Marion Liautaud, Juliette Tissot |
| **Ont contribué à ce guide** | Dănuț-Marian Țucă, Gabriel-Valentin Dragu(**Cartographie**), Véronique Aissani, Carole Diascorn (**Couverture**), Marion Capéra, Marie Simonet (**Iconographie**), Hervé Dubois, Sandrine Tourari (**Prépresse**), Dominique Auclair (**Pilotage**), Olivier Picard (**Relecture**) |
| | Cartes : ©Michelin 2024 |
| **Remerciements** | Région Auvergne-Rhône-Alpes et Auvergne-Rhône-Alpes Tourisme. |
| **Direction de la Fabrication** | Sandrine Combeau |
| **Fabrication** | Renaud Leblanc |
| **Conception graphique** | Laurent Muller (couverture et maquette intérieure), adaptation Michelin Éditions |
| **Régie publicitaire et partenariats** | contact.clients@editions.michelin.com<br>*Le contenu des pages de publicité insérées dans ce guide n'engage que la responsabilité des annonceurs.* |
| **Contacts** | Vous souhaitez nous contacter ?<br>Rendez-vous dans la rubrique contact de notre site Internet : editions.michelin.com |
| | **Parution 2025** |

**MICHELIN Éditions**
Société par actions simplifiée au capital de 487 500 EUR
57 rue Gaston-Tessier – 75019 Paris (France)
R.C.S. Paris 882 639 354


Dépôt légal : 01-2025 – ISSN 0293-9436
Compograveur : Nord Compo, Villeneuve-d'Ascq
Imprimeur : GPS, Ljubljana (Slovénie)
Imprimé en Bosnie-Herzégovine : 01-2025

Sur du papier issu de forêts bien gérées

AUVERGNE-RHÔNE-ALPES

# LA RÉGION DES CHEMINS DE SAINT-JACQUES

Crédit Photo : © L.Olivier

www.chemindesaintjacques.com

Auvergne Rhône-Alp[es] Tourisme